Marjorie Shostak

*Ich folgte den Trommeln
der Kalahari*

Die Geschichte einer
ungewöhnlichen Frauenfreundschaft

Deutsch von
Adelheid Zöfel

Rowohlt Taschenbuch Verlag

Die Originalausgabe erschien
2000 unter dem Titel «Return to Nisa»
bei Harvard University Press,
Cambridge, Massachusetts

Veröffentlicht im Rowohlt Taschenbuch Verlag GmbH,
Reinbek bei Hamburg, Januar 2003
Copyright © 2001 by Rowohlt Verlag GmbH,
Reinbek bei Hamburg
«Return to Nisa» Copyright © 2000 by
the Estate of Marjorie Shostak
Abbildungen des Tafelteils
Copyright © by the Estate of Marjorie Shostak
Karte auf S. 6 Ditta Ahmadi
und Peter Palm, Berlin
Umschlaggestaltung any.way, Cathrin Günther
(Fotos: Beat Knüsel)
Satz Pinkuin Satz und Datentechnik, Berlin
Druck und Bindung Clausen & Bosse, Leck
Printed in Germany
ISBN 3 499 23341 X

Die Schreibweise entspricht den Regeln
der neuen Rechtschreibung.

Für Lois Kasper
in liebevoller Erinnerung

Inhalt

KAPITEL 1	Afrika!	9
KAPITEL 2	Stimmen in Dobe	32
KAPITEL 3	Trommeln am Feuer	45
KAPITEL 4	Gespräche mit Nisa	64
KAPITEL 5	Geld und Geschenke	77
KAPITEL 6	Im Busch	91
KAPITEL 7	Löwen in der Nacht	108
KAPITEL 8	Dorfleben	126
KAPITEL 9	Nisa erinnert sich	153
KAPITEL 10	In tiefer Trance	182
KAPITEL 11	Gestern und heute	203
KAPITEL 12	Soldaten und Spione	221
KAPITEL 13	Nisa, die Heilerin	236
KAPITEL 14	Der Abschied	249
KAPITEL 15	Epilog	264
	Nachruf	273
	Dank	275

KAPITEL 1 Afrika!

Groß und unbeholfen sitze ich im Kreis der zierlichen !Kung-San-Frauen. Ich muss mich immer wieder anders hinsetzen, weil ich es nicht gewöhnt bin, so lange im Schneidersitz zu sitzen. Die Mondsichel steht tief am Himmel, die Sterne leuchten hell. Die Klänge eines Heilungstanzes erfüllen die nächtliche Luft. Komplizierte Klatschrhythmen begleiten den Gesang der Frauen, die schwingend ineinander greifenden Melodien. Die Frauen neigen die Köpfe zur Seite, um ihre eigene Stimme deutlicher hören zu können. Mit Knien und Beinen beschreiben sie kreisende Bewegungen; wie zufällig berühren sie sich immer wieder gegenseitig – Körper und Musik verweben sich zu einem kunstvollen Geflecht.

In der Mitte brennt ein Feuer, dessen Glut vom Atem der Frauen angefacht wird und dann wieder zusammensinkt. Außerhalb des Kreises stampfen Männer und halbwüchsige Jungen barfuß im kühlen Sand ihren eigenen Rhythmus, der die Lieder der Frauen kontrapunktisch begleitet. Ihre straffen Oberkörper kann man in der Dunkelheit kaum erkennen. Sie tanzen so hingebungsvoll, dass im Sand eine kreisförmige Vertiefung entsteht, die uns umschließt, von allem Weltlichen trennt und gleichzeitig vor dem Unbekannten schützt.

Hinter ihnen, im Dunkeln, sitzen die Geister der Vorfahren, so heißt es. Sie werden von der Musik angelockt und wollen wissen, was hier vor sich geht – und vielleicht wollen sie auch ein wenig Unruhe stiften. Einer der Tänzer ruft in Trance den Geistern die Warnung zu, sie sollen ja keinen Ärger machen und niemandem Schaden zufügen. Er schlängelt sich zwischen den sitzenden Frauen hindurch, geht von einer zur anderen und legt ihnen die Hände auf, um die Kranken zu heilen und die anderen vor Krankheit zu bewahren. Immer wieder strecken sich Arme nach ihm aus, sie wollen seine zitternden Beine, seinen bebenden Körper stützen und seine Füße vor der Glut bewahren, wenn er sich dem Feuer nähert.

Meine Hände sind müde vom Klatschen, erschöpft lasse ich sie in den Schoß sinken. Langsam löst sich die Spannung, die sich in mir aufgebaut hat, weil ich unbedingt alles mitmachen wollte. Die Melodien der traditionellen !Kung-Lieder hüllen mich ein, vertraut und tröstlich. Meine Gedanken beginnen zu wandern, sie verlassen den Heilungstanz und das Dorf mit seinen Grashütten und den moderneren Lehmhütten, das Dobegebiet mit seinem halben Dutzend Dörfer, die alle dieselbe Wasserstelle benutzen. Meine Gedanken schweben der endlosen Weite der Kalahari-Wüste entgegen, so riesig, so ruhig. Flöge man im Flugzeug über dieses dunkle, geheimnisvolle Land, würde man das beeindruckende Schauspiel, das hier im Sand stattfindet, gar nicht bemerken.

Eine plötzliche Pause im Gesang holt mich zurück. Ich lausche den Gesprächen und dem fernen Läuten der Eselsglocken, das der Wind zu uns trägt. Dann steigert sich die Musik langsam wieder. Ein Gefühl von Wohlbehagen und Frieden überkommt mich. Endlich kann ich mich entspannen, nach dieser langen, schwierigen Reise.

Im Juni 1989 war ich aufgebrochen: von Atlanta, wo ich zu Hause bin, nach Afrika, wo ich einen Monat in einer entlegenen Gegend am nördlichen Rand der Kalahari-Wüste verbringen wollte. Ich hatte schon zweimal dort gelebt und gearbeitet, war aber vierzehn Jahre lang nicht mehr dort gewesen.

Mein erster Aufenthalt bei den !Kung San oder Buschmännern begann 1969. Damals lebten sie zum guten Teil noch als Jäger und Sammler, aber ihre traditionelle Lebensweise befand sich bereits im Umbruch. Sie begannen nach und nach, ihre bantusprachigen Nachbarn, die Herero und Tswana, nachzuahmen, die bereits Ackerbau und Viehzucht betrieben. Die !Kung selbst nennen sich *Zhun/twasi*, «die wahren Menschen». Früher wurden sie Sonquas genannt, in Botswana heißen sie Basarwa; jetzt spricht man von den !Kung-Buschmännern, den !Kung San oder einfach den !Kung.

Fast zwei Jahre dauerte diese erste Reise. Die Sprache der !Kung mit ihren unzähligen Klick- und Schnalzlauten, den gepressten Vokalen und den unterschiedlichen Tonlagen (hoch, mittel und tief) lernte ich in dieser Zeit wenigstens so weit, dass ich meine Forschungen über das persönliche Leben der !Kung-Frauen sinnvoll durchführen konnte. Ich befragte die Frauen nach ihrer Kindheit und zu Themen wie Ehe, Sexualität, Freundschaft und Träumen. Dabei tauchte ich so tief in ihre Erfahrungen und Gefühle ein, wie das für eine Außenstehende nur möglich ist.

Von den acht Frauen, die ich interviewte, hob sich eine von den anderen ab. Sie war damals etwa fünfzig Jahre alt und viel offener als alle übrigen, sie konnte auch über die intimen Aspekte ihres Lebens sprechen und besaß eine enorme Begabung, sich verbal auszudrücken. Während meines ersten Aufenthalts machten wir fünfzehn Interviews und sechs weitere, als ich 1975 zurückkehrte – alles in allem etwa fünfundzwanzig Stunden Tonband. Die Frau wusste, dass ich über sie schreiben wollte. Gemeinsam wählten wir ein Pseudonym für sie aus, um sie zu schützen: Nisa. Ich übersetzte die Interviews, überarbeitete sie, und 1981 veröffentlichte die Harvard

University Press meine chronologische Darstellung ihres Lebens unter dem Titel *Nisa: The Life and Words of a !Kung Woman* (*Nisa erzählt. Das Leben einer Nomadenfrau in Afrika*, rororo 1982).

Jetzt, vierzehn Jahre nach meiner letzten Reise, wollte ich unbedingt nach Afrika zurück. Nisa war inzwischen etwa achtundsechzig, also wesentlich älter als die meisten !Kung, denn ihre durchschnittliche Lebenserwartung liegt bei nur fünfundfünfzig Jahren. Und auch ich selbst war auf erschreckende Weise mit meiner eigenen Sterblichkeit konfrontiert worden: Vor einem Jahr hatte ich erfahren, dass ich Brustkrebs hatte. Obwohl die meisten Frauen mit meiner Diagnose die Krankheit überleben, war mir durchaus bewusst, dass auch viele sterben. Meine Zukunft lag im Dunkeln, düster und bedrohlich; die Gegenwart konnte ich oft kaum ertragen, weil die Krankheit immer präsent war.

Eine Woche nach meiner Mastektomie bekam ich Besuch von einer Frau, die etwas jünger war als ich mit meinen zweiundvierzig Jahren und penetrant munter den Satz «Ich bin auch eine Betroffene» vor sich hertrug. Da bei ihr nach fünf Jahren der Brustkrebs nicht wieder aufgetreten war, gehörte sie in die statistische Kategorie der Überlebenden. In quietschvergnügtem Plauderton schilderte sie, welche Veränderungen die Krankheit in ihr ausgelöst hatte: Sie hatte sich immer schon gewünscht, eine Schwesternausbildung zu machen, hatte jedoch die Entscheidung immer vor sich hergeschoben. Aber als klar war, dass sie Krebs hatte, wollte sie die Erfüllung ihres Traums nicht länger hinauszögern. Sie fing die Ausbildung an und zog gleichzeitig ihre beiden Söhne groß. Und demnächst, so verkündete sie stolz, werde sie den Abschluss machen.

Ich reagiere immer ziemlich misstrauisch, wenn Leute betont fröhlich über ein so ernstes Thema reden, und diese Frau bestätigte alle meine Vorurteile. Ohne jede sichtbare emotionale Beteiligung berichtete sie von ihren Erfahrungen als Krebskranke. Hätte ich weniger streng mit ihr sein wollen, dann hätte ich sicher gesagt: Sie hat es geschafft, sie hat den Schmerz überwunden. So nannte ich sie in Gedanken immer nur «die Zwitscherlady». Trotzdem tat mir ihr Besuch irgendwie gut. Das folgende Jahr bestand eigentlich nur aus unzähligen Arztbesuchen, Blutuntersuchungen, Chemotherapie, Röntgenaufnahmen, Knochenszintigrammen, aus Ängsten und lähmenden Depressionen, aber schließlich kam auch ich an den Punkt, an dem ich mich fragte: «Gibt es etwas, das ich nicht länger vor mir herschieben kann?» Und in meinem Kopf rief eine Stimme laut: «Afrika!»

Donnerstagabend, 22. Juni 1989: Gleich geht mein Flugzeug. Von Atlanta nach London und von da weiter nach Botswana. Das ganze Vorhaben erscheint mir auf einmal ungeheuerlich: Ich, Mutter von drei kleinen Kindern und Frau eines besorgten Ehemanns, werde mich jetzt von meiner Familie verabschieden. Einen ganzen Monat werde ich fort sein, nachdem ich schon viele Wochen nicht mehr richtig anwesend war.

Die Szene auf dem Flughafen hatte etwas Unwirkliches: Wir sagten, was man beim Abschied so sagt: «Wir schaffen das schon» und «Ich komme bestimmt zurecht». Wir, meine Familie und ich. Mit jedem Wort entfernte ich mich ein Stück weiter von den Kindern, die in meinem Körper gewachsen und Teil meiner Seele waren, deren Anwesenheit mich aufbaute, wenn ich den Mut sinken lassen wollte. Und ich entfernte mich von meinem Mann, meinem Freund und Gefährten.

Die Kinder waren aufgeregt, die bevorstehenden Veränderungen machten ihnen Angst, sie wussten nicht, wie sie auf Wiedersehen sagen sollten. Nachdem die letzten Reiseformalitäten abgeschlossen waren, blieb uns noch eine halbe Stunde, um zu reden, uns zu umarmen und um loszulassen. Ich hatte versucht, Sarah, meine Jüngste, auf die Trennung vorzubereiten, aber mit ihren zweieinhalb Jahren sagte ihr das Wort «Afrika» gar nichts, und sie verstand auch nicht, dass sie einen ganzen Monat lang ohne ihre Mutter auskommen musste. Wir aßen Süßigkeiten, machten Fotos in einer Kabine und lasen uns gegenseitig vor, was wir zum Abschied füreinander aufgeschrieben hatten.

Dann war es so weit. Ich nahm Sarah auf meine Hüfte, schloss zuerst meine älteste Tochter Susanna und meinen Sohn Adam in die Arme und dann Mel, meinen Mann. Zögernd gab ich schließlich Sarah an ihn ab und hob sie auf seine Hüfte. Alle vier winkten mir, als ich mich umdrehte, bevor ich endgültig durch die Schranke mit der Aufschrift «International passengers only» zur Sicherheitskontrolle ging. Nach ein paar Schritten blickte ich noch einmal zurück und sah die kleine Gruppe davonwandern. Bestimmt bildeten sie schon neue Allianzen, redeten über das Abendessen, über den Nachtisch und versicherten sich gegenseitig, das Leben werde ganz normal weitergehen, trotz aller Veränderungen. Als ich sie nicht mehr sehen konnte, machte ich mich auf den Weg zum Flugzeug. Ich war allein. Meine Reise hatte begonnen.

Ich hatte den Wunsch, ja, das tiefe Bedürfnis gespürt, nach Afrika zurückzukehren. Ich musste diesen Kontinent wieder sehen, schmecken, riechen, fühlen! Vielleicht konnte ich so geheilt werden. Ich wollte wieder in der Landschaft leben, die sich vor zwanzig Jahren tief in meine junge, aufnahmebereite Seele eingeprägt und mich mit ihrer kargen, wilden Schönheit für sich gewonnen hatte. Und ich wollte Nisa wiedersehen, die Frau, deren Lebenseinstellung mein eigenes Leben tief greifend beeinflusst hatte, und das nicht nur, weil ich mehrere Jahre damit verbracht hatte, über sie zu schreiben und über sie nachzudenken. In unregelmäßigen Abständen hatte ich immer wieder gehört, dass sie noch lebte. Die letzte Nachricht, die ich bekommen hatte, lag nur einen Monat zurück. Den Kontakt zu ihr wollte ich wiederbeleben, solange noch Zeit dafür war, und aus Gründen, die ich selbst nicht ganz verstand, wollte ich ihr mitteilen, dass mein eigenes Leben bedroht war.

Immer wenn ich mir meine Rückkehr in Nisas Welt ausmalte, packte mich eine ziehende Sehnsucht. Doch viele Jahre lang war der Gedanke, tatsächlich dorthin zu reisen, völlig illusorisch gewesen: Ich hatte drei Kinder geboren, an der Universität gelehrt, geforscht, ein zweites Buch geschrieben und war von diesen Aufgaben völlig absorbiert gewesen. Doch dann hatte sich, ohne jede Vorwarnung, mein Leben grundlegend verändert – und damit hatten sich auch die Prioritäten verschoben.

Die Stimme in mir, die «Afrika» rief, war sonst immer im Alltagstrubel untergegangen. Jetzt meldete sie sich wieder, und zwar immer drängender. Je lauter sie wurde, desto mehr schob sie meine Verzweiflung in den Hintergrund, was mich sehr verblüffte. Mit der Zeit bildeten meine inneren Kräfte eine so starke Allianz, dass ich meine Familie, die mich stützte und für die ich sorgte, verlassen und um den halben Globus reisen konnte. Sollte ich wirklich bald sterben müssen, dann wollte ich wenigstens noch einmal an dieses eindrücklichste und geheimnisvollste Kapitel meines Lebens anknüpfen!

Ich war fest entschlossen, diese Reise zu machen, egal, welchen finanziellen und emotionalen Preis ich dafür bezahlen musste. Zu meiner Freude erfuhr ich, dass zwei andere Anthropologen, Dick Katz und seine Frau Verna, in derselben Gegend sein würden. Dick, der von meiner Krankheit wusste, verstand sofort, warum ich nach Afrika fahren wollte, und bot mir seine Hilfe an: Ich könnte in dem Camp leben, in dem er und Verna arbeiteten. Sie würden mich nach Dobe bringen, in das Dorf, in dem Nisa lebte. Nisa konnte mit in ihr Camp kommen – oder ich konnte in Dobe bleiben und Dick und Verna würden mich am Ende meines Aufenthalts dort abholen. Aber keine der beiden Möglichkeiten erschien mir ideal. Ich wollte Nisa in ihrer eigenen Umgebung sehen, aber ohne eigenen Geländewagen – als Transportmittel und für Notfälle – war das zu riskant.

Doch dann wurde mir ein Stipendium erteilt, das den größten Teil meiner Kosten decken würde. Ein pharmazeutisches Unternehmen interessierte sich für den Vitamin-E-Gehalt in der «natürlichen Ernährung» der Afrikaner und bezahlte mir den Flug. Als Gegenleistung sollte ich die Pflanzen, die von den !Kung als Nahrung verwendet wurden, sammeln, trocknen und dokumentieren. Und der Dekan der Emory University, für die ich arbeitete, stellte für fast alles Übrige die finanziellen Mittel bereit, um so meine bisherige und meine zukünftige Arbeit zu honorieren. Und so wusste ich endlich, wie ich vorgehen konnte: Ich würde einen Geländewagen mieten, einen Fahrer bezahlen, mich entsprechend ausrüsten und im Dobegebiet leben.

Als das Flugzeug über die Startbahn donnerte, weckte das Dröhnen der Motoren all die Ängste, die ich in den letzten Tagen erfolgreich unterdrückt hatte. Allein in die afrikanische Wildnis – war das nicht viel zu gefährlich? Was, wenn ich dort sterben müsste? Oder wenn mir sonst etwas zustieß? Würde ich meine Familie je wiedersehen? Was, wenn ihnen etwas widerfuhr, was ihr Leben für immer veränderte? Würde ich mit der Verantwortung leben können, nicht da gewesen zu sein, wenn etwas Schlimmes passierte?

Die Schreckensbilder ließen mich nicht los. Würde ich Nisa überhaupt sehen können? Vielleicht wurde meine Reise in die Wüste durch bürokratische Vorschriften, durch Konflikte zwischen den verschiedenen Stämmen oder einfach durch technische Probleme und praktische Schwierigkeiten verhindert. Hatte ich alles so geplant, dass mir nichts geschehen konnte? War ich in Sicherheit? «In Sicherheit» – was für ein absurder Gedanke! Im vergangenen Jahr hatte das Wort «Sicherheit» für mich eine völlig neue Bedeutung bekommen: Nichts hatte meinen Körper vor dieser schrecklichen Krankheit bewahrt. Ich konnte mich nirgends mehr «sicher» fühlen.

Meine Finger wanderten zu der empfindlichen Stelle an meinem Ellbogen, tasteten nach dem Schmerz, den ich mir nicht erklären konnte. Er war ähnlich wie viele andere Schmerzen, die ich an mir beobachtet und derentwegen ich mir Sorgen gemacht hatte, bis sie einfach wieder verschwunden waren. Aber vielleicht signalisierte gerade dieser hier etwas anderes? Vielleicht bereitete mein Körper den zweiten, tödlichen Angriff der schrecklichen Krankheit vor? War die Trennung von meiner Familie etwa die Generalprobe für den endgültigen Abschied?

Aber dann lauschte ich wieder den röhrenden Motoren, als das Flugzeug abhob. Regen peitschte gegen die Fenster. Jetzt war ich wirklich unterwegs. Wie wäre alles weitergegangen, wenn ich nicht aufgebrochen wäre? Noch mehr Angst, noch mehr Depressionen, noch mehr Verzweiflung? Egal, was mich erwartete – die Qualen des vergangenen Jahres konnte es kaum übertreffen.

Ich schaute mich um, sah die nachdenklichen Gesichter um mich herum, und während das Flugzeug sich immer weiter von der Erde entfernte, wuchs in mir das Gefühl der Vorfreude: Ich flog dem Abenteuer entgegen!

An jenem Montagmorgen vor gut einem Jahr war ich eigentlich nur erschrocken, richtig Angst hatte ich nicht bekommen: Die kleine Verhärtung in meiner Brust würde sich bestimmt als verstopfter Milchgang herausstellen. Mein Mann bot an, seine Seminare abzusagen und mich zum Arzt zu begleiten, aber ich lehnte ab und bat meine Eltern, die gerade auf der Durchreise bei uns waren, mich hinzufahren und auch meine kleine Tochter Sarah mitzunehmen: Sie würde vor der Untersuchung meine Brust leer trinken. Allerdings wuchs meine Besorgnis, als der Arzt eine Nadelbiopsie für angebracht hielt. Mit einer örtlichen Betäubung entnahm er eine Gewebeprobe aus meiner Brust und schickte sie ins Labor. Während ich mich wieder ankleidete, hörte ich ihn am Telefon reden. Er sprach mit einem befreundeten Radiologen, der mein ärztlicher Berater war. «Boyd, ich schicke Marjorie bei dir vorbei – wegen einer Mammographie», sagte er. «Nein, ich glaube nicht, dass es Krebs ist.»

Die Nadelbiopsie war positiv, und die Mammographie zeigte einen ziemlich großen Tumor, der bereits in die Milchdrüsen wucherte. Boyd erklärte mir alles in dem Mammographie-Raum, wo ich gewartet hatte. Es handelte sich um einen bösartigen Tumor, und da er sich schon über die Ursprungsgeschwulst hinaus ausgebreitet hatte, konnte man nicht sagen, wie aggressiv er tatsächlich war. Am nächsten Tag, also am Dienstag, wurden ein Knochenszintigramm und eine Tomographie gemacht – ein futuristisch aussehender Roboter wirbelte über mir herum und fertigte aus allen nur erdenklichen Winkeln Röntgenaufnahmen meines Brustkorbs an. Das Ergebnis war ermutigend: kein Hinweis auf Krebs in den Knochen oder im Brustkorb. Am Mittwoch wurde meine Brust amputiert.

Sarah schlief in der Nacht vor der Operation bei einer guten Freundin der Familie. Ich durfte sie nicht stillen – in meinem Körper befanden sich immer noch die radioaktiven Überreste des Szintigramms. Erst vier Tage später, als ich aus dem Krankenhaus entlassen wurde, sah ich meine kleine Tochter wieder. Es war das erste Mal gewesen, dass wir mehr als ein paar Stunden voneinander getrennt waren.

Aber mir kam es so vor, als seien Jahre vergangen. Sarah verhielt sich zurückhaltend und skeptisch gegenüber ihrer Mutter, die so plötzlich verschwunden war, aber irgendwie schien sie auch neugierig zu sein. Sie klammerte sich an ihren Vater und suchte Schutz bei ihm. Es dauerte eine ganze Weile, bis sie sich wieder in meine Arme kuschelte, was uns beiden sehr gut tat. Sie nuckelte an ihrer Flasche und tastete dabei nach meinem Hals, streichelte ihn vorsichtig, eine Erinnerung an die zärtliche Wärme, die uns bisher miteinander verbunden hatte.

«Ich glaube, ich brauche diese Distanz. Ich brauche Zeit für mich», notierte ich während des Fluges in mein Tagebuch. «Ich brauche eine Phase, in der ich nicht immer anderen Menschen zur Verfügung stehen muss, in der ich auf niemanden einzugehen brauche, sondern ganz auf mich selbst hören kann. Es ist ein sehr intensives Bedürfnis, das mich manchmal richtig überwältigt. Ich kann mich nicht erinnern, je etwas Ähnliches empfunden zu haben. Aber ich genieße es auch, so egozentrisch, so nur auf mich selbst ausgerichtet zu sein.»

Das lange Sitzen machte mich zappelig, der Sitz war unbequem, aber schließlich schaffte ich es doch, einzuschlafen. Ich wachte erst wieder auf, als wir über Sambia durch die Wolken tauchten. Sambia: braune Felder, hier und da ein kahler Baum. Mein Herz schlug schneller, als wir zur Landung in dieser winterlichen Landschaft ansetzten. Einen Augenblick lang war die Benommenheit, die eine dreiundvierzig Stunden dauernde Reise mit sich bringt, wie weggeblasen. Aber dann überfiel mich wieder dieses dumpfe Gefühl der Erschöpfung und ich war froh, dass ich nicht aussteigen musste.

Der Flug nach Gaborone, der Hauptstadt von Botswana,

dauerte noch zwei Stunden. Dort musste ich durch den Zoll und die Einreiseformalitäten hinter mich bringen. Anschließend stieg ich in eine Maschine der Botswana Airlines, die mich nach Maun brachte, eine staubige Kleinstadt, die an den Wilden Westen erinnerte, am Ufer des sumpfigen Okavango-Deltas mit vielen Krokodilen.

Trauer und Stolz vermischten sich mit freudiger Spannung, während ich mich immer weiter von meiner Familie, von meinen Freunden und überhaupt von meinem Alltag entfernte. Der Schatten des Flugzeugs huschte über das karge Land unter uns. Wie Überreste eines untergegangenen Jahrtausends dehnten sich endlose Salzseen unter uns, und nur einige schmale Pfade deuteten auf die Existenz von Menschen und Tieren hin.

Als wir uns Maun näherten, tauchten vereinzelte Siedlungen auf, mit Tiergattern, die in der offenen Sandfläche wie feine Bleistiftstriche aussahen. Wie Figuren auf einem Spielbrett erhoben sich auf dem flachen Land dicht gedrängte runde, grasgedeckte Hütten. Man hatte das Gefühl, bei der leichtesten Verschiebung des trockenen Bodens würden diese menschlichen Wohnstätten vom Erdboden verschwinden. Aber die Siedlungen hielten sich, ein Beweis für die Erfindungskraft und den Überlebenswillen der Menschen. In der Nähe der Stadt säumte grüne Vegetation den Flusslauf, die Siedlungen wurden dichter. Die erdfarbenen Hütten ließen keinen Zweifel daran, dass man sich in Afrika befand.

In Maun – der Stadt, von der aus ich vor vielen Jahren den Rückweg in die Zivilisation angetreten hatte – begab ich mich sofort ins Hotel. Es hieß immer noch *Riley's Hotel*, war aber vor kurzem renoviert worden. Ich gab dem Gepäckträger ein Trinkgeld, kaufte mir eine große Flasche Mineralwasser und ging in mein Zimmer: ein breites Bett mit frisch gestärkten Laken, eine hohe Decke aus Gras und Holzbalken. Am liebsten wäre ich sofort ins Bett gekrochen, weil ich von der Zeitumstellung und der langen Reise völlig k. o. war, aber vorher meldete ich ein Telefongespräch bei meiner Familie an und nahm eine Dusche – ein Luxus, auf den ich im kommenden Monat mehr oder weniger verzichten musste.

Das Telefon klingelte, mein Anruf war in die USA durchgestellt worden. Die beiden älteren Kinder fanden es ungeheuer spannend, dass ich jetzt in Afrika war, und sie wollten unbedingt, dass ich wieder anrief, sobald ich wusste, welche Farbe mein Geländewagen hatte. Die Kleine habe morgens nach mir geweint, erzählten sie, aber sie habe sich von ihrem Vater trösten lassen. Als Sarah an den Apparat kam, blieb sie ziemlich scheu, verlangte aber, dass ich mit ihrer Puppe redete und ihr Küsse schickte, was ich auch brav machte – ich sagte lauter Koseworte, die eigentlich für alle gemeint waren. Als ich den Hörer auflegte, fühlte ich mich plötzlich ganz erfrischt. Ich war überhaupt nicht traurig, und ein schlechtes Gewissen hatte ich auch nicht. Irgendwie war es ein tolles Gefühl, Kontakt zu meiner Familie zu haben und gleichzeitig unabhängig zu sein.

Ich beschloss, etwas zu essen, bevor ich mich schlafen legte, also begab ich mich ins Grillrestaurant des Hotels, das ebenfalls neu hergerichtet war. Auf Plastiktischdecken mit Spitzenmuster standen rosarote und blaue Rosensträuße aus Plastik. Ich nahm Platz und studierte noch einmal die Nachricht, die man mir am Flughafen ausgehändigt hatte: Dick und Verna wollten schon heute oder morgen hierher kommen. Hervorragend! Ich hatte schon Angst gehabt, ich müsste womöglich mit einem Fahrer, den ich überhaupt nicht kannte, zehn oder mehr Stunden durch die Wildnis kutschieren. Aber wenn Dick und Verna hier waren, konnten wir hintereinander zu ihrem Camp fahren, und von dort konnten mein Fahrer und ich dann nach Dobe aufbrechen. Bis dahin konnte ich auch abschätzen, ob ich mit ihm zurechtkam.

Während ich noch mit den dünnen Gräten der regionalen Spezialität, einem Brassenfisch, kämpfte, gesellten sich schon Dick und Verna zu mir. Sie erzählten von ihren Erlebnissen im Busch, und ich berichtete in knapper Form von den Ereignissen, die dazu geführt hatten, dass ich jetzt allein an einem Tisch im Riley's saß. Wir besprachen, wie ich mich am besten für meine Reise ausrüsten sollte, und die beiden boten mir großzügig ihre Hilfe an. Gleich am nächsten Morgen wollten wir uns auf die Suche nach einem Geländewagen mit Vierradantrieb machen, den sie der Einfachheit halber als «Truck» bezeichneten.

Ich schlief schlecht. Als ich aufwachte, wusste ich gleich, wo ich war: Draußen schien die Sonne, eine leichte Brise wehte, Schatten tanzten auf dem von üppigen Tropenpflanzen gesäumten Pfad. Ein Mann fegte mit einem dicken Besen die Überreste eines Trinkgelages weg. Die Terrasse und der Weg, der zum Büro und zur Bar führte, waren mit einer dicken roten Paste bestrichen, deren Geruch ich sofort wiedererkannte – selbst nach vierzehn Jahren.

Dick, Verna und ich fuhren aus dem Parkplatz mit den hohen, schattigen Bäumen hinaus in die grelle Sonne und bogen in die einzige geteerte Straße ein, die ins Stadtzentrum führte. Die Welt war hier sandfarben, vermischt mit verschiedenen Brauntönen. Zwischen den Lehmhütten wuchs nur wenig Grün. Kinder spielten, die älteren Leute saßen vor ihren Hütten und unterhielten sich. Die Trucks, die uns rechts überholten, wirbelten unglaublich viel Staub auf, der sich sofort auf unserer Windschutzscheibe niederließ. Wir fuhren nun Richtung Stadtrand zu der Avis-Niederlassung, die einen Truck für mich reserviert hatte.

Helena, eine redegewandte Botswanerin, die längere Zeit in den USA gelebt hatte und jetzt das hiesige Avis-Büro leitete, begrüßte uns mit einem charmanten Lächeln. Nachdem ich die entsprechenden Papiere unterschrieben hatte, deutete sie auf einen Truck, der im Schatten eines seitlich offenen Schuppens stand: ein blauer Land Cruiser, Marke Toyota. Er hatte vorn eine geschlossene Kabine und war hinten offen, mit zwei hohen, durchgehenden Safari-Sitzbänken.

Ich öffnete die rechte Tür (also die Tür auf der Fahrerseite), setzte mich ans Steuer und studierte das Schaltsystem. Mit der linken Hand tastete ich nach dem Knopf auf dem Fußboden, der den Allradantrieb kontrollierte. Allein schon diese Geste weckte Erinnerungen an strapaziöse Fahrten durch Schlamm und Sand. Ich ließ den Motor an und fuhr langsam aus dem Schuppen heraus, den Blick auf den Truck gerichtet, der links von mir geparkt war, und immer den Rück- und Seitenspiegel im Auge. Dann schlug ich das Lenkrad ein. Schon wurde ich etwas selbstbewusster, weil das schwere Gefährt so anstandslos auf meine Anweisungen reagierte.

Plötzlich ein lautes *Krrrrr* – Metall schrappte gegen Metall. Fassungslos stieg ich aus. Die vordere Stoßstange hatte sich links mit einem der Pfosten, die den Schuppen trugen, verkantet. Mein Triumphgefühl war wie weggeblasen und ich schämte mich schrecklich, während Dick, Verna und Helena mich mitleidig musterten.

Sämtliche Versuche, die Stoßstange wieder freizubekommen, richteten nur noch mehr Schaden an. Schließlich banden wir Dicks Truck mit einem Seil an meinen, zogen seitwärts und befreiten so das widerspenstige Metall. Helena versicherte mir, im Grunde sei nur eine Schönheitsreparatur nötig, die man auch erst nach meiner Rückkehr vornehmen könne. Die Eigenbeteiligung war jedoch so hoch, dass meine Versicherung für die Reparatur nicht aufkommen würde. Ich bat Dick, mich zum Hotel zurückzufahren – nach dem Schrecken fühlte ich mich dem Linksverkehr nicht gewachsen.

Dick und Verna erzählten wenig erfreuliche Geschichten vom Leben in den !Kung-Dörfern, in denen sie arbeiteten. Der Alkoholismus sei weit verbreitet, verbunden mit den entsprechenden Gewalttätigkeiten; die Leute seien mehr und mehr auf die Almosen der Regierung angewiesen, um zu überleben, und könnten sich nicht mehr selbst ernähren. Außerdem habe die Armee, die *Botswana Defense Force*, in der Nähe von Dobe einen Außenposten – eine Nachricht, die mich irritierte.

Dass sich in der Gegend, in die ich fahren wollte, Soldaten aufhielten, beunruhigte mich maßlos, deshalb vereinbarte ich vor meiner Abreise aus Maun noch einen Termin mit einem Colonel. Ich besaß ja nur ein Touristenvisum. Dem Colonel teilte ich mit, ich hätte mich von meiner Stelle an der Universität vorübergehend beurlauben lassen, um nach vielen Jahren ein paar Leute in Dobe zu besuchen, darunter eine Frau, über die ich ein Buch geschrieben hatte. Dieses Vorhaben wurde nicht als Forschungsarbeit eingestuft – dafür hätte ich nämlich eine offizielle Genehmigung gebraucht, die ich mindestens sechs Monate vorher hätte beantragen müssen und womöglich gar nicht bekommen hätte. Nein, meine Reise war eher eine Art Arbeitsurlaub. Ich sagte, ich hätte Angst, als Frau allein durch den Busch zu reisen. Ob ich mich im Notfall auf den Schutz der Armee verlassen könne? Der Colonel versicherte mir, selbstverständlich würde ich militärischen Beistand bekommen. Er gab mir die Namen von drei Offizieren, die im Dobegebiet stationiert waren, und versprach, ihnen ein Kommuniqué zu schicken, das sie über meine bevorstehende Ankunft informierte.

«!Kung San Works» stand auf dem verblassten Schild an dem weiß getünchten Gebäude. Nachdem ich mehrere Stunden damit verbracht hatte, die Grundausrüstung für meinen Aufenthalt zusammenzutragen, betrat ich nun dieses Geschäft. Es war wie eine Reise in die Vergangenheit. Überall, auf den Tischen, an den Wänden, in den überquellenden Kartons, waren San-Pfeile und -Bogen zu sehen, Perlenstickereien, verzierte Lederhäute und -taschen, Mörser und Stößel. Das vertraute Aroma von San-Parfüm – aus den Zweigen der *Sa*-Pflanze gewonnen – hüllte mich ein.

Dick und Verna stellten mich Kxau vor, der hier arbeitete und sich Royal nannte. Er gehörte zu der Handvoll San, die die Schule abgeschlossen hatten und Englisch sprachen. Ich gab mir große Mühe, meinerseits die Sprache zu aktivieren, die ich seit vierzehn Jahren nicht mehr gesprochen hatte, aber leicht fiel es mir nicht. Meine Zunge bemühte sich, die Klicklaute in den Begrüßungswörtern zu produzieren, aber irgendwie blieben sie immer an meinem Gaumen kleben. Ich kam richtig ins Schwitzen, aber ich gab nicht auf und weigerte mich standhaft, Englisch zu reden.

Immerhin schaffte ich es, Royal Grüße von Richard Lee zu bestellen, einem Anthropologen, mit dem er zusammengearbeitet hatte. Aber vielleicht war er auch nur so höflich, so zu tun, als würde er mich verstehen. Ich erfuhr, das Hwantla, die Frau, von der ich meinen !Kung-Namen hatte, schwer krank gewesen war, sich aber wieder auf dem Weg der Besserung befand. Ich wagte am Schluss sogar eine scherzhafte Bemerkung darüber, dass Royal Kinder von zwei Frauen hatte – einer !Kung San und einer Herero, die beide nicht offiziell mit ihm verheiratet waren –, und fragte ihn, warum ihn die Herero-Frau noch nicht umgebracht habe (jedenfalls glaubte ich, das gesagt zu haben).

Ich fand es sehr aufregend, endlich wieder die Sprache zu

sprechen, deren Laute und Denkmuster ich so liebte. Noch lange nach meinem Abschied von Afrika hatte ich in meinem Alltag immer wieder daran gedacht. Jetzt war ich allerdings sehr froh, dass ich mich mit jemandem unterhielt, den ich mitten im Satz unterbrechen und fragen konnte, was dieses oder jenes Wort bedeutete – und der es dann sofort für mich ins Englische übersetzte. Ich fragte Royal, ob er sich nicht von seinem Job in dem Touristenshop beurlauben lassen wolle, um mit mir in Dobe zusammenzuarbeiten. Er könnte mir helfen, die Feinheiten der Sprache neu zu lernen.

Das könne er mir leider nicht versprechen, erwiderte Royal. Er hatte schon zugesagt, einen amerikanischen Touristen, den Richard Lee an ihn verwiesen hatte, nach Dobe zu begleiten. Dieser Mann hätte jedoch schon vor einiger Zeit eintreffen sollen. Er werde noch eine Woche abwarten, sagte Royal. Wenn der Mann bis dahin nicht gekommen sei, werde er sich um eine Transportmöglichkeit bemühen und sich mit mir in Dobe treffen, da er mein Angebot sehr verlockend finde.

Unsere letzte Station vor der Abreise war der Gemüsemarkt. Säcke mit Kartoffeln, Zwiebeln, Äpfeln und anderen Nahrungsmitteln, die eine längere Reise überdauern konnten, wurden unter der Plane hinten auf dem Truck verstaut, zusammen mit den Benzin- und Wasserkanistern, mit Dosen und getrockneten Früchten. Jetzt übernahm Baitsenke Habana, mein Fahrer, das Steuer. Wir folgten der Staubwolke von Dick und Vernas Truck aus der Stadt heraus.

Helena hatte sich für Baitsenke verbürgt, und nachdem wir einen ganzen Tag damit verbracht hatten, durch die Gegend zu kutschieren und den Truck voll zu packen, hatte ich einen sehr guten Eindruck von ihm gewonnen. Wir redeten über Kameras und Filme und über seinen Plan, Berufsfotograf zu werden. Ich befragte ihn über die soziale Hierarchie Botswanas, in der die Armen die Kühe der Reichen hüten, und so kamen wir auf regionale und nationale politische Themen zu sprechen. Baitsenke war umgänglich und ging bereitwillig auf meine Fragen ein. Von sich aus war er allerdings nicht besonders gesprächig, deshalb schwiegen wir schon bald beide, was ich aber als durchaus angenehm empfand. Er manövrierte unseren Wagen geschickt über die unebenen Straßen und wich souverän den tiefen Schlaglöchern und Bodenwellen aus.

Schon bald hinter der Stadt wurde die Besiedlung dünner. Die Sonne brannte, aber durch die offenen Fenster wehte kühlende Luft. Der Staub, der sich im Mund körnig anfühlte und der bald meine ganze Haut bedeckte, nahm den Bäumen an der Straße ihre Farbe und ließ die herabhängenden Zweige so grau erscheinen, als wären sie frühzeitig gealtert. Ziegen, vereinzelt oder in kleinen Herden, scharrten in dem abgegrasten, ausgedörrten Boden nach Nahrung. Vor uns zog sich die Straße wie ein breites Band dahin, das sich mit der Landschaft hob und senkte.

Ich hatte das Gefühl, mich auf Baitsenkes Fahrkünste verlassen zu können, und die extreme Wachsamkeit, mit der ich jedes Detail um mich herum aufnahm, ließ mit der Zeit etwas nach. Ich dachte an meine Familie und an unser letztes Telefongespräch vor zwei Tagen. Susanna hatte zärtlich, aber traurig gesagt, ich würde ihr fehlen. Adam hatte erklärt, es gehe ihm hervorragend, aber mein Mann hatte mir erzählt, er wolle sich nur von mir in den Schlaf singen lassen – das heißt, von der Kassette, die ich vor meiner Abreise aufgenommen hatte. Sarah, um die ich mir am meisten Sorgen machte, war wie immer zurückhaltend gewesen und hatte mir nur ganz mechanisch ihre Liebe versichert.

Und während ich mich jetzt immer weiter von allen Telefonen entfernte, bekam ich plötzlich große Sehnsucht danach, Sarah an mich zu drücken, ihren kleinen Körper zu spüren, ach, ich wollte sie alle bei mir haben! Seit meiner Abreise hatte ich kein so starkes Heimweh gehabt. Aber andererseits erschien mir der gehetzte Unterton in der Stimme meines Mannes wie ein Spiegelbild meines Alltagslebens. Er klang gestresst, weil er sich um alles kümmern musste, um Fahrgemeinschaften, Klavierstunden, Fußballtraining, Ferienlagertermine, Ballettunterricht ... Und an meinem Ende der Leitung wirkte dieses Bild nicht besonders attraktiv. War das wirklich die einzige Form, Kinder zu erziehen? Hatte ich vielleicht doch zu viel von mir aufgegeben, um ihren Bedürfnissen gerecht zu werden? Musste ich neuntausend Meilen hinter mich bringen, um zu begreifen, was Gleichgewicht bedeutete?

Beim Gedanken an das, was vor mir lag und wie stark es mein Leben verändern konnte, wurde mir Angst und Bange. Gleichzeitig freute ich mich maßlos. Und wieder packte mich diese Sehnsucht. Aber diesmal galt sie dem Leben selbst, ich wollte so gern noch ein paar Jahre haben: Ich wollte die letzten Tropfen der Jugend auskosten, ich wollte mich den Aufgaben und Problemen der mittleren Jahre voll hingeben, ich wollte alt werden. Bis vor einem Jahr war Altwerden für mich eine Selbstverständlichkeit gewesen, aber jetzt kam es mir vor wie ein grandioser Luxus.

Dick und Verna machten in einer Siedlung Halt, die aus einer Handvoll Rundhütten und einem kleinen Laden bestand. Baitsenke und ich parkten hinter ihnen. Im Laden kauften wir Mineralwasser und Knabberzeug. Wir waren immer noch zwei Stunden von der Abbiegung nach Dobe entfernt. Die Straße, auf der wir jetzt waren, führte nach Süden und zu dem Dorf, in dem Dick und Verna arbeiteten. In zwei Stunden musste ich mich entscheiden, ob ich ihnen folgen oder lieber allein mit Baitsenke weiterfahren wollte.

Als es so weit war, wagte ich den Sprung: An der Kreuzung bogen Baitsenke und ich in Richtung Dobe ab.

Es wurde wie überall in der Nähe des Äquators schnell dunkel. Da kein Mond schien, war die Finsternis undurchdringlich, als wir uns den Wasserstellen näherten, die zum Dobegebiet gehören. Die Kühe, die ins Licht unserer Scheinwerfer gerieten, flüchteten in die schützende Dunkelheit, drehten sich aber noch einmal um, als wüssten sie nicht so recht, ob sie nicht doch auf ihrem Vorfahrtsrecht bestehen sollten. Die Straße war hier zweispurig, und um sie zu verbreitern, waren viele Bäume gefällt worden. Da wir relativ weit entfernt waren von menschlichen Siedlungen, lagen sie immer noch am Straßenrand. In der Nähe der Dörfer waren sie bestimmt längst fortgeschleppt worden, denn sie eigneten sich hervorragend als Brennholz. Wir brachen ein paar Zweige ab und luden sie auf den Truck.

Einmal bogen wir falsch ab und landeten in einer Siedlung, in der alles dunkel war – selbst im Scheinwerferlicht war kaum etwas zu erkennen: nur ein Zaun, die Silhouette eines grasgedeckten Daches, eine Stimme, die von innen antwortete. Baitsenke sprach Setswana (neben Englisch die zweite offizielle Sprache in Botswana), stieg aber nicht aus. Es dauerte dennoch nicht lange, bis wir jemanden gefunden hatten, der uns nach Dobe begleiten konnte. Wir fuhren zurück bis zur Abbiegung, fanden die kritische Stelle, und um zehn Uhr erreichten wir das erste der fünf Dörfer im Dobegebiet.

Unsere Ankunft war anders als sonst, anders als in meiner Erinnerung. Warum stand niemand an der Straße, um zu sehen, wer im Wagen saß? Vor zwanzig Jahren mussten wir in jedem Dorf an der Straße anhalten – das Motorengeräusch hatte uns schon Meilen im Voraus angemeldet –, weil die Leute unbedingt wissen wollten, wer zu ihnen kam, und weil wir ihnen berichten mussten, was es in der Welt draußen Neues gab.

Vielleicht war es einfach schon zu spät am Abend und die Leute wollten ihre Hütten nicht mehr verlassen. Aber was hatten diese Reifenspuren zu bedeuten? In den äußeren Dörfern waren solche Spuren nicht weiter überraschend, weil es dort mehr Straßenverkehr gab, aber was hatten sie im Dobegebiet zu suchen, in den letzten Siedlungen vor der namibischen Grenze? Wessen Spuren waren das? Ein unangenehmer Gedanke: Waren etwa noch andere Forscher unterwegs? Musste ich meine Zeit in Dobe mit anderen Beobachtern teilen? Hatte ich den weiten Weg zurückgelegt, um auch hier mit einer Welt konfrontiert zu sein, die ich eigentlich hinter mir lassen wollte?

Baitsenke hielt an, ließ aber die Scheinwerfer an. Wir waren in dem Dorf, in dem Hwantla, meine Namensschwester, lebte. Ich stieg aus, spürte den nachtkühlen Sand unter den Schuhen. Um mich herum war alles seltsam still.

Offenbar hatten die Leute schon geschlafen, denn erst nach einer Weile tauchten ein paar in Decken gehüllte Gestalten aus den nächtlichen Schatten auf, um nachzusehen, wer gekommen war. Hwantlas Mann erkannte mich sofort und begrüßte mich lächelnd als seine «Ehefrau», eine Anspielung auf meine Namensverwandtschaft mit seiner Frau. Ich begrüßte ihn als «meinen Ehemann» und fragte, wo meine Namensschwester sei. In dem Moment kam Hwantla auf mich zu, die Decke fest um sich geschlungen, da es sehr kalt war. Sie begrüßte mich, aber ihre Stimme war sehr schwach, ich konnte sie kaum hören, und dann begann sie so heftig zu husten, dass es sie schüttelte.

Wir unterhielten uns kurz, aber es war schon spät und alle waren müde. Hwantla ging wieder in ihre Hütte zurück, während Baitsenke und ich an der Stelle, wo Richard Lee vor kurzem kampiert hatte, unser Lager aufschlugen. Das war «korrekt» so, weil wir dadurch niemanden durch unsere Anwesenheit bevorzugten. Mit Hilfe der anderen stellte Baitsenke mein Zelt neben einem kahlen Baum auf, dessen Zweige wenigstens ein bisschen Schutz gegen die Tageshitze bieten konnten. Sein eigenes Zelt platzierte er in angemessenem Abstand. Ein Feuer wurde angezündet, und wir boten den Männern, die uns geholfen hatten, stark gesüßten Tee und Rosinen an. Als ich es für passend hielt, erkundigte ich mich nach Nisa. Es gehe ihr gut, hieß es, sie wohne hier ganz in der Nähe.

Später, in meinem Zelt, zog ich meinen Schlafanzug an und rieb mich mit einem Mittel gegen Moskitos ein. Dann kroch ich in mein Bett – eine etwa vier Zentimeter dicke Matte, auf der mein geborgter Schlafsack lag, über den ich noch drei Decken breitete, jede einzelne zusammengelegt, damit sie mehr Wärme spendete.

In der Ferne hörte ich Eselsglocken und von irgendwoher eine schrille Vogelstimme. So viele Tage hatte ich damit verbracht, zu planen und zu träumen, vorzubereiten und zu reisen – und nun war ich hier, in Dobe! Ich fühlte mich gleich zu Hause. Geborgen. War dies der Beginn des Heilungsprozesses? Die vierzehn Jahre seit meinem letzten Aufenthalt erschienen mir wie ein einziger Tag. Wie die alten Klavierstücke aus meiner Kindheit, die ich auch nach dreißig Jahren noch in den Fingern hatte, so hatten sich mir die Rillen in den Straßen, die dürren Bäume, die grasgedeckten Dächer, die Lehmhütten so tief eingeprägt, dass die Zeit diese Bilder kaum berührt hatte. Ich musste nichts Neues lernen, ich musste auch nicht das Gelernte auffrischen, nein, ich war hier, und ich war zu Hause.

KAPITEL 2 Stimmen in Dobe

Als ich aufwachte, hörte ich Stimmen – mindestens vier oder fünf Leute, und alle redeten gleichzeitig. Sie warteten darauf, mich begrüßen zu können, sie wollten uns um Tabak bitten, vielleicht hofften sie auch, dass wir ihnen eine Tasse gesüßten Tee anboten. Sie hatten sich um das Feuer versammelt und unterhielten sich leise. Ich horchte, ob ich vielleicht Nisas Stimme erkennen konnte, ihren heiseren Singsang, aber es war nur eine einzige Frauenstimme dabei, und die gehörte nicht Nisa. Enttäuscht zog ich die Decke fester um mich. In der Nacht war mir kühl gewesen, ich war erschöpft, weil ich unruhig geschlafen hatte, und jetzt taten mir Schulter und Hüfte weh, weil der Boden so hart war. Nicht allzu weit entfernt war das dumpfe Brummen eines Lastwagens zu hören, das aber bald verhallte. Ich lag reglos da und genoss die Situation. Ich wollte noch eine Weile so liegen bleiben, ehe ich ins helle Sonnenlicht hinaustrat.

Dick und Verna hatten Recht gehabt – die Präsenz des botswanischen Militärs war hier im Dobegebiet deutlich spürbar. Gleich an diesem ersten Morgen statteten mir die Soldaten einen Besuch ab – und so sollte es von nun an fast jeden Tag sein. Ich hatte mich gerade am Feuer niedergelassen und unterhielt mich mit den Leuten, als zwei Armeelaster vorfuhren: Soldaten in Uniform, die Gewehre in der Hand, mit gekreuzten

Munitionsgürteln über der Brust. Im Nachbarland Namibia sollten im November zum ersten Mal wieder seit der südafrikanischen Besetzung freie Wahlen stattfinden. Die Regierung von Botswana befürchtete, dass politische Unruhen über die Grenze herüberschwappen könnten. Am stärksten waren von diesen Maßnahmen die Herero und die !Kung betroffen, da die Grenze zwischen den beiden Staaten, die erst seit Anfang der sechziger Jahre strikt eingehalten wurde, ihre Stämme trennte. Und Dobe war nur eine Meile von der namibischen Grenze entfernt – daher die massiven militärischen Kontrollen.

Ich erhob mich, um dem Offizier die Hand zu geben. Er wirkte sehr freundlich und sprach makellos Englisch. Dick und Verna hatten mir schon von ihm erzählt: Seine Verlobte arbeitete für sie. Auch er war offensichtlich über meine Ankunft informiert.

Ich fragte ihn, ob der Colonel in Maun ihm eine Nachricht geschickt habe. Ja, antwortete er, das Kommuniqué sei bereits eingetroffen. Ich bot ihm Tee an, aber er lehnte ab. Eine seltsame Spannung lag in der Luft, und ich war fast erleichtert, als er nun, nach diesen höflichen Präliminarien, sein eigentliches Anliegen vortrug: «Warum sind Sie hier? Was haben Sie vor, welche Aktivitäten sind geplant?»

Wie schon in meinem Gespräch mit dem Colonel vermied ich es, von «Recherchen» oder «Forschungsarbeit» zu sprechen, weil ich dafür bei verschiedenen Regierungsbehörden eine Genehmigung hätte einholen müssen. Mein Touristenvisum erlaubte mir während der dreißig Tage seiner Dauer Zugang zu allen nicht verbotenen Gebieten, wozu auch Dobe gehörte. Ich erklärte, ich hätte von meiner Universität Geld für eine Reise bekommen und beschlossen, mein Wissen über die !Kung, mit denen ich vor vierzehn Jahren das letzte Mal gearbeitet hatte, auf den neuesten Stand zu bringen. Ich fügte hinzu, ich würde außerdem gern mit einer Gruppe ein paar

Tage im Busch verbringen, um dort zu jagen und zu sammeln.

«Wann möchten Sie aufbrechen?», fragte der Offizier. «Und wohin würden Sie genau gehen?»

Vor vielen Jahren hätten wir fünf oder zehn Meilen nördlich von hier im Busch unser Lager aufgeschlagen, berichtete ich ihm, in einem Hain mit Mongongonüssen, in der Nähe der Grenzstraße. Falls möglich, würde ich am liebsten wieder dorthin fahren. Aber ich wolle natürlich weder mich selbst noch meine Begleiter irgendwelchen Gefahren aussetzen. Ob er als Offizier mir wohl sagen könne, worauf ich achten müsste, bevor ich so eine Exkursion unternahm? Gab es vielleicht Probleme an der Grenze, die bei einer Jagd im Busch das Risiko erhöhten?

Es dauerte nicht lange, bis ich begriff, dass das Gespräch sehr einseitig war. Die Informationen flossen nur in eine Richtung: von mir zu den Soldaten. Über die Aktivitäten der Soldaten erfuhr ich so gut wie nichts, und es wurde mir auch nicht mitgeteilt, was hier in der Gegend für mich von Bedeutung sein könnte. Zum Glück war der Offizier ohne weitere Diskussion damit einverstanden, dass ich in den Busch ging.

Nur auf eine Sache wurde ich mit Nachdruck hingewiesen, aber das wusste ich längst: Die Grenze zu Namibia sei nicht mehr offen, die !Kung dürften nicht mehr zwischen Botswana und dem Nachbarstaat hin und her pendeln. «Es handelt sich hier um eine internationale Grenze», erklärte der Offizier, «und als solche muss sie respektiert werden, wie alle Grenzen zwischen zwei Staaten.» Und während er schon zu seinem Fahrzeug zurückging, fügte er hinzu: «Die Menschen werden sich daran gewöhnen. Im Grunde ist es hier auch nicht anders als zwischen den USA und Kanada – oder zwischen allen modernen Staaten.»

Wenn ich mich irgendwie nützlich machen wolle, dann solle ich doch den !Kung immer wieder eintrichtern, dass die Grenze geschlossen sei, meinte er noch. Es sei eine Frage von Leben und Tod: Jeder, der sich diesem Befehl widersetze, werde ohne weitere Umstände erschossen.

Als das Motorengebrumm der Armeelaster in der Ferne verklungen war, setzten die Geräusche des Alltags wieder ein. Endlich konnte ich mich wieder am Feuer niederlassen, meine Besucher richtig begrüßen, ihnen Tee anbieten und die neuesten Nachrichten austauschen.

Ich entdeckte Bo, Nisas Mann, in der kleinen Gruppe. Als er merkte, dass ich die Gesichter der Anwesenden absuchte, sagte er, Nisa habe die Abfahrt der Soldaten abwarten wollen, aber jetzt sei sie schon unterwegs hierher.

Zuerst war ich mir nicht ganz sicher, aber als sie ein Stückchen näher kam, konnte es keinen Zweifel mehr geben: der bunte Schal, der ihren Kopf bedeckte, die farbenprächtige Stola über der rechten Schulter, der unverwandt auf mich gerichtete Blick.

«Meine Tante, du bist es!», begrüßte ich sie.

«Eh-hey. Nichte, meine Nichte, meine kleine Nichte.»

Wir umarmten uns ein bisschen verlegen. «Wie kommt es, dass du immer noch jung bist, Nisa?», fragte ich sie. «Schau mich an, deine Nichte. Die Jugend hat mich verlassen. Meine Haare sind schon ganz grau.» Als ich ihren fragenden Blick bemerkte, fügte ich hinzu: «Meine Zunge ist schwer und nicht mehr sehr geschickt. Vielleicht verstehst du mich nicht.»

In den weniger als vierundzwanzig Stunden seit meiner Ankunft war mir schmerzlich bewusst geworden, wie viel ich in den vierzehn Jahren vergessen hatte. Wenn gesprochen wurde, konnte ich immer noch einigermaßen folgen, ich konnte auch einfachere Dinge sagen, aber kompliziertere Gedanken zu formulieren schaffte ich nicht mehr, selbst wenn ich eigentlich genau wusste, was ich sagen wollte. Oft fühlten sich die anderen veranlasst, mir beizuspringen, um peinliche Pausen zu überbrücken, sie korrigierten meine grammatikalisch falschen Konstruktionen und versuchten, die schiefen Wortkonstellationen in verständliche Sätze zu bringen.

Auf meine Stammeleien folgten oft lebhafte Diskussionen und widersprüchliche Interpretationsversuche. Die Grundaussage konnte ich meistens vermitteln, nur eben nicht unbedingt in der korrekten Reihenfolge oder in der adäquaten sprachlichen Nuancierung. Wenn wir absolut nicht weiterkamen, dann suchten wir jemanden, der uns helfen konnte und die notwendige Phantasie besaß, um den Code zu knacken. Zum Glück war ich imstande, die korrekte Konstruktion zu erkennen, wenn ich sie hörte. «Das ist es – genau das wollte ich sagen!», rief ich dann und war froh, dass ich endlich verstanden wurde.

Nisa und ich setzten uns zu den anderen ans Feuer. So viele Fragen wollte ich ihr stellen: Wie war ihr Leben? Warum war sie nach Dobe gezogen? Wovon lebte sie? War sie gesund? Verstand sie sich mit Bo? Kam sie mit ihren Brüdern – der eine war jünger, der andere älter als sie – immer noch gut aus? Was war mit den beiden Nichten, die sie großgezogen hatte?

Natürlich wollte ich auch schrecklich gern herausfinden, wie die Veröffentlichung von *Nisa erzählt* ihr Leben verändert hatte: Ich hatte ihr nämlich vor fünf Jahren Geld zukommen lassen (mit Hilfe von Richard Lee, der damals gerade in Dobe arbeitete), und mit diesem Geld hatte sie sich Kühe gekauft. Auf diesem Wege hatte ich ein Versprechen erfüllt, das ich ihr bei unserer letzten Begegnung gegeben hatte: Ich hatte ihr zugesagt, ihr ein paar Kühe zu schenken, falls die Geschichte als Buch veröffentlicht würde und das Buch den Leuten gefiele. Als Richard von seinen Feldforschungen zurückkam, berichtete er mir, Nisa habe fünf trächtige Kühe erstanden. Ein paar Jahre später kehrte er wieder ins Dobegebiet zurück; ich gab ihm erneut eine Geldsumme mit, und er überbrachte mir die neuesten Nachrichten: Nisa gehe es gut; ihre Kühe hätten sich vermehrt und mit dem zusätzlichen Geld habe sie sich ein Brandeisen gekauft.

Aber mich beschäftigten auch andere Fragen. Viele bezogen sich auf Nisas Lebensgeschichte, die sie mir damals so bereitwillig erzählt hatte. Hatte sich ihre Lebensphilosophie im Lauf der Zeit verändert? Wenn ich sie bitten würde, mir ihre Geschichte ein zweites Mal zu erzählen, würde ihr Bericht ähnlich ausfallen wie damals? Und wenn nicht – welche Unterschiede würde ich finden?

Vor meiner Reise hatte ich mich lange mit Ulrich Neisser unterhalten, der an der Emory University Psychologie lehrte und sich auf Gedächtnisforschung spezialisiert hatte. Ich hatte ihn gebeten, mir bei diesen Fragen ein paar Tipps zu geben, und er hatte vorgeschlagen, ich solle ein paar konkrete Geschichten und Anekdoten auswählen, die Nisa mir damals erzählt hatte, und sie bitten, sie mir noch einmal zu erzählen. Seine Hypothese lautete, dass die Geschichten aus den frühen Lebensjahren ganz ähnlich klingen würden wie die damals; da sie schon so weit zurücklagen, gab es wenig Grund, sie neu zu interpretieren. Die späteren Geschichten, vor allem solche, in denen Leute vorkamen, die Nisa jetzt noch kannte und mit denen sie noch in Kontakt war, hätten sich wahrscheinlich stärker verändert, um ihr jetziges Selbstbild und ihre Wahrnehmung der Menschen um sie herum zu integrieren. Die Gespräche mit Neisser hatten mir geholfen, die Fragen, denen ich nachgehen wollte, klarer zu strukturieren, und weil er mein Projekt so spannend fand, fiel es mir auch leichter zu glauben, dass die Mühe sich lohnen würde.

Es gab allerdings noch andere Fragen, die mir fast noch

mehr am Herzen lagen und die ich nicht so eindeutig formulieren konnte. Aber vielleicht waren es gerade sie, die mich zu Nisa zurückgeführt hatten. Was war mit unserer Freundschaft? Wie würden unsere Gespräche dieses Mal verlaufen? Würde es uns immer noch so leicht fallen, miteinander zu reden? Würde Nisa wieder so offen über sich selbst sprechen wie damals? Was war mit dem Thema Sex? Hatte sich ihre Haltung dazu verändert? Würden wir auch über das Alter sprechen können und über den Tod? Ja, über den Tod vor allem! War sie bereit, ihre Sterblichkeit, der sie ebenso wenig entgehen konnte wie ich, zu akzeptieren? Sah sie vielleicht etwas, was mir weiterhelfen konnte? Und – interessierte sie sich überhaupt für das, was mir widerfahren war?

All dies ging mir durch den Kopf, aber jetzt sagte ich nur – oder ich versuchte es jedenfalls zu sagen –, dass ich mich gern später, wenn wir unter vier Augen waren, richtig mit ihr unterhalten würde. Dann konnten wir an die Gespräche von damals anknüpfen. Jetzt, an meinem ersten Tag hier in Dobe und im Beisein so vieler Menschen, war das praktisch unmöglich – wir mussten warten, bis wir mehr Ruhe hatten.

«Du möchtest wieder mit mir reden wie früher?», fragte Nisa, um sich zu versichern, das sie meine Wortbrocken richtig verstanden hatte. Und als ich zustimmend nickte, nickte auch sie und sagte: «Ja, wenn weniger Leute da sind, können wir anfangen.»

Leise antwortete ich: «Sehr gut. Du und Bo, ihr seid immer in meinem Lager willkommen. Wenn ihr kommt, werde ich euch etwas zu essen anbieten. Ihr gehört zu mir, ihr seid hier meine Familie.»

Während wir am Feuer saßen, servierte Tuma, den ich als Helfer angeheuert hatte, Nisa, Bo und den anderen «Ehrengästen» große Portionen Maisbrei mit Milch aus Milchpulver und dazu

Tee mit Milch und Zucker; die übrigen Gäste bekamen kleinere Portionen. Das entsprach den guten Sitten. Da ich wenig Tabak mitgebracht hatte – Tabak war ein von den !Kung hoch geschätztes Geschenk –, verteilte ich nur ein paar Pfeifenfüllungen und erklärte, der Vorrat sei sehr klein.

Dann fiel mir das Tonband ein. Vor meiner Abreise hatte ich meinen beiden Großen ein paar Wörter in der !Kung-Sprache beigebracht: den Ausdruck «Tschum-o», was so viel heißt wie «Ich grüße dich!»; den Satz «Ich heiße ...», wobei an die leere Stelle jeweils der !Kung-Name des Kindes gesetzt wurde; und: «Du bist mein großer Namensvetter; ich bin deine kleine Namensschwester.»

Zu Beginn meines allerersten Aufenthalts im Dobegebiet hatten sich die Frauen danach gedrängt, mich zu berühren und mir die Hand zu schütteln. Sie hatten auf sich selbst und auf mich gezeigt und mich dabei mit einem Wortschwall überschüttet, den ich beim besten Willen nicht entschlüsseln konnte. Der Anthropologe, der meinen Mann und mich damals begleitete und uns mit den Menschen und der Gegend vertraut machen sollte, erklärte mir, die Frauen wollten mir ihren Buschnamen anbieten.

Diese «Namensverwandtschaft» war für die !Kung sehr wichtig: Durch sie wurden Beziehungen in der Gemeinschaft festgeschrieben, und diese Regeln galten auch für einen Außenstehenden. Wenn man einen Namen angenommen hatte, übernahm man im Grunde die Position des Gebenden und begegnete den anderen so, wie er oder sie ihnen begegnete. Der Bruder wurde zum Bruder, die Mutter zur Mutter; man durfte keine scherzhaften Bemerkungen mehr mit jemandem austauschen, dem der oder die Namensverwandte mit Respekt begegnen musste.

Es war aber nicht nur diese spezifische Verbindung zwischen «Namensverwandten» gewesen, welche die Frauen veranlasst hatte, mir ihren Namen anzubieten; sie hofften auch ganz schlicht darauf, dass die Verbindung sich auszahlen würde: Die fremde Frau, die über scheinbar unbegrenzte Ressourcen verfügte, würde ihrer Namensschwester sicher noch mehr Geschenke, noch mehr Fahrten mit dem Truck und überhaupt noch mehr Vergünstigungen zukommen lassen als den anderen. Der Anthropologe hatte mich damals gewarnt und mir geraten, die Frauen erst näher kennen zu lernen, ehe ich eine Namenspatenschaft übernahm.

Der Entscheidungsdruck wuchs jedoch sehr schnell. Die wichtigsten Bewerberinnen waren: Nai, eine sehr alte Frau und die Hauptfrau eines Patriarchen in einem der Dörfer, und Hwantla, eine dynamische, energische Frau von Mitte dreißig, die mit einem Bantu-Mann verheiratet war. Obwohl ich befürchtete, ich könnte die ältere Frau kränken und meinen Aufenthalt mit einem diplomatischen Fauxpas einleiten, entschied ich mich für Hwantla, einfach weil ich sie lieber mochte. Sie kam regelmäßig in unser Lager, sang wehmütige Lieder darüber, dass sie keine Kinder bekommen konnte (ihre eigenen Kompositionen), und versuchte, wenn auch etwas ungeduldig, mir beim Erlernen der Sprache zu helfen. Zwar sprachen beide Frauen oft über die Geschenke, die ich ihnen geben würde, und sie hatten keine Hemmungen, mich um etwas zu bitten, aber die Entscheidung fiel, als Hwantla *mir* ein Geschenk machte – eine mit Perlen bestickte Lederdecke. Da akzeptierte ich ihren Namen auf der Stelle.

Als mein Mann und ich Kinder bekamen, gaben wir ihnen selbstverständlich auch !Kung-Namen. Susanna, unsere Älteste, erhielt schon bald nach ihrer Geburt den Namen Nisa. Zwar wurde das nirgends offiziell festgehalten, weder in den Staaten noch in Afrika, aber Susanna wusste trotzdem, dass sie auch einen !Kung-Namen hatte: Nisa-ma oder Kleine Nisa. Nisa hatte mir schon viele Jahre vorher aufgetragen, mein erstes Kind Nisa zu nennen, wenn es ein Mädchen sei. Das würde für Kontinuität in Nisas Beziehung zu meiner Familie sorgen und das Kind eng mit Nisa verbinden.

Nisas Vorschlag für uneigennützig zu halten wäre naiv. Aber auch mir war es wichtig: Die Namensverwandtschaft mit Nisa sollte meiner Tochter mit Hilfe einer zentralen !Kung-Tradition einen direkten Zugang zur Welt der !Kung vermitteln. Nur hatte Nisa leider keine Nachkommen, die diese Beziehung weiterführen konnten – ebenso wenig wie die anderen Freundschaften, die sie im Lauf ihres Lebens geknüpft hatte. Dabei waren gerade diese Netzwerke das wichtigste Gut, das die !Kung mit ihrem geringen materiellen Besitz ihren Nachkommen weitergeben konnten. Wenn also Susanna eines Tages die Welt ihrer Namensschwester kennen lernen wollte, diese Welt, die ihre Mutter so faszinierte, dann würde ihr der !Kung-Name dabei nicht allzu viel helfen – es sei denn, Nisa wäre noch am Leben.

Adam, unser zweites Kind, bekam den Namen Kxoma-ma, Kleiner Kxoma, nach einem Mann, mit dem Mel und ich vor vielen Jahren Freundschaft geschlossen hatten. Kxoma war ein sehr weiser, humorvoller Mann mit herausragenden Führungsqualitäten. Er sprach sowohl Setswana als auch Sehen fließend, die Sprachen der Bantu in dieser Gegend, und in gewisser Weise war er ein Modell für die Zukunft: Er glaubte an Eigeninitiative und harte Arbeit; er sorgte dafür, dass sein Dorf als eines der ersten die Genehmigung bekam, Felder anzulegen; er hielt die Dorfbewohner an, Ziegenherden zu halten und gelegentlich auch eine Kuh; das Geld, das mit Kunsthandwerk verdient wurde, verwendete er dafür, den «modernen» Lebensstil weiterzuverbreiten. Aufgrund seiner Intelligenz und seiner diplomatischen Fähigkeiten war er bei Verhandlungen mit Regierungsvertretern gern gesehen, und er wurde schnell zum Sprecher der !Kung, die sich mit dem botswanischen Justizwesen auseinander setzen mussten. Obwohl Nisa uns aufgetragen hatte, unseren ersten Sohn Bo zu nennen, nach ihrem Ehemann, entschieden wir uns für den Namen Kxoma. Und wir wären beide sehr stolz, wenn Adam eines Tages Kxomas Weisheit und Würde besitzen sollte – ganz zu schweigen von seinem körperlichen Geschick und seinem Mut bei der Jagd.

Bei Sarah, unserer Jüngsten, waren wir nicht sicher gewesen, welchen !Kung-Namen wir wählen sollten, weil mehrere Frauen infrage kamen. Schließlich entschieden wir uns für Tasa-ma, Kleine Tasa. Wir kannten zwei Frauen, die Tasa hießen und die wir beide sehr bewunderten. Tasa Nxam oder Alte Tasa war die Matriarchin einer weit verzweigten Familie; sie war mit vielen Menschen im Dobegebiet und darüber hinaus verwandt und in ihrem Dorf wie auch in den Nachbardörfern der soziale Mittelpunkt. Sie war schon über sechzig, sammelte aber immer noch Nahrung für ihre Kinder, versorgte ihre zahlreichen Enkel, führte mit vielen Leuten Handel und übte großen Einfluss auf ihre Gruppe aus.

Die zweite Tasa, die jüngere Schwester meiner Namensschwester Hwantla, hatte an meiner Untersuchung zum Thema *Stimmung und Menstruationszyklus* teilgenommen. Sie war damals Ende zwanzig gewesen, eine ausgesprochen schöne, graziöse Frau. Tasa begrüßte mich immer mit einem Lächeln und drückte mich an sich. Was sie erzählte, war schlicht und kam von Herzen. Über ihren Mann sagte sie: «Er ist wie mein Vater, meine Mutter. Meine Mutter macht Besuche, und ich sitze bei ihm.» Tasa hat nie erfahren, dass wir unser Kind nach ihr benannten; ein paar Jahre vor meiner Rückkehr nach Afrika hatte ich die Mitteilung erhalten, dass sie gestorben war.

Nisa, Kxoma und Tasa; Susanna, Adam und Sarah. Susanna war jetzt zehn, Adam sieben, Sarah zweieinhalb. An meinem letzten Abend in Atlanta hatte ich eine Kassette mit den Stimmen von Susanna und Adam aufgenommen, und diese Aufnahme spielte ich jetzt vor, während wir am Feuer saßen. «Tschum-o», begrüßte Adam seinen Namensvetter Kxoma in perfekter !Kung-Aussprache, mit einem lauten Klicklaut am Wortanfang. «Du bist mein großer Namensvetter, Großer Kxoma. Ich bin dein kleiner Namensvetter, Kleiner Kxoma. Tschum-o!»

Kxoma selbst war leider nicht dabei – er war im Busch auf der Jagd –, aber die anderen hörten begeistert zu, lobten Adams klare Aussprache und dass ihm der Klick am Anfang seines Namens und bei den Wörtern «großer Namensvetter» und «kleiner Namensvetter» so gut gelang. Er klinge wie ein echter !Kung, sagten sie. Ich selbst hatte bei diesen Lauten immer noch Schwierigkeiten, obwohl ich seit Jahren übte! Dann kam Susannas Botschaft für Nisa, ihre Namensschwester. Nisa freute sich spürbar und erwiderte die Grüße.

Später am Tag fuhr Baitsenke mit dem Truck nach Kangwa, ein etwa anderthalb Stunden entferntes Dorf, wo wir unsere leeren Kanister mit frischem Wasser auffüllen konnten, das dort tief aus der Erde gepumpt wurde. Viele Leute aus dem Dobegebiet wollten mitfahren, aber wir boten die Plätze auf dem Truck zuerst denjenigen an, die ärztliche Hilfe brauchten. Die anderen wollten in den kleinen Läden Vorräte kaufen, Freunde besuchen, Kunsthandwerk verkaufen oder auch nur etwas trinken gehen.

Nisa hatte keine Lust mitzukommen und bat Hwantla, an ihrer Stelle zu fahren. Baitsenke übernahm das Steuer, neben ihm saßen Hwantla und ich und redeten über das, was in meiner Abwesenheit geschehen war.

Sie sei sehr krank gewesen und fast gestorben, sagte Hwantla, aber Megan Biesele habe ihr das Leben gerettet. Megan war eine Anthropologin, die eine Zeit lang in Dobe gelebt hatte und jetzt mit den !Kung in Namibia arbeitete. Sie hatte Hwantla zur Krankenstation gebracht, wo sie mit Tuberkulose-Medikamenten wieder aufgepäppelt worden war. Erst vor kurzem hatte Hwantla sich wieder so weit wohl gefühlt, dass sie nach Dobe zurückkehren konnte. Aber sie war immer noch geschwächt. Sie zeigte mir ein Fläschchen mit den Tabletten, die sie schlucken musste.

Wir redeten über den Tod ihrer jüngeren Schwester Tasa und darüber, wie traurig wir waren. Wie viele Stunden hatte ich mit ihr verbracht und mit ihr über die Liebe und das Leben, über Krankheit und Tod gesprochen! Hwantla erzählte auch von der turbulenten Ehe mit ihrem Tswana-Ehemann und von dessen großer Familie mit seiner Geliebten in Kangwa, während Hwantla kinderlos geblieben war. Wir redeten noch über ein paar andere Leute, und schließlich erzählte ich ihr von meinen eigenen Erlebnissen. Sie hörte voller Mitgefühl zu, sagte aber nicht viel. Krankengeschichten waren hier, wie unsere Unterhaltung zeigte, nichts Außergewöhnliches.

KAPITEL 3 Trommeln am Feuer

Musik erfüllte die dunkle Nacht, synkopierte Rhythmen, verzierte Melodien, der Schlag der Trommel, zwischendurch der Schrei eines Heilers in Trance. Die Musik kam aus Kumsas Dorf, benannt nach Kumsa-dem-Jäger, Tasas Witwer. Er lebte dort mit seinen beiden Töchtern, deren Ehemännern und Kindern. Jede Familie hatte ihre eigene Hütte. Ich folgte dem rhythmischen Gesang und stellte erstaunt fest, dass er von nur zwei Frauen stammte, Kumsas Töchtern. Sie waren beide wunderschön, genau wie Tasa, ihre Mutter; im Feuerschein schimmerte ihre Haut, während sie, den Kopf zur Seite geneigt, singend den Auftrag ihrer Mutter fortführten.

Die eigentliche Heilungszeremonie war schon zu Ende, als ich dazukam. Kumsa ruhte sich aus, nachdem er seinem kranken Enkelkind die Hände aufgelegt hatte. Doch seine Töchter und der Trommler, der jüngere seiner beiden Schwiegersöhne, wollten nicht aufhören mit der Musik, noch ein Lied, dann noch ein Lied, ihrer Eingebung folgend. Ich lauschte wie gebannt, ließ mich von den Melodien und ihrem Rhythmus tragen.

Dann, während einer Pause zwischen den Liedern, hörte ich auch in der Ferne Musik, bald lauter, bald leiser, je nachdem, wie der Wind ging. Ich verabschiedete mich von Kumsas Dorf – «Eh-hey. Vielen Dank für eure Gastfreundschaft. Bleibt gesund!» – und machte mich auf die Suche nach den anderen Trommeln in der Nacht.

Die Taschenlampe in der Hand, meinen Kassettenrecorder und die Kamerataschen umgehängt, so folgte ich den ausgetretenen Pfaden durch den Sand, zwischen hohen und niedrigen Dornbüschen hindurch. Ich orientierte mich an der Musik, die etwa eine halbe Meile entfernt schien. Die Finsternis war so undurchdringlich, dass ich nur an der Lautstärke der Trommeln merkte, dass ich angekommen sein musste. Nach und nach konnte ich die dunklen Gestalten der Frauen unterscheiden. Sie bildeten einen Kreis, Schulter an Schulter, um ein heruntergebranntes Feuer herum, und sangen. Der Widerschein der Glut fiel auf die hochkonzentrierten Gesichter der beiden Trommler, die sich im Kreis gegenübersaßen. Sie führten einen rhythmischen Dialog miteinander und reagierten dabei gleichzeitig auf das komplizierte rhythmische Klatschen der Frauen.

In dem engen Raum zwischen dem Feuer und den Frauen befanden sich zwei Männer, die beide in Trance waren. Es war die Trance des Alters: wenig Bewegung, verinnerlicht, leise. Aber dennoch galten sie noch als potente Heiler. Sie legten den Frauen im Kreis die Hände auf, nahmen im Auftrag der Menschen Kontakt zur Geisterwelt auf – eine Gabe, die Gott nur den Heilern verlieh. Der eine der beiden war Kasupe, der Mann der Alten Tasa, der andere war Kantla, Nisas langjähriger Liebhaber. Kantla wirkte sehr gebrechlich. Er sah nicht besonders gesund aus, und ich hatte das quälende Gefühl, dass er vielleicht nicht mehr allzu lange leben würde. Was würde mir Nisa wohl von ihm erzählen?

Aber da war noch ein anderer Gedanke, der mir jetzt ins Bewusstsein kam. Während ich meine Reise plante, hatte ich mir nie richtig eingestanden, dass ich vor allem auch deswegen nach Afrika reisen wollte, weil ich insgeheim hoffte, vielleicht von den !Kung-Heilern von meiner Krankheit geheilt zu werden. Dieser Wunsch war mir im Grunde furchtbar peinlich, und ich hatte mit niemandem darüber gesprochen, nicht einmal mit meinen Freunden. Aber leugnen konnte ich ihn trotzdem nicht.

Es war nicht so, dass ich die Überzeugung der !Kung, Krankheiten würden aus der spirituellen Welt geschickt, wirklich teilte. Ich glaube auch nicht, dass ein Heiler in Trance die Krankheit aus den Menschen herausholen und sie wieder gesund machen konnte, indem er die Unterstützung der Geister herbeirief. Aber diese Traditionen besitzen eine ungeheure Faszination, und die hochdramatischen Zeremonien hatten mich schon immer in ihren Bann gezogen. Ein Mensch in Trance bricht ganz allein auf, um mit dem Unbekannten zu kämpfen, mit dem Chaos, das jenseits des Alltags lauert, mit der Dunkelheit an den Rändern unseres Bewusstseins, einer Welt, die von Kräften bestimmt wird, die jenseits des menschlichen Verstandes liegen. Wenn der Heiler Erfolg hat, dann gelingt es ihm, ein gewisses Maß an Kontrolle über menschliches Leid zu gewinnen, die Tragödie abzuwenden, das Unglück rückgängig zu machen.

Diese Reise ist für den Heiler mit enormen Strapazen verbunden. Draußen im Dunkeln, jenseits des Kreises derer, die an dem Trancetanz teilnehmen, sitzen die Geister der Toten. Sie kommen, um sich die Zeremonie anzuschauen, um sich unterhalten zu lassen oder um Unheil anzurichten. Sie sind teilweise verantwortlich für das menschliche Leid. Nur die Heiler können in Trance sie sehen. Sie rufen die Schatten an, sie streiten mit diesen rachsüchtigen, bösen oder einfach nur gelangweilten Geistern, die den Lebenden so viel Schmerz zufügen, sie machen ihnen moralische Vorhaltungen, sie flehen sie um Milde an. Manchmal erwächst daraus ein richtiger Kampf, bei dem die Heiler mit Stöcken werfen und die Geister anbrüllen, endlich mit ihren Quälereien aufzuhören.

Oft riskieren sie dabei ihr Leben. Es kann sein, dass sie in eine tiefe Trance fallen, die fast einem Koma gleichkommt. Ihr eigener Geist, der angeblich während der Trance ihren Körper verlässt, möchte nicht zurückkehren. Der Tod kann dann nur dadurch abgewendet werden, dass andere Heiler in Trance dem Bewusstlosen helfen, ihm die Hände auflegen, ihn massieren und klagende Melodien singen, die dem Geist der wilden Tiere und dem Großen Gott gefallen, dem mächtigsten und mitfühlendsten aller Geister. Die !Kung glauben an eine größere Zahl übernatürlicher Wesen, von denen eines über alle anderen herrscht. Er trägt den Namen *Kauha* und lässt sich mit «Gott» oder «Großer Gott» übersetzen. Die anderen Geister heißen *Ilganwasi*. Wenn der Geist des Heilers schließlich wieder in seinen Körper eintritt, entringt sich seiner Brust ein tiefes Stöhnen, das sich zu einem markerschütternden Brüllen steigert: der Schrei des Heilers.

Die Männer und Frauen, die sich auf diese spirituelle Reise begeben, sind Kämpfer und Helden. Sie reisen in Dantes Inferno, sie gleichen Pamina und Tamino, die sich in der *Zauberflöte* bereitwillig den Schrecken der Dunkelheit aussetzen. Sehenden Auges taumeln sie an den Rand des Abgrunds – und die Geheimnisse, die sie schauen, bringen denen, die zurückbleiben, Trost und Erleichterung.

Warum? Wie? Wodurch? Durch einen höchst komplexen Prozess. Zuerst «ziehen» sie die Krankheit aus denen, die sie heilen, heraus. Der Körper des Heilers besitzt angeblich eine spezielle Substanz oder Medizin, die *N/um* genannt wird. Durch das ekstatische Tanzen wird diese heilende Kraft immer stärker erhitzt. Wenn sie zu brodeln beginnt (man spricht auch von «kochender Energie»), tritt der Heiler in einen anderen Bewusstseinszustand ein: Er gerät in Trance. Der Körper zittert, das Verhalten wird unberechenbar, er ist desorientiert, die Sprechweise wird undeutlich, das Gesprochene ergibt oft keinen Sinn.

Die Trance eines erfahrenen Heilers erfordert extreme Konzentration. Er blickt ins Innerste des «Patienten», um die Quelle der Krankheit zu erkennen, um ihre Ursachen auszumachen. Durch Handauflegen vertreibt er die Krankheit, die er «gesehen» hat, und holt sie in seinen eigenen Körper, wo sie durch das obere Ende der Wirbelsäule hinausgeschleudert und so unschädlich gemacht wird. Die «Heilung» wird noch dadurch unterstützt, dass das *N/um* des Heilers auf den Patienten übergeht.

Ich will nicht behaupten, dass man die Heilmethoden der !Kung mit Penizillin oder mit Malariatabletten vergleichen kann oder dass sie die isotonische Kohlehydratlösung ersetzen können, die ein lebensgefährlich dehydriertes Kind braucht. Aber um das menschliche Immunsystem zu stärken, ist mehr erforderlich als nur der richtige chemische Schlüssel zu einer bestimmten Krankheit. Von größter Bedeutung ist auch die Kooperationsbereitschaft der Patienten. Sie müssen leben wollen und daran glauben, dass die Behandlung ihnen helfen wird. Vielleicht ist das sogar das Entscheidende.

Nachdem ich erfahren hatte, dass ich an Krebs leide, kam es mir so vor, als würde jeder Zweite, mit dem ich darüber sprach, an diese Kraft der Psyche glauben. Ständig redeten die Leute davon, man müsse eine «positive Einstellung zum Leben» entwickeln und vor allem viel lachen, das sei heilsam. Sie schenkten mir Kassetten zur «Selbstheilung» und Bücher mit Titeln wie *Liebe, Medizin und Wunder* und *Gedanken heilen, Gedanken verletzen*. Sie sagten, ich solle mir vorstellen, dass ein weißes Licht durch meinen Körper geht und ihn reinigt und dass ein blaues Licht das Gift wegträgt. Krebszellen seien «desorganisiert» und «verwirrt» und ließen sich von den weißen Blutkörperchen, von den Abwehrkräften des Körpers, mühelos zerstören. Ich solle mir ausmalen, dass diese «guten»

Zellen in die Offensive gingen, sich exponentiell vermehrten und so die Krebszellen vertrieben und sie endgültig vernichteten.

Es gibt verschiedene Theorien, wie viel Wut bei solchen Visualisierungsübungen zugelassen ist. Diejenigen, die Wut als kathartisch betrachten, beschreiben Phantasiebilder, bei denen die weißen Blutkörperchen Soldaten in einer siegreichen Schlacht sind: Sie greifen die Krebszellen mit Waffen an und bringen sie um, durchbohren, erschießen, entleiben sie. Andere, deren Meinung nach Wut ein zu negatives Gefühl für solche Visualisierungen ist, schlagen sanftere Vernichtungsmethoden vor: Die Krebszellen werden von chemotherapeutischen Agenten getötet, von den wachsamen weißen Blutkörperchen «weggefegt» oder verschluckt, so wie bei dem uralten Computerspiel Pac-Man, bis von ihnen schließlich nichts mehr übrig bleibt und sie endgültig kampfunfähig sind.

Trotz aller Skepsis gelang es mir nicht, solche Denkmuster ganz von mir zu weisen. Ich wollte jedes Mittel ausprobieren, das meine Überlebenschancen vergrößerte. Ich ließ mich operieren, ich machte eine Chemotherapie. Sobald es wieder möglich war, begann ich ein Fitnessprogramm. Ich achtete sorgfältig auf meine Ernährung. Ich machte eine Psychotherapie. Ich schloss mich einer Selbsthilfegruppe an. Und wenn ich besonders deprimiert war, stellte ich mir vor, ich läge glücklich und sorglos an einem stillen See in Vermont, an dem ich schon viele herrliche Sommer verbracht hatte: Die Sonne wärmt sanft meine Haut, der Wind weht mir durchs Haar und streichelt meinen Körper, über mir zwitschern im Licht des späten Nachmittags kleine Vögel, die hinauffliegen zu den weißen Wolken am Himmel ... Ich atme die Luft ein, ich sehe das Licht, auch in meinem Schlafzimmer, das doch tausend Meilen entfernt ist – und ob das nun meine Prognose verbesserte oder nicht, war mir in dem Augenblick ziemlich egal. Ich war einfach nur froh, dass mir diese Übung half, mit der Situation besser fertig zu werden.

Ähnlich sah ich auch das Heilungsritual der !Kung. Die mystische Komponente war für mich letztlich nicht so wichtig. Mir gefiel einfach das Ritual, weil es den Menschen, die an einer Krankheit litten oder denen ein anderes Unglück zugestoßen war, eine Möglichkeit des Handelns bot. Es geht dabei um Berührung, darum, eine Krankheit ernst zu nehmen und sich um andere zu kümmern. Ein Trancetanz ist für alle da: Die Teilnehmenden strahlen eine so starke Energie aus, dass es nicht nur den Leidenden besser geht, sondern auch alle anderen vor potenziellen Erkrankungen besser geschützt werden.

Natürlich klappt die Heilung nicht immer. Dann sind die !Kung bereit anzuerkennen, dass Gott oder die Geister ihre eigenen Pläne verfolgen. Der Heiler mochte sich noch so abgemüht haben, er mochte gebettelt, gefleht, geschachert, geschimpft und gekämpft haben – letztlich war er gescheitert.

Aber ist das bei uns so viel anders, mit unserer hoch entwickelten Apparatemedizin, die doch auch gelegentlich versagt? Würde deswegen jemand behaupten wollen, dass sich die Mühe nicht lohnt? Oder würde jemand leugnen, dass es einen gewissen Trost spendet, wenn man an etwas glaubt, sei es nun an ein Gebet oder an die Medizin, und dass dieser Trost einen Einfluss auf den Gesundungsprozess haben kann?

Und was, wenn die Heilungsmethode der !Kung funktionierte? Das bestätigte dann die Theorie, dass der Heiler als Vermittler fungiert und dass jemand da ist, der eingreifen kann, wenn im Leben unvermeidliche Probleme auftauchen.

Die «spirituelle Reise» oder «Seelenreise», die von den !Kung-Heilern beschrieben wird, ist durchaus real. Ich will damit nicht sagen, dass sie tatsächlich die mystischen Dinge vollbringen, von denen sie sprechen –, ich meine nur, dass die Heiler tatsächlich eine Reise in die Psyche eines anderen Menschen antreten, und sei es auch nur symbolisch.

Wenn ein Heiler den «Grund» für die Krankheit eines anderen Menschen sieht, kommt diese Erklärung aus der Welt der Geister. Die Seele des Heilers, die seinen physischen Körper verlassen hat, reist – entweder in Gestalt eines wilden Tieres, etwa eines Löwen, oder auch einfach so – in die jenseitige Welt, denn dort kann man die Quelle menschlichen Leidens finden. Manchmal muss die Seele gar nicht weiter gehen als bis zu den dunklen Schatten jenseits des Feuerkreises. Dort lauert möglicherweise ein rachsüchtiger Geist, der bekämpft werden muss. Häufiger jedoch halten sich die verantwortlichen Geister weiter weg auf, im Himmel, wo sie normalerweise residieren, in der Nähe des Großen Gottes, dem sie dienen.

Auf ihrer «Seelenreise» erforschen die !Kung-Heiler die innersten Wünsche anderer. Sie zeigen dabei sehr viel intuitives Wissen. In Trance, losgelöst von der Notwendigkeit, Informationen im Rahmen der «normalen Wirklichkeit» zu verarbeiten und weiterzugeben, öffnen die Heiler ihre Sinne dem inneren Dialog, den jeder Mensch mit sich selbst führt. Sie «hören zu», sie «beobachten», sie fühlen sich ein. Ihre gesteigerte Aufnahmefähigkeit erlaubt es ihnen, unbewusste Motive und Wünsche zu erkennen.

Deshalb ist es eigentlich gar nicht verwunderlich, dass die Krankheitsursachen, die die !Kung-Heiler finden, in vielem Freuds Theorien entsprechen. Ein Mann, der mit dem Tod rang, war nach Meinung der Heiler krank geworden, weil er seinen Sohn daran hindern wollte, selbst ein Heiler zu werden; der Mann hatte also Angst davor, sein Sohn könnte mächtiger werden als er selbst. Die schwere Krankheit einer Frau brachte ein !Kung-Heiler damit in Verbindung, dass ihr Vater vor kurzem gestorben war und er sie jetzt dazu bringen wollte, ihm ins Grab zu folgen. Der Heiler überzeugte den Vater, er solle seine Tochter weiterleben lassen, befreite so die Frau von den Schuldgefühlen, ihren Vater überlebt zu haben, und ermöglichte es ihr, sich wieder anderen Menschen zuzuwenden. Im Grunde gab ihr die Heilung also die Erlaubnis, weiterzuleben.

Richard Katz, ein Psychologe, der die Trance bei den !Kung untersucht hat, schreibt in seinem Buch *Boiling Energy* von einem Heiler, der versuchte, seiner Frau zu helfen, indem er sie viele Jahre lang mit wechselndem Erfolg behandelte. Auf die Frage, was er sehe, wenn er in Trance die Krankheit aus ihr «herausziehe», antwortete er: «Ich habe die Hoden ihres Vaters aus ihrem Herzen gezogen. Dann habe ich ihrem toten Vater gesagt, er soll sie nicht länger verfolgen.»

Das geheiligte Wissen der !Kung – ihr Wissen um die Welt der Mysterien und der Esoterik – ist nicht leicht zu erwerben, aber der Weg steht allen offen. Jeder, der die harte und oft extrem anstrengende Ausbildung durchmachen möchte und dessen Psyche unter bestimmten Bedingungen zu fließenden Bewusstseinszuständen fähig ist, kann es tun. Etwa die Hälfte der Männer und ein Drittel der Frauen schließen das Training erfolgreich ab. Aber nicht alle werden auch tatsächlich Heiler. Manche sind zu vorsichtig und machen kaum Fortschritte. Andere sind schon am Anfang so überwältigt von der Kraft der Trance, dass sie die Ausbildung abbrechen.

Wieder andere, und das gilt vor allem für Frauen, versetzen sich zwar in Trance, verlieren dann aber die Kontrolle über diesen Zustand: Wenn das heftige Zittern oder die Schmerzen einsetzen, lassen sie sich einfach zu Boden fallen. Sie lernen nicht, diese Energie für den Heilungsprozess zu steuern. Aber genau wie bei den Männern gibt es auch bei den Frauen sehr viele, die die Ausbildung, welche in der Regel mehrere Jahre dauert, abschließen und sehr gute Heiler werden.

Während ich Kasupe und Kantla zuschaute, wünschte ich mir sehnlichst, sie würden mich berühren, ihren Blick auf mein Inneres richten und mir sagen, was sie dort sahen. Aber gerade als ich mich zu den anderen Frauen in den Kreis setzte, hörten die beiden mit ihren Heilungsritualen auf und halfen sich stattdessen gegenseitig, die Trance aufrechtzuerhalten und zu kontrollieren.

Enttäuscht beschloss ich, mich mit der Musik zu begnügen. Ich versuchte, die komplizierten Rhythmen zu den Liedern mitzuklatschen. Aber ich erkannte nicht einmal die schlichtesten Muster und hörte lieber auf damit. Niemand sagte etwas dazu. Niemand erklärte mir, was ich tun sollte. Niemand schien mich überhaupt zu bemerken. Ich sehnte mich so danach, Teil dieser Welt zu sein, ich wollte, dass ich diesen Menschen wichtig war – aber jetzt fühlte ich mich unendlich einsam. Ich war eine Fremde. Was hatte ich überhaupt hier verloren, warum wollte ich das Leben hier beobachten?

Ich beneidete diese Menschen um ihre Integrität. Hier waren junge Frauen, von denen ich manche schon als kleine Mädchen gekannt hatte, und sie saßen am Feuer, klatschten und sangen mit lauter Stimme uralte Lieder, stundenlang. Sie hielten an ihren Traditionen fest, sie gaben diese Traditionen von einer Generation an die nächste weiter. Dasselbe galt für die jungen Männer. Sie trommelten, manchmal bedienten sie drei Trommeln auf einmal, und das mit einer Energie, die nicht nachließ, auch wenn sich der Tanz lange, lange hinzog. Selbst die beiden alten Männer, die sich zitternd in Trance versetzt hatten, nutzten ihre Fähigkeiten, so gebrechlich, wie sie waren. Ich romantisiere ihre Lebensweise keineswegs, ich kannte die Probleme. Aber dieser Augenblick, dieser Trancetanz, zeigte einen wunderbaren Zusammenhalt und die tiefe Leidenschaft, die sie alle für ihre gemeinsame Kultur empfanden. Sie wussten, wo sie hingehörten.

Die Musik schwoll wieder an, und während ich noch meinen Gedanken nachhing, berührte mich jemand an der Schulter. Es war Bo, der mir mitteilen wollte, dass Nisa gekommen sei. Vielleicht lag es daran, dass jemand Holz nachgelegt hatte, vielleicht war es auch nur Nisas Erscheinen – jedenfalls schien sich das Dunkel um mich herum aufzuhellen, und das Gefühl von Einsamkeit verschwand. In meiner Erinnerung ist diese Szene in das warme Licht vieler Feuer getaucht.

Nisa sah phantastisch aus. Für einen königlichen Ball hätte sie ihre Kleidung nicht sorgfältiger auswählen und sich nicht erlesener schmücken können. Sie trug ein buntes Kleid, rosarot und gelb gemustert; um den Kopf hatte sie zwei Perlenstirnbänder mit einem kühnen Muster aus Streifen und Rauten geschlungen. Kupferringe und gebündelte Perlen schmückten ihr Haar. Mehrere bunte Perlenschnüre hingen ihr locker um den Hals, andere waren fest um Handgelenke, Knie und Knöchel geschlungen. Ein inneres Leuchten ging von ihr aus, das geradezu körperlich spürbar war. Sie wirkte unglaublich vital und dynamisch.

Nisa und zwei andere Frauen, beide kaum jünger als sie und ähnlich geschmückt, schlossen sich dem Kreis an. Sie standen nebeneinander, ihre Gesichter schimmerten im Widerschein des Feuers, man konnte das rote Duftöl sehen, das sie für diesen Anlass aufgetragen hatten. Ihre entschlossene Energie wirkte ansteckend; sie bestimmten jetzt die Musik, klatschten laut, antworteten einander mit melodischen Phrasen und variierten Rhythmen, die von den beharrlichen Trommelschlägen kontrapunktisch gespiegelt wurden. Das Tempo des Tanzes beschleunigte sich, die beiden alten Männer traten an den Rand.

Getragen vom Gesang der Frauen konzentrierte sich Nisa immer mehr. Ihr Blick war starr aufs Feuer gerichtet, ihre Stimme wiederholte wieder und wieder den Refrain des Liedes.

Schweißperlen erschienen auf Stirn und Armen. Sie drückte den Handrücken gegen die Stirn, ihr Körper begann zu zittern, sie neigte sich erst zur einen Seite, dann zur anderen, schien das Gleichgewicht zu verlieren und fand es wieder.

Als ihr *N/um* zu «kochen» begann, breitete sich die Vibration wie eine Welle von ihrer Mitte über den ganzen Körper aus. Dann gab sie ein Geräusch von sich, das tief aus ihrem Inneren aufstieg und immer lauter wurde, bis es sich schließlich zu einem Schrei steigerte, zu einem mächtigen Klagelaut, der die Dunkelheit erzittern ließ. Sie war in Trance.

Der Kreis der Frauen schloss sich enger um sie, während Nisa versuchte, den inneren Aufruhr unter Kontrolle zu bekommen und ihre Energien zu bündeln, um den Heilungsprozess zu beginnen. Doch sie war noch nicht so weit, sie schwankte und legte sich zuckend die Arme vor die Brust. Immer wieder sang sie den Refrain, versenkte sich tiefer und tiefer in Trance. Dann näherte sie sich dem Feuer und starrte unverwandt in die Flammen. Der Gesang und das Trommeln wurden lauter, das innige Flehen der Musik verstärkte ihren Zustand und trieb sie immer weiter. Am ganzen Körper bebend stieß sie erneut einen Schrei aus.

Jetzt war sie bereit. Sie wandte sich dem Mann zu, der ihr am nächsten stand, legte ganz leicht ihre Hände neben seine Ohren und auf seine Brust. Durch diese flatternden Berührungen, die nur die Menschen beherrschen, die heilen können, «zog» sie die Krankheit aus ihm heraus.

Während ich sie aus der Entfernung beobachtete, erinnerte ich mich an das, was mir Nisa vor vielen Jahren über ihre Erfahrungen beim Heilen gesagt hatte. Sie hatte schon als junges Mädchen damit angefangen, die Grundlagen hatte sie von ihrer Mutter gelernt. Sie hatte eine Wurzel für ihre Tochter zubereitet, die so scheußlich schmeckte, dass sie sich übergeben musste. Aber dabei hatte sie zu zittern begonnen – das war der erste Schritt für sie gewesen, um zu lernen, wie man aus sich selbst heraustritt und sich in Trance versetzt. Ihre Mutter leitete sie mehrere Jahre lang an, bis Nisa genug Selbstvertrauen besaß, um diesen Zustand zu beherrschen. Doch sie unterbrach die Ausbildung, als sie alt genug war, um Kinder zu bekommen. Die Heilerfahrung war körperlich so anstrengend und das *N/um* galt als so gewaltig, dass es ihr die Tradition verbot weiterzumachen – hätte sie es getan, dann hätte man ihr vorgeworfen, sie schade ihren ungeborenen Kindern. Als sie älter war und wieder heilen durfte, entwickelte sie sich zu einer begabten Tranceheilerin. Sie gehörte zu einer Handvoll Frauen, die tatsächlich Hand auflegten.

Bei meinem letzten Besuch konnte Nisa nicht nur bei dem uralten traditionellen Zeremonietanz, sondern auch bei dem neueren Trommeltanz in Trance verfallen. Am deutlichsten spürte sie damals ihre Kraft beim Trommeln. Dennoch hatte sie sich als Novizin empfunden, weil sie noch niemals direkt mit dem Großen Gott gesprochen oder den Ort besucht hatte, der als seine Wohnstätte galt, etwas, was nur sehr erfahrene Heiler schafften.

An diesem Abend sah ich, wie ausgezeichnet sie ihre Trance kontrollieren konnte und wie mühelos sie Hand auflegte. Ich fragte mich plötzlich, warum ich nicht schon früher auf den Gedanken gekommen war, mich von ihr «heilen» zu lassen. Jetzt fand ich die Vorstellung absolut perfekt: Nisa, die mich so viel über das Leben gelehrt hatte, sollte nun mit mir darüber reden, was es hieß, am Leben zu bleiben.

Inzwischen waren bereits drei der Anwesenden in Trance: Nisa und die beiden Frauen, mit denen sie gekommen war. Aber die Menschen saßen so dicht gedrängt beieinander, dass ich sie nicht genau sehen konnte. Beflügelt von dem Gedanken, Nisa als Heilerin zu gewinnen, begab ich mich zum nächsten Feuer, das direkt daneben brannte. Hier saßen die Menschen in lockerer Runde, unterhielten sich angeregt und wärmten sich am Feuer.

Auf der anderen Seite des Feuers saß eine Frau mit einem ernsten, leidenden Gesicht. Ihr linker Daumen und ihr Handgelenk waren mit einem dicken, schmutzigen Tuch umwickelt, und sie hielt die linke Hand mit der rechten fest. Es war Nai, Nisas Nichte, mit der ich damals ebenfalls für mein Forschungsprogramm gesprochen hatte. Neben ihr saß Debe, ihr Mann.

Die beiden begrüßten mich herzlich, aber Nais Lächeln wirkte schwach und abgespannt. Man sah sofort, dass sie starke Schmerzen hatte. Debe erklärte, sie sei krank: Etwas war tief in ihren Finger eingedrungen. Zuerst war nur die Hand angeschwollen, aber inzwischen war der Schmerz bis in die Achselhöhle gewandert. Besorgt fragte ich, warum sie am Morgen nicht mit zur Krankenstation gefahren sei, als wir mit dem Truck in Kangwa Wasser geholt hatten.

Ihre Antwort zeigte, was für ein widersprüchliches Verhältnis die !Kung zu den Hilfeleistungen der regionalen Behörden hatten: «Ich habe mit dem Pfleger gesprochen, als er das letzte Mal hier war», erklärte Nai – einmal im Monat kam jemand von der Krankenstation nach Dobe. «Er hat mir ein Medikament gegeben, aber ich» – ihre Stimme wurde ganz leise –, «ich habe es nicht regelmäßig genommen. Wenn ich wieder zu ihm gehe, ist er bestimmt böse mit mir.»

«Aber Nai! Er ist ein sehr freundlicher Mann!», sagte ich. «Er ist bestimmt nicht böse mit dir. Er will doch nur, dass es dir besser geht. Ich mache mir Sorgen um dich – wenn du noch länger wartest, kann es sein, dass diese Krankheit dich umbringt!»

Trotz des Verbandes konnte man erkennen, dass der Daumen mindestens vier Finger dick angeschwollen war, und ihrem aschfahlen Gesicht sah man an, dass sie entsetzlich litt und nicht mehr schlafen konnte. Ich überlegte kurz, dann machte ich ihr ein Angebot: «Wenn du einverstanden bist, schicke ich Baitsenke morgen wieder mit dem Truck nach Kangwa, damit er dich zur Krankenstation bringt. Dort bekommst du neue Medikamente, und dann geht es dir bald besser.»

Sie konnte sich nicht recht entscheiden. Ich versprach ihr, eine Nachricht für den Pfleger zu schreiben und die Sache mit dem Medikament zu erklären. Ihr Gesicht hellte sich jetzt auf, aber sie antwortete immer noch nicht. Ich wandte mich an Debe: «Es ist sehr wichtig, dass sie zum Arzt geht. Das ist etwas Ernstes.» Er nickte. «Sieh zu, dass du etwas erreichst», fuhr ich fort. «Wenn sie ja sagt, dann bring sie morgen früh in mein Lager. Du kannst natürlich auch mitfahren.»

Das Trommeln hatte nicht aufgehört. Ich spürte die kalte Nachtluft am Rücken und setzte mich näher ans Feuer, um mir die Hände zu wärmen. Plötzlich stand Nisa bei Nai, ihrer einzigen Blutsverwandten im Dobegebiet, und nahm ihr den Verband ab, sodass der geschwollene, aufgesprungene und verfärbte Daumen sichtbar wurde. Dann begann sie, an Nai zu «arbeiten». Sie hielt den infizierten Arm vorsichtig fest, legte ihr die Hand auf und schleuderte die Krankheit immer wieder weg, spuckte sie hinaus in die Dunkelheit und stieß dabei einen klagenden Schrei aus. Mit ihrem Schweiß, der als wichtiger Träger des *N/um* angesehen wird, rieb sie Nais Brust ein; sie schnippte mit den Fingern kräftig gegen Nais Taille und drückte sie, um die heilenden Kräfte auf sie zu übertragen.

Dann wandte sich Nisa an Debe, um ihn zu heilen. Offenbar ging sie den ganzen Kreis entlang und würde auch zu mir kommen. Das Singen und Trommeln steigerte sich wieder, die Musik wurde laut und wild. Immer noch waren die drei Frauen in Trance. Nisa unterbrach ihre Heilungsrituale kurz, um sich noch tiefer in die Trance zu versetzen, sie tanzte in dem heißen Sand neben den Kohlen, starrte ins Feuer und sang. Dann schwankte sie, ihre Schritte wurden ungleichmäßig. Plötzlich neigte sie sich zum Feuer. Mehrere Arme streckten sich nach ihr aus, umfassten sie leicht, richteten sie auf, schützten sie vor den Flammen. Ein lauter Schrei drang aus ihrer Brust, und sie setzte ihren Rundgang fort, einen nach dem anderen bearbeitete sie. Schließlich war ich an der Reihe.

«Ah – oh – ohya – oh – oo – yeh!» Die Frauenstimmen wechselten sich ab und gingen ineinander über, begleitet von der Trommel. Nisa beugte sich über mich und wiederholte die Melodie hoch konzentriert und mit tiefer Stimme. Ihre zuckenden Hände wanderten über meine Brust und hielten inne, als sie die gesuchte Stelle gefunden hatten, direkt über meiner Taille. Eine Hand vorne, die andere hinten, sang Nisa laut und klangvoll den Refrain des Liedes. Ich schloss die Augen und konzentrierte mich auf die Klänge, die Gerüche, auf Nisas Berührung. Ihre «Heilung» kulminierte schließlich im Schrei der Heilerin: «Kow-hi-de-li» – in absteigender Tonfolge –, dann ging sie zur nächsten Frau über.

Es war nicht so, dass sich über mir der Himmel auftat, es geschah kein Wunder. Wunder gehören ins Reich der Träume. Im Gegenteil, irgendwie kam mir die Erfahrung fast banal vor: Ich war keine Ausnahme, ich war einfach ein weiterer Körper in dem Kreis, den Nisa «bearbeitete». Aber dennoch war ich ergriffen. Die Spannungen der vergangenen Woche – der Abschied von meiner Familie, die Reise über tausende von Meilen in diese Welt, die mir fremd und gleichzeitig so vertraut war – lösten sich endlich, ein Sturm von Gefühlen brach los, meine Tränen strömten.

Aber es waren nicht nur die Spannungen, die sich lösten. Mit den Tränen floss auch ein Teil der Schmerzen, der Angst und Trauer davon, die seit einem Jahr mein Leben bestimmt hatten. Sie verschwanden nicht, aber das Weinen erschien mir wie ein reinigender, ja, heilender Akt. Es tat mir gut zu spüren, wie verletzt ich mich fühlte, wie schwer das vergangene Jahr für mich gewesen war.

Nisa ging weiter im Kreis. Ich beteiligte mich manchmal an dem rhythmischen Klatschen, dann wieder ließ ich meine Gedanken einfach schweifen. Niemand schien mich zu beachten. Dennoch fühlte ich mich nicht mehr einsam. Ich war dankbar dafür, dass ich dabei sein durfte, dankbar für die Musik, den Geruch des Holzfeuers, die Laute dieser Sprache, die ich so liebte. Vor allem aber genoss ich den Luxus, einfach nur unter diesen Menschen zu sitzen und alles zu beobachten. Die Anwesenheit der anderen empfand ich als Unterstützung, aber sie forderten nichts von mir – im Augenblick jedenfalls. Ich musste nicht lächeln, ich hatte überhaupt keine sozialen Verpflichtungen, ich musste nicht Konversation machen. Dennoch ließen sie mich teilnehmen, und genau das war es, was ich wollte. Ich atmete die kühle Nachtluft ein und schaute zu den Sternen empor, die hoch am Firmament funkelten.

Nisa war jetzt bei Kantla, der seit früher Jugend ihr Liebhaber war. Wussten die anderen, dass die Berührungen beiden vertraut waren, während sie nun vor ihm kniete, die Arme um ihn schlang und ihm die Hände auflegte? Dass diese Geste eine Liebe widerspiegelte, die schon fast fünfundfünfzig Jahre hielt? Kantlas Stimme war nicht mehr klar, sein Körper war gebeugt, sein Gesicht wirkte kränklich. Er sprach leise, aber so, dass jeder, der es wollte, ihn hören konnte, während Nisa ihn heilte. Er erklärte ihr, wo er sich schwach fühlte, wo er Schmerzen hatte. Nisa sang zärtlich, umarmte seine schmale Gestalt, zog das Schlechte aus ihm heraus, gab das Gute hinein. Sie hielt sich sehr lange bei ihm auf und ging dann wieder zu ihrer Nichte Nai.

Chuko, eine der Frauen, die ebenfalls in Trance waren, kam zu Nisa ans Feuer. Sie war etwas jünger als Nisa und besaß noch nicht Nisas konzentrierte Anmut. Ihr Körper war kantig und knochig, dadurch wirkten ihre Bewegungen abrupt, ja, manchmal fast hektisch, während sie im Kreis von einem zum anderen ging. Ihre Hände fühlten sich sehr bestimmt an, als sie mich berührte, mir die Seiten rieb und vorsichtig über meine Brust strich. Sie endete mit dem charakteristischen Schrei der Heilerin und ging dann weiter, bis sie zu Nai kam und Nisa bei der Heilung half.

Nun klatschten alle unisono, womit das Ende des Liedes eingeleitet wurde. Man lachte, scherzte und plauderte, wie das bei den meisten Tänzen üblich war. Aber schon bald stimmte jemand die ersten Takte des nächsten Liedes an. Nisa und Chuko hatten sich von der Unterbrechung nicht stören lassen, sondern weiter an Nai gearbeitet, und Nisa begann jetzt wieder ihre Runde.

Als sie zu mir kam, kniete sie vor mir nieder, sang, legte mir die Hände auf und wiegte sich von einer Seite zur anderen. Als ihr Gesicht ganz dicht vor meinem war, sagte ich: «Meine Tante, sieh dir gut an, was in mir ist. Die Ärzte in meinem Land haben eine schreckliche Krankheit gefunden. Sie haben versucht, sie zu vertreiben, aber sie wissen nicht, ob ich geheilt bin. Sie haben gesagt, dass es immer noch sein kann, dass die Krankheit mich tötet.»

Sie zeigte keine Reaktion. Hatte ich mich nicht verständlich ausgedrückt? Oder verstand sie in Trance die normale Sprache nicht? Was immer der Grund sein mochte – sie führte nur den Heilungsprozess fort, bis er abgeschlossen war; dann ging sie rasch weiter. Jetzt kamen mir wieder die Tränen. Sie liefen mir einfach übers Gesicht, unbemerkt von den anderen und ohne dass ich versuchte, sie aufzuhalten.

Im Verlauf des Tanzes kam Nisa noch einmal zu mir. Auch

die beiden anderen Frauen heilten mich. Jedes Mal, wenn sie sich mir näherten, schloss ich die Augen, um den Moment ganz in mich aufzunehmen. Und wenn sie wieder weitergingen, hätte ich sie am liebsten festgehalten, um mehr davon zu bekommen.

Aber schließlich war ich doch erschöpft. Es war zwei Uhr morgens. Der Tanz war noch lange nicht zu Ende, aber ich bat Bo, mir den Weg zurück zu meinem Lager zu zeigen. Er wusste, dass ich mich verlaufen würde, also nahm er eine Taschenlampe und begleitete mich. Seine Anwesenheit war mir sehr angenehm. Er war einfühlsam, hilfsbereit und wesentlich sanfter als Nisa.

Er sprach von meiner Freundlichkeit, meiner Großzügigkeit, von den Geschenken, die ich ihm und Nisa gemacht hatte, den Kühen und dem Brandeisen. Sie hätten mehrere Kühe gegen ein Pferd getauscht, erzählte er. Wenn es alt genug war, sollte es für die Jagd eingesetzt werden. Er erwähnte sogar den warmen Pullover, den ich ihm geschickt hatte, und dankte mir dafür, dass ich mich um ihn und die anderen kümmere. Er sprach klar und langsam, und ich empfand eine tiefe innere Verbindung zu ihm und Nisa. Das Gefühl der Fremdheit verschwand immer mehr, und ich begann, mich dieser Welt wieder zugehörig zu fühlen.

KAPITEL 4 Gespräche mit Nisa

Wie lange hatte ich davon geträumt, nach Afrika zurückzukehren! Aber zu diesem Traum gehörte noch ein zweiter: Ich wollte noch einmal mit den anderen in den Busch gehen. Ich wollte mit den Männern jagen und mit den Frauen sammeln. Ich wollte eine Welt betreten, die über viele Meilen hin so gut wie unberührt war, ein Land, das ruhig und unbeirrt seine Vergangenheit fortführte, die nur den Pflanzen und Tieren, dem Wind und dem Himmel gehörte. Ich wollte im Sand die Spuren der Tiere lesen und nach den wenigen Pflanzen suchen, die sich mit saftigen, wasserspeichernden Wurzeln in den ausgedörrten Boden krallten. Ich wollte mit den !Kung in den Nusshainen kampieren, wo die Luft klar war, wo sanfte Geräusche dem Ohr schmeichelten und wo das Licht der Sterne ungehindert zur Erde gelangte.

Ich hatte diese Exkursion eigentlich für das Ende meines Aufenthalts geplant. Das schien mir am klügsten: Bis dahin sollte meine Arbeit mit Nisa abgeschlossen sein, und ich hätte ein Gefühl dafür, wie die Leute jetzt lebten. Aber meine vernünftigen Planungen wurden gleich an meinem ersten Tag im Dobegebiet umgestoßen, weil der Offizier mich auf ein genaues Datum festnageln wollte und mich immer wieder fragte: «Diese Unternehmung … für wann ist die angesetzt?» Ich sah mich also gezwungen, ihm konkret zu antworten, aber zu meiner eigenen Verblüffung sagte ich etwas ganz anderes, als ich mir vorgenommen hatte. Ich hörte mich sagen: «Wenn Sie einverstanden sind, würde ich gern so bald wie möglich aufbrechen, vielleicht schon in den nächsten Tagen.» Vorsichtshalber fügte ich noch hinzu: «Natürlich muss ich vorher mit den Leuten hier sprechen.»

Nachdem die Armeelaster an jenem ersten Vormittag abgefahren waren, begann ich mich zu erkundigen. Es stellte sich schnell heraus, dass wir tatsächlich nicht lange warten würden. Vorher mussten allerdings einige logistische und soziale Probleme gelöst werden. Wann sollten wir aufbrechen? (Am folgenden Tag.) Würde ich für den Proviant sorgen? (Nach langer Diskussion: Ja.) Würde ich den Leuten Geld geben? (Nein.) Wie viel Wasser sollte ich transportieren? (Jede Menge.) Vor allem aber: Wer würde mitkommen?

Der Truck hatte nur dreizehn Sitzplätze. Deshalb schlug ich vor, dass aus jedem der fünf San-Dörfer des Dobegebiets zwei Personen mitfahren sollten. Der Vorschlag gefiel niemandem besonders gut, mir selbst auch nicht, aber alle akzeptierten ihn. Da diese Leute unter normalen Umständen nicht gemeinsam ihr Lager aufschlagen würden, war die Dynamik der Gruppe unberechenbar. Trotzdem schien es die beste Lösung zu sein.

Dann blieb noch Platz für Nisa, den Fahrer und mich. Bo wurde gefragt, ob er als Vierzehnter mitkommen wolle, aber er lehnte ab. Er müsse die Kühe hüten, erklärte er. Doch dann fragte er mich noch: «Brauchst du nicht jemanden, der dein Lager bewacht, während du weg bist?» So verwandelte er ganz nebenbei unsere Reise in einen Job: Er würde Tuma, meinem Helfer, tagsüber zur Hand gehen und nachts, wenn Tuma weg war, in meinem Camp schlafen. Er hatte das auch schon für andere Anthropologen gemacht, die im vergangenen Jahr in Dobe gewesen waren.

Jedes Dorf erklärte sich bereit, zwei Leute zu schicken, einen Mann für die Jagd und eine Frau für das Sammeln. Um die Pflichten des Alltags nicht zu vernachlässigen – Kühe oder Ziegen hüten, Getreide verarbeiten, kunsthandwerkliche Produkte für den Markt herstellen, die Kinder und die Alten versorgen –, teilten sich drei Paare die Unternehmung; jeweils einer der Partner blieb zu Hause. Kumsa-der-Jäger nahm seine Tochter Kxaru und deren dreijährigen Sohn Dem mit. Als ein Mann absprang, lud Kumsa den Mann seiner anderen Tochter ein. Er hieß Toma, war fast dreißig Jahre älter als seine Frau, das heißt, etwa so alt wie sein Schwiegervater, und ebenfalls ein erstklassiger Jäger.

Als wir noch im Lager saßen und die verschiedenen Möglichkeiten durchspielten, kamen Nai und Debe. Nai ging sehr langsam und sah bei Tageslicht ebenso mitgenommen aus wie am Abend vorher im Feuerschein. «Ich freue mich, dass ihr kommt», sagte ich. «Heißt das, du …?» Debe nickte. «Dann schicke ich den Truck zur Krankenstation, ehe wir in den Busch aufbrechen.»

Kurz ging wieder alles durcheinander, weil einige Leute die freien Plätze im Truck besetzen wollten, nachdem Nai, Debe und ein paar andere Personen mit gesundheitlichen Problemen untergebracht waren. Baitsenke und Tuma luden leere Wasserbehälter auf, ich gab Nai einen Brief für den Arzt mit, und dann fuhren sie los.

Jetzt hatte ich zum ersten Mal Zeit, um mit Nisa unter vier Augen zu sprechen. «Vor vielen Jahren, als wir das letzte Mal miteinander geredet haben …», begann ich, aber ich setzte noch einmal an, nachdem ich mich versichert hatte, dass das Tonbandgerät funktionierte. «Damals, vor vielen Jahren, habe ich dir gesagt, dass ich unsere Unterhaltungen aufschreiben will.»

«Eh-hey. Ich höre, Mutter», antwortete sie mit fast kindlicher Stimme. «Mutter» ist in der !Kung-Sprache ein Ausdruck, der die Richtigkeit einer Aussage unterstreicht, so ähnlich wie «ich schwör's».

«Aber als ich von hier weggegangen bin, habe ich nicht gewusst, ob ich etwas Gutes oder etwas Schlechtes schreiben werde.»

«Du hast etwas sehr Gutes geschrieben.»

«Viele Jahre sind seither vergangen, und ich bin nicht ...» Ich schwieg, weil mir das richtige Wort nicht einfiel.

«Du bist nicht gekommen», schlug sie vor.

«Ich bin nicht ... fertig geworden. Erst später, viele Jahre später, als die kleine Nisa schon geboren war, erst dann habe ich aufgeschrieben, was wir gesprochen haben, und habe ein Buch daraus gemacht.»

So begann mein erstes Gespräch mit Nisa – in der Stille der Lehmhütte, die vom Krankenpfleger benutzt wurde, wenn er einmal im Monat hierher kam. Sie hatte ein hohes kuppelartiges Grasdach; die Plankentüren waren geschlossen. Hier saßen wir einander gegenüber, weit weg vom Alltagsgetriebe und geschützt vor den Blicken der anderen. Wir mussten uns erst neu kennen lernen. Zwischen uns stand der Kassettenrecorder, neben uns der heiße Tee, von Nisa wie immer stark gesüßt.

Ich fragte sie: «Hast du das Buch gesehen?»

«Eh, Richard hat es mir gezeigt», antwortete sie. Sie meinte Richard Lee.

«Hier – ich habe auch ein Exemplar für dich», sagte ich.

Wir betrachteten beide das bunte Titelblatt, dann sagte ich: «Ich möchte etwas mit dir besprechen. In Maun habe ich Royal kennen gelernt – den Mann, der Englisch spricht.»

Ich berichtete ihr von einem Gespräch mit Royal. Er hatte mich gefragt: «Dieses Buch – hast du es geschrieben?»

Ich hatte seine Frage bejaht und gleichzeitig gedacht: Hoffentlich kennt er Nisa nicht! Dennoch hatte ich ihn gefragt: «Kennst du die Frau, über die ich geschrieben habe?»

«Ja, ich kenne sie.»

Ich erschrak. Es war mir sehr wichtig gewesen, Nisas Identität zu schützen. Aber dann fragte ich Royal: «Wer ist sie?»

Er deutete auf das Umschlagfoto – ein Bild von Tasa, nicht von Nisa – und sagte: «Die hier. Diese Frau hier.»

Als sich mir die Möglichkeit bot, Nisas Geschichte zu veröffentlichen, war mir völlig klar gewesen, dass ich ihre Identität nicht preisgeben durfte. Nisa hatte mir die intimsten Geheimnisse ihres Lebens offenbart. Sie hatte es gern getan, daran gab es keinen Zweifel, und sie war auch damit einverstanden gewesen, dass ich unsere Gespräche aufnahm. Sie hatte genau gewusst und war vielleicht sogar stolz darauf gewesen, dass ich «ihre» Worte ausgewählt hatte, um sie den Frauen in meinem Land vorzutragen. Aber das bedeutete noch lange nicht, dass sie genug Erfahrung mit der «modernen» Welt hatte, um ermessen zu können, was es bedeutete, wenn ihre Worte eines Tages von tausenden Menschen gelesen wurden.

Nisa selbst hatte Bedenken angemeldet, was die Diskretion betraf, lange bevor ich eine Veröffentlichung erwogen hatte. Bei unserem ersten Interview ein paar Jahre vorher hatte sie mir folgende Anweisungen gegeben: «Halte meine Stimme auf der Maschine fest, damit meine Worte klar sind. Ich bin eine alte Frau, die viel erlebt hat, und ich habe viel zu erzählen. Ich erzähle dir meine Geschichte, ich erzähle dir, was ich getan habe und was meine Eltern und die anderen getan haben. Aber lass die Menschen, mit denen ich lebe, nicht hören, was ich sage.»

Als ich vier Jahre nach diesen ersten Interviews wieder nach Afrika kam, zeichnete sich schon ab, dass Nisas Lebensgeschichte eines Tages veröffentlicht werden könnte. Meine Arbeit als Anthropologin hatte Anerkennung gefunden: Eine Handvoll Wissenschaftler hatte mich sehr ermutigt, und für den mühseligen und zeitaufwendigen Versuch, die ursprünglichen fünfzehn Interviews zu übersetzen und zu überarbeiten, hatte ich ein kleines Stipendium vom Bunting Institute des Radcliffe College bekommen.

Ich wollte auf jeden Fall verhindern, dass Nisa je wieder mit ihren Worten konfrontiert würde. Damit die Menschen, mit denen sie zusammenlebte, nicht «hörten», was sie gesagt hatte, änderte ich ihren Namen und die Namen aller Personen und Orte, die vorkamen. Der Name «Nisa», den ich ausgewählt hatte, weil er so gut passte, gefiel ihr sehr. Er gehöre auch zu den Namen, die sie «bei ihrer Geburt» bekommen habe, sagte sie. Voller Enthusiasmus half sie mir, andere Pseudonyme zu suchen, und vor allem bei den Namen für ihre Ehemänner musste sie oft laut lachen.

Wir gingen damals ihre Geschichten noch einmal durch und unterteilten sie in «nette» und «nicht so nette». Als ich ihr anbot, sie könne entscheiden, ob sie bestimmte Vorfälle und Einzelheiten ausklammern wollte, antwortete sie ohne Zögern: «Alles, was wir beide besprochen haben – alles, was der Kassettenrecorder, dieser alte Mann, gehört hat –, möchte auf das Papier kommen.»

Das Gesprochene war tatsächlich auf das Papier gekommen und in Buchform erschienen. Und unsere Strategie, Personen und Orte mit Pseudonymen zu verschleiern, war aufgegangen – jedenfalls, solange die !Kung kein Englisch lesen konnten. Aber in den vergangenen zwei Jahrzehnten hatten viele !Kung-Kinder die Schule besucht, und einige von ihnen beherrschten die englische Sprache gut genug, um bezahlte Jobs zu bekommen. Mir war klar, dass es die Möglichkeit gab, dass Nisas Geschichte eines Tages von jemandem gelesen wurde, der sie kannte – und der sie identifizieren konnte.

Der Gedanke, dass jemand wie Royal das Buch lesen könnte, gefiel mir gar nicht – aus verschiedenen Gründen. Fand Royal, dass ich seine Kultur angemessen wiedergegeben hatte? Was hielt er von Nisas Geschichte? Hatte sie seiner Meinung nach zu viel enthüllt? Oder nicht genug?

Und was konnte ich tun, um Nisas Identität auch weiterhin zu schützen? Bei Royal hatte ich Glück gehabt. Er hatte das Buch gar nicht gelesen und war einfach davon ausgegangen, dass die schöne Frau auf dem Umschlag «Nisa» war. Aber der nächste !Kung ließ sich vielleicht nicht so leicht täuschen. Im Grunde musste er nur lesen können und neugierig genug sein, um herausfinden zu wollen, um wessen Geschichte es sich handelte. Jeder, der das Gebiet kannte, konnte dahinterkommen, wer hinter «Nisa» steckte. Welche andere Frau hatte so viele Ehemänner und eine Tochter gehabt, die von ihrem Ehemann umgebracht wurde? Welche Frau hatte keine lebenden Kinder mehr und lebte in einem Dorf, das eng mit den Bantu-Siedlern verbunden war? Welche andere Frau hatte die Gabe, ihre Geschichte so kunstvoll zu erzählen? Und falls noch andere Hinweise nötig gewesen wären, hätte man nur fragen müssen, welche Frau am häufigsten mit mir zusammen gewesen war. Oder welche Frau von mir Kühe bekommen hatte.

Im Grunde konnte ich nicht garantieren, dass Nisa anonym blieb. Ich wollte mit ihr darüber sprechen, was das für sie bedeutete, aber vorher wollte ich ganz sicher gehen, dass sie meine Geschichte über Royal verstanden hatte. «Weil du … es … sie ist auf der Seite», stammelte ich. Wegen der unterschiedlichen Betonungsmöglichkeiten gleicher Laute in der !Kung-Sprache fand ich es ungeheuer schwer zu unterscheiden, ob ich *du, er, sie, ihm* oder *ihr* sagte. Ob ich richtig lag oder nicht, konnte ich oft nur aus der Antwort meines Gegenübers herauslesen.

Nisa ließ sich durch mein Gestotter nicht aus der Ruhe bringen. Sie glaubte genau zu wissen, was ich zu sagen versuchte. «Weil ich dort bin.»

Meinte sie, dass sie im Buch war (was stimmte) oder dass sie auf dem Buchdeckel abgebildet war (was nicht stimmte)? Frustriert entgegnete ich: «Nein, das bist nicht du (oder sagte ich: ‹Das ist nicht sie›?) auf dem Titelbild.»

«Sie ...», wiederholte Nisa – oder sagte sie «du» und meinte mich?

Ich probierte einen anderen Ansatz: «Weil die Leute nicht wissen ...» Ich wollte sagen: «Sie wissen nicht, dass du es bist», aber ich schien wieder am Pronomen zu scheitern.

«Sie wissen es nicht, Mutter», half mir Nisa.

Ich nahm noch einmal Anlauf. «Eh – auf dem Buch steht Nisa, Ni-sa. Als wir beide vor langer Zeit das letzte Mal miteinander geredet haben, da ...»

«Mutter», unterbrach sie mich, «du, du hörst mir wieder zu.»

«Eh-hey», sagte ich zögernd. Ich befürchtete, gleich wieder im nächsten Sprachwirrwarr zu landen.

Aber wir umschifften die Klippen, und Nisa fasste unser damaliges Gespräch über die Pseudonyme so zusammen, wie sie sich daran erinnerte: Wir hatten uns auf den Namen Nisa geeinigt, weil es einer der Namen war, die sie bei ihrer Geburt bekommen hatte, und weil es zu viele Leute gab, die ihren anderen Namen trugen.

Ihre Interpretation verblüffte mich, aber ich beließ es erst einmal dabei. Im Moment erschien es mir dringlicher, über das Problem der Diskretion zu sprechen. Aber je länger wir redeten, desto klarer wurde mir, dass die Frage, wie wir ihre Identität schützen konnten, mich viel stärker beschäftigte als sie. Sie erzählte begeistert von einer Fremden, die mit Richard Lee zu Besuch gekommen war: «Eine große, weiße Frau – sie kam mit ihrem Sohn und ihrer kleinen Tochter hierher. Sie hatte das Buch, das du Richard Lees Frau gegeben hast. Hast du seiner Frau nicht das Buch gegeben? Also, sie hatte das Buch mit dem Titel *Nisa*.»

Ich glaubte sofort, mich verteidigen zu müssen. Dachte sie, ich hätte Richard alles erzählt? Aufgeregt unterbrach ich sie und versicherte ihr, ich hätte keinem Menschen ihre Identität mitgeteilt, weder Richard noch seiner Frau noch sonst irgend jemandem. «Richard wusste auch so Bescheid, ich habe es ihm nie gesagt. Er kennt dich einfach zu gut. Als er deine Worte gelesen hat, wusste er, sie kommen von dir.» Richard, der seit mehr als zwei Jahrzehnten im Dobegebiet arbeitete, hatte Nisa schnell identifiziert. «Deshalb war es möglich, dass ich ihm Geld für dich gebe, damit du Kühe kaufen kannst», fügte ich hinzu.

Unser Gespräch drehte sich nun um die fünf Kühe, die sie mit dem von mir geschickten Geld gekauft hatte. Sie hatten sich sehr gut gehalten und jedes Jahr gekalbt, erzählte sie. Aber eines Tages verschwanden ein paar von ihnen im Busch. Alle suchten nach ihnen, aber sie waren nicht zu finden. Der Mann, der sie gehütet hatte, meinte: «Oh, diese Frau hat keinen Sohn. Und sie hat auch keinen Mann, weil sie so alt ist. Und diese Kühe … ihre Tochter (das heißt, ich) hat ihr geholfen, aber sie sind im Busch gestorben.»

Nisa sagte zu dem Mann: «Eh, ich habe keine Kinder und jetzt sind diese Kühe gestorben. Meine Tochter hat sie mir gegeben, damit ich von ihnen leben kann. Sie hat gesagt, ich bin alt, und sie hat mir deswegen die Kühe geschenkt. Jetzt sind sie im Busch gestorben, und ich sitze hier.»

Aber sie waren nicht alle im Busch gestorben, und Nisa saß auch nicht nur da. Es waren einige Kühe übrig, und kurz vor meiner Ankunft hatten Nisa und Bo ein paar Kühe gegen ein Pferd getauscht. Jetzt hatte sie drei Kühe und außerdem drei Kälber, die im Frühjahr zur Welt gekommen waren. Das Pferd sollte später für die Jagd verwendet werden, erzählte sie mir, aber jetzt war es noch zu jung. In der nächsten Regenzeit (die in etwa vier Monaten begann) wollte sie jemanden anheuern, der mit dem Pferd jagen ging. «Denn wenn jemand auf dem Pferd reitet und ein Tier erlegt, gehört alles Fleisch dem Besitzer des Pferdes», erklärte sie strahlend. «Ich sage ihm dann: ‹Hier, dieses Stück ist für dich. Den Rest esse ich – er gehört mir.›»

Mit dem zweiten Geldgeschenk, das ich ihr zwei Jahre nach dem Kuhkauf ebenfalls durch Richard hatte zukommen lassen, hatte sie das Brenneisen erstanden. Dadurch sollte verhindert werden, dass jemand die Kühe im Busch stahl und verkaufte.

«Als Richard im nächsten Jahr gekommen ist, habe ich ihn gefragt: ‹Hat Marjorie dir wieder Shillings gegeben, damit ich noch eine Kuh kaufen kann, die ich dann zu den anderen dazu tue?› Aber Richard hat gesagt: ‹Nein, Marjorie hat mir kein Geld gegeben. Diesmal hat Marjorie mir nichts aufgetragen.›» Aus ihrer Stimme hörte ich eine gewisse Kritik heraus, die im Verlauf der Interviews immer wieder durchkam. Sie fuhr fort: «Ich habe ihn gefragt: ‹Was! Marjorie! Wie behandelt mich Marjorie? Warum hat meine Tochter mich fallen lassen? Ich kann nicht sammeln, ich kann überhaupt nicht viel tun. Die Kühe, die sie mir gegeben hat, sind mein einziger Lebensunterhalt.›»

Ich versuchte, das Gespräch auf ein anderes Thema zu lenken, aber Nisa kam schnell wieder auf diese Frage zurück. «Das Einzige, was ich nicht habe, ist ein Esel», sagte sie. «Wenn das Pferd auf die Jagd geht und etwas getötet wird, dann muss ich die anderen fragen, ob ich ihren Esel nehmen darf. Aber sie werden ihn nicht hergeben. Deshalb kann ich ohne einen Esel das Pferd gar nicht für die Jagd nehmen, so wie ich das sehe.»

Jetzt wusste ich also, was sie als Bezahlung für unsere Gespräche haben wollte. Ihre Forderung war nicht unangemessen, aber bevor ich entscheiden konnte, wie ich ihr diesmal am besten helfen konnte, musste ich genauer wissen, wie meine bisherigen Geschenke ihr Leben verändert hatten. Ich reagierte also nur mit einem neutralen «Hm», womit ich andeuten wollte, dass ich ihre Bitte gehört hatte, aber lieber später ausführlicher darüber reden wollte.

«Was haben die anderen gedacht? Haben sie gefragt, warum Marjorie dir so viel Geld gegeben hat ...?», fragte ich sie.

Sie unterbrach mich: «Ein paar andere Frauen haben gesagt ...»

Ich versuchte meine Frage zu Ende zu bringen: «Oder ...»

«Ich werde es dir sagen, Mutter», sagte Nisa, um mich zu beruhigen. «Die anderen haben gesagt: ‹Wie kommt es, dass sie mit uns allen gearbeitet hat, aber sie hat nur dir Geld für die Kühe gegeben?› Und ich habe geantwortet: ‹Weil ihr alle schon Kühe habt. Ich war die Einzige ohne Kühe.›»

Dann wurde ihre Stimme weicher, nachdenklicher. Sie fuhr fort zu erzählen, was sie zu den anderen Frauen gesagt hatte: «Meine Zunge ... meine Zunge hat mir diese Kühe gebracht. Also bringt mich nicht um deswegen.»

Ich pflichtete ihr bei. «Ja, und obwohl die anderen Frauen auch mit ihren Zungen mit mir gesprochen haben, hast du sie doch alle übertroffen.»

Nisa fand, dass die anderen selbst schuld waren. «Eh, wir haben alle geredet, aber mit ihren Zungen kaufen sie keine Kühe. Sie haben keine Kühe gekauft, sondern Bier getrunken.»

Sie zitierte einen Ältesten aus einem der Dörfer, der ebenfalls den anderen die Schuld gab: «Diese alte Frau, sie hat Kühe gekauft. Sie hat kein Bier getrunken. Der Rest von euch hat ebenfalls Geld bekommen. Ihr habt euch mit dem Geld ruiniert. Aber diese alte Frau hat sich nicht ruiniert. Was sie getan hat, war großartig.»

Ich erklärte ihr, dass meine damaligen Zahlungen an die anderen Frauen zu niedrig gewesen waren, um damit eine Kuh zu kaufen, und dass ich ihr – und nur ihr – später noch zusätzlich Geld geschickt hatte. «Als ich zu Hause war und die Interviews gehört habe, hast du alle anderen übertroffen. Du hast dein ganzes Herz hineingelegt. Vielleicht wussten die anderen nicht, wie man das macht. Deine Geschichte war die beste.»

Nisa bot eine andere Interpretation an. «Vielleicht haben sie ihre Geschichten vor dir versteckt und sie zurückgehalten. Aber ich weiß nicht, wie ich die Dinge, die ich sehe, verbergen soll. Diese Dinge sind das, was ich dir erzählt habe.»

«Ja», erwiderte ich. «Die Menschen dort, wo ich wohne, haben deinen Worten zugehört. Viele Frauen haben gesagt: ‹Wie ist das möglich – wenn diese Frau spricht, diese !Kung-San-Frau, die so weit weg lebt, also wenn sie über die Dinge spricht, die sie gesehen hat, dann klingt sie wie eine von uns.›»

«Eh-hey!», rief Nisa entzückt. «So eine Frau war hier. Eine große weiße Frau und ihr Mann, auch sehr groß, sie waren mit Richard Lee zusammen, als er hierher gekommen ist. Sie haben mich begrüßt! Und mich begrüßt! Und mich begrüßt! Sie haben gesagt: ‹Du bist so eine wunderbare Frau. Du bist eine wunderbare alte Frau. Deine Geschichte ist wunderschön.›»

Dieser offensichtliche Vertrauensbruch erschreckte mich, aber Nisa schien sich nicht darüber aufzuregen. Sie klang eher so, als sei sie stolz darauf, dass sie erkannt worden war.

Ich hielt ihr das Buch hin. «Als du es das erste Mal gesehen hast, was hast du da gedacht?»

«Ich hoffe, dass es meine Worte richtig aufgenommen hat.» Ganz leise fügte sie hinzu: «Dieses Buch hat mir Leben gegeben ... hat mir Leben gegeben.» Und dann, etwas lebhafter: «Nisa ist da – Nisa ist da drin.»

«Gefällt dir das?»

«Dieses Buch hat Nisa in sich. Das gefällt mir sehr.»

KAPITEL 5 Geld und Geschenke

«Richard habe ich fallen lassen», sagte Nisa unvermittelt. Sie klang verbittert. «Richard hat mich fallen lassen, also habe ich ihn fallen lassen.» Ihre Liste an Vorwürfen war lang: Richard gab alles den anderen, sein Geld gab er anderen, seine Kleidung gab er anderen, einen Koffer hatte er anderen gegeben, Wasserbehälter hatte er anderen gegeben. «Deshalb sage ich, er hat mich abgewiesen. Ri-chard!», rief sie und ließ seinen Namen auf den Lippen explodieren. «Richard – er ist wertlos!»

Ein Beschwerdepunkt wiederholte sich immer wieder: «Ich habe sogar zu ihm gesagt: ‹Geh nicht zu Marjorie. Wenn du zu Marjorie gehst, dann gibt sie dir Sachen für mich, und du gibst sie anderen Leuten.›»

Sie hatte Richards Frau gebeten, mir zu schreiben. «Ich habe gesagt: ‹Geh zu Marjorie und sag ihr, sie soll zurückkommen, damit ich sie mit meinen Augen sehen kann, mit meinen Augen, die schon fast tot sind. Es gibt so viele Dinge, die Marjorie für mich tun wird – sie wird mir Kleider geben, sie wird mir Perlen geben. Denn heute bin ich alt. Marjorie wird kommen und mich kleiden und mir ein paar Shilling geben, damit ich essen kann.› Und sie hat es aufgeschrieben und dabei meinen Namen verwendet, Nisa, und deinen, Hwantla.»

Ob ich wollte oder nicht – ich fand es komisch, dass Nisa mich als die große Wohltäterin darstellte, aber sie meinte es nicht so, sie wollte auf die grundsätzliche Ungleichheit verweisen, die dahinter stand: die üppigen Ressourcen, über die wir Forscher verfügten – im Gegensatz zu den kümmerlichen Möglichkeiten der Menschen, deren Leben wir studierten. Die Menschen, die mehr besaßen, fanden es natürlich nicht besonders amüsant, ständig von denen, die ein größeres Stück des Kuchens haben wollten, belästigt zu werden. Während meiner Feldforschungen empfand ich es immer als sehr unangenehm, wenn gegen mich ähnliche Vorwürfe erhoben wurden, was unvermeidlich war.

Der Vorwurf, geizig zu sein, gehörte zu den typischen Anklagen der !Kung, und er wurde, mit einer leicht verschobenen Betonung, sowohl gegen die Anthropologen als auch gegen nahe Verwandte vorgebracht. Diese Art der Auseinandersetzung trug dazu bei, dass der materielle Besitz gleichmäßig verteilt wurde und die Leute nicht auf die Idee kamen, mit ihrer gesellschaftlichen Stellung zu protzen. «Oh, sieh dir das an!», war die übliche Reaktion, wenn jemand etwas Wertvolles besaß. Und normalerweise folgte dann die Aufforderung: «Möchtest du es nicht mir geben? Du hast mir schon lange nichts mehr gegeben.» Je nachdem, in welcher Beziehung die beiden Personen zueinander standen, konnte es durchaus passieren, dass der Gegenstand augenblicklich den Besitzer wechselte.

Nisas Wut auf Richard Lee kam in unseren Gesprächen also immer wieder vor. Sie zählte die Leute auf, denen er geholfen oder Geschenke gemacht hatte und die er für irgendetwas bezahlt hatte. «Mir hat er nur Tabak gegeben. Ich weiß nicht, warum Richard, ein erwachsener Mann, mein Schwiegersohn, mich ablehnt. Warum? Was habe ich ihm Böses getan, dass er mich so hasst?»

Sie war wirklich tief gekränkt. Und es stimmte, dass es ihr an vielem mangelte, genau wie den anderen Menschen in ihrer Umgebung. Aber ich muss doch gestehen, dass ich eine gewisse Genugtuung empfand, als ich hörte, wie Richard, der Inbegriff eines erfolgreichen Forschers, im gleichen Tonfall beschimpft wurde wie andere seit vielen Jahren, ich selbst nicht ausgeschlossen.

Nisas Tonfall wurde ganz weich, als sie sich erinnerte: «Ich habe weitergelebt und immer wieder gefragt: ‹Wann kommt Marjorie? Ach, ich lehne doch andere weiße Menschen ab! Ich will Marjorie. Ich will, dass sie hierher kommt, damit ich sie wiedersehen kann.› Wenn andere gesagt haben: ‹Richard ist hier!›, dann bin ich schnell zu Richard gerannt, weil ich gehofft habe, dass dein Truck vielleicht hinter seinem kommt. ‹Nein, Marjorie ist nicht hier›, haben die Leute zu mir gesagt. ‹Es sind Richard und seine Frau.›»

Ihre Worte verhedderten sich in ihrer Kehle und sie begann zu husten, wie alle !Kung, die viel rauchten. Sie tastete nach ihrer Pfeife, zündete sie an und inhalierte tief. Der Anfall war kaum vorüber, da befahl sie mir, so streng ihre rasselnde Stimme es erlaubte: «Stell den Kassettenrecorder ab, wenn ich huste. Er soll den Husten nicht aufnehmen.»

Als sie wieder richtig sprechen konnte, sprudelte eine ganze Litanei von Vorwürfen und Klagen aus ihr heraus. Ja, mein erstes Geschenk sei großzügig gewesen, räumte sie ein. Aber als Richard viele Jahre später zurückgekommen sei, habe er anderen das Geld geschenkt, das ich ihm für sie mitgegeben habe, davon sei sie fest überzeugt. Hatte es nicht genau danach ausgesehen – die anderen hatten Geld in der Hand gehabt, aber sie hatte keines bekommen? Und am Ende seines Aufenthalts hatte Richard ihr schließlich doch ein Geschenk gegeben, das angeblich von mir stammte. Das hatte ihren Verdacht bestätigt. «Nein, Marjorie würde mir nie so wenig geben», hatte sie beharrt. «Marjorie ist großzügig mit Geld.»

Aber da war etwas, was sie nicht wissen konnte: Ich hatte vorgehabt, ihr so viel zu geben wie beim ersten Mal, aber dann hatte ich es doch lieber Richard überlassen, die genaue Summe festzusetzen, wenn er vor Ort sein würde. Und als Richard sah, dass Nisa ohnehin schon eine der reichsten !Kung im Dobegiet war, fürchtete er, dass ein weiteres großes Geldgeschenk ihr mehr schaden als nützen würde. Deshalb war die Geldsumme, die er ihr als «Geschenk von Marjorie» überreichte, eher bescheiden ausgefallen, aber es war trotzdem mehr Geld, als die meisten !Kung im Verlauf ihres ganzen Lebens erhielten. Immerhin hatte es für ein Brenneisen und für verschiedene kleinere Artikel gereicht.

Wie man die !Kung für ihre Arbeit bezahlen sollte, war schon immer eine problematische Frage. Bei meinem ersten Aufenthalt waren den Leuten Gebrauchsgüter lieber gewesen als Geld. Mit einem normalen Stundenlohn hätten sie die Schuhe, die Kleidungsstücke oder Perlen, die sie sich wünschten, gar nicht bezahlen können. Und selbst wenn sie genug Geld hatten, gab es diese Dinge selten zu kaufen. Doch die Frage der Bezahlung sorgte unter den Anthropologen immer wieder für Uneinigkeit.

Manche befürchteten zu Recht, dass westliche Waren und westliches Geld das feine Gewebe der !Kung-Kultur zerstören würden, einer Kultur, die viele hundert, wenn nicht tausend Jahre alt war. Diese Anthropologen hielten sich streng an den Grundsatz, dass unser Auftrag lediglich darin bestand, zu beobachten, nicht zu verändern. Außer Tabak, einem notwendigen Übel, das den Zugang zu dem Gebiet überhaupt erst ermöglichte, sollten keine anderen Gaben erlaubt sein. Natürlich lag es auch im Interesse der Anthropologen, die Traditionen der !Kung nicht zu zerstören: Ihr akademischer Ruf – und ihr zukünftiger Broterwerb – hing auch davon ab, dass sie Daten über eine «unverfälschte» Lebensweise sammeln konnten.

Andere fanden, mit derselben Berechtigung, dass man von

den Leuten nicht verlangen durfte, unsere Anwesenheit ohne Gegenleistung hinzunehmen. Warum auch? Um der (westlichen) Wissenschaft zu dienen? Tabak und ärztliche Hilfe wurden gerne angenommen und erreichten im Großen und Ganzen die gesamte Bevölkerung. Aber was war, wenn jemand eine Stunde, einen Tag, eine Woche oder länger für einen Wissenschaftler arbeitete? Dann war nur eine angemessene Bezahlung die moralisch richtige Antwort. Andernfalls wäre es Ausbeutung gewesen. Diese Anthropologen nahmen aber andererseits das Risiko in Kauf, dass sie die Lebensweise der Menschen veränderten und damit gleichzeitig auch das empfindliche Gleichgewicht des Gebens und Nehmens zwischen Wissenschaftlern und Einwohnern.

Aber die !Kung in Dobe begrüßten die Anthropologen nicht nur, weil sie ihnen Tabak und Geschenke brachten und bereitwillig ihre kunsthandwerklichen Produkte kauften. In gewisser Weise waren sie auch stolz auf unsere Gegenwart. Noch nie hatte ihre Kultur so im Scheinwerferlicht gestanden. Noch nie hatten sich Fremde, von denen man annahm, dass sie sich in der «modernen» Welt auskannten, die Mühe gemacht, die Lebensweise der !Kung verstehen zu wollen. Andere Gruppen, mit denen die !Kung in Berührung gekommen waren (vor allem Bantu und Weiße), hatten immer geurteilt: «Die dummen Buschmänner!»

Die Anthropologen schafften es jedoch nie, eine einheitliche Bezahlung zu finden. Jeder einzelne Forscher entwickelte seine eigene Methode. Ein Paar beispielsweise buddelte vor der Rückkehr in die Staaten ein tiefes Loch, um alles, was sie nicht mitnehmen wollten, zuerst zu verbrennen und dann zu verscharren – Kleidung, Werkzeug, Ersatzteile für den Truck. Ich möchte mir gar nicht ausmalen, was die !Kung dachten, als sie zuschauen mussten, wie Gegenstände, die für sie von größtem Wert waren, mutwillig zerstört wurden.

Diese beiden Anthropologen waren überzeugt, dass sie richtig handelten. Das, was sie den Menschen in Dobe geben wollten, waren nicht westliche Konsumgüter, die nur Spannungen ausgelöst und Machtkämpfe zwischen den verschiedenen Dörfern hervorgerufen hätten. Sie wussten, dass die !Kung vor ihrer Ankunft sehr gut zurechtgekommen waren.

Im Vergleich zu den riesigen Umwälzungen, die dann tatsächlich stattfanden, war die Diskussion jedoch bedeutungslos. Es gab jetzt Bantu-Siedler, die die traditionellen Wasserstellen mit den !Kung teilten; Bantu-Polizisten, die für Recht und Ordnung sorgten; den Zaun zwischen Namibia und Botswana, der das traditionelle Gebiet der !Kung durchschnitt und die Wanderung der Tiere behinderte; lokale Tauschposten, wo Bantu-Rinder angekauft und Zucker, Salz, Mehl, Stoff und andere Waren verkauft wurden, und monatliche, mitunter auch vierzehntägige Verkehrsverbindungen durch das ganze Gebiet.

Auch ich selbst war am Anfang eine Puristin mit romantischen Vorstellungen gewesen. Obwohl ich ebenfalls zusammenzuckte, als das Anthropologenpaar seine Sachen verbrannte und dann vergrub, fand ich doch, dass die Tradition des Jagens und Sammelns unter allen Umständen erhalten bleiben sollte. Die Lebensweise der !Kung gehörte immerhin zu den schönsten – und ältesten –, die wir Anthropologen kannten. Sie verkörperte Stärke, Freiheit, Schlichtheit und Stolz. Und obwohl das Leben der !Kung extrem hart war, wirkten sie wesentlich fröhlicher als wir in unserem Konsumparadies. Wie oft hörte man abends, wenn man von einem Dorf ins andere ging und die Dunkelheit das Tagewerk zum Erliegen gebracht hatte, die Menschen miteinander lachen!

Ja, ich war eine Romantikerin. Und ja, ich war bereit, mir vorwerfen zu lassen, ich sei geizig, wenn das bedeutete, dass ich die Veränderung dieser Kultur nicht beschleunigte.

Einen der Archäologen kümmerten all diese Fragen wenig. Er brauchte Männer, die Gräben aushoben und die Erde siebten. Und die !Kung suchten immer Jobs, also warb er die Männer im Dobegebiet an. Fast jeden Morgen fuhr sein Lastwagen mit so gut wie allen arbeitsfähigen Männern los und kam erst spät am Abend wieder. Einmal in der Woche wurden die Männer für ihre Arbeit bezahlt – mit Bargeld. Was das für sie bedeutete, interessierte ihn nicht. Die Menschen hier wollten, dass sich alles veränderte, erklärte er. Sie wollten die Marktwirtschaft, und er war stolz darauf, als Wohltäter aufzutreten. «An der Uni war ich ein Niemand», sagte er einmal zu mir. «Wenn ich zurückgehe, bin ich wieder ein Niemand. Aber hier ... hier bin ich der König.»

Natürlich machte es der ständige Geldfluss unmöglich, bestimmte Arten von Forschung zu betreiben, und in dieser traditionell auf Gleichheit basierenden Gesellschaft rief er zunächst enorme Unruhe hervor. Gleichzeitig funktionierte nichts ohne gewisse Form der Bezahlung. Aber als ich das erste Mal hierher kam, war ich mir dieser komplexen Zusammenhänge noch nicht bewusst. Es brauchte seine Zeit, bis ich begriff, dass ich klare Abmachungen treffen musste, wenn ich jemanden um eine Auskunft oder einen anderen Gefallen bat. Und dafür musste ich nicht nur die Sprache einigermaßen beherrschen, sondern auch die Umgangsformen. «Ich möchte dich wegen deiner Schwangerschaft befragen», begann ich etwa. «Ich werde dir zwei Shilling geben oder das Entsprechende in Waren – Öl, Perlen, Streichhölzer oder Stoff.»

Zu meiner großen Überraschung entdeckte ich bald, dass diese Vereinbarungen und die Bezahlung die Beziehungen nicht erschwerten, sondern sie im Gegenteil oft erst fruchtbar machten. Aber ich brauchte lange, um das zu verstehen.

Im Februar 1970, ein halbes Jahr nach Beginn unseres ersten

Aufenthalts, schrieb ich einer Freundin einen Brief, der die Schwierigkeiten sehr treffend illustriert:

> Wir sind beide deprimiert. Es ist nichts Besonderes vorgefallen, aber wir können einfach keinen «menschlichen» Kompromiss in unserem Verhältnis zu den Buschmännern finden.
>
> Egal, wie sehr wir uns bemühen, den Luxus abzulegen, ohne den andere Forscher hier gar nicht leben könnten, egal, wie sehr wir versuchen, kulturelle Unterschiede und Sprachbarrieren aus dem Weg zu räumen – wir sind trotzdem immer zu reich und sie zu arm. Wir sind mächtig und sie sind machtlos.
>
> Die Schwarzen hier in der Gegend schauen auf die Buschmänner herunter, aber die Buschmänner blicken zu den Schwarzen auf, während die Schwarzen zu uns aufsehen. Die Buschmänner sind auf der untersten Stufe der sozialen Leiter, und das wissen sie. Sie wissen auch, dass wir ganz oben sind. Wir haben einen Truck und Kleidung und Lebensmittel und überhaupt alles, was man sich nur wünschen kann. Und wenn wir versuchen, auf einer sinnvollen Ebene mit ihnen zu kommunizieren, passiert gar nichts. Das heißt, nichts Gutes, aber eine Menge Schlechtes.
>
> Wenn jemand am Morgen zu dir kommt und dich besonders nett begrüßt, kannst du sicher sein, dass er etwas von dir haben möchte oder dass er mit dir schimpft, weil du ihm nichts gegeben hast. Und wenn du ihn daran erinnerst, was du ihm letzte Woche gegeben hast und fragst: «Was ist mit dem Tabak, den ich dir alle paar Tage gebe? Und warum gibst du mir nichts, obwohl ich dir so viel gegeben habe?», dann antwortet er, dass er arm ist, während du reich bist, und dass du ein schlechter Mensch bist. Dann geht er los und sagt den anderen, was für ein schlechter weißer Mensch du bist.
>
> Wir haben alle nur denkbaren Methoden durchgespielt.

Aber aus diesem Muster kommen wir nicht heraus. Am Anfang haben wir den Leuten gar nichts gegeben, weil das die Politik eines der anderen Anthropologen hier war. Aber das klappte nicht. Die Leute sagten uns, wir seien geizig und würden niemandem etwas geben. Dann versuchten wir, allen gleichermaßen etwas zu geben, aber wir fanden schnell heraus, dass diese Zuwendungen als Almosen betrachtet wurden und dass es niemandem etwas bedeutete, wenn jeder etwas bekam. Also probierten wir, nur einigen etwas zu geben; und an dem Punkt sind wir jetzt. Wenn jemand uns ein Geschenk macht, geben wir es hundertfach zurück. Aber dennoch schenkt uns kaum jemand etwas. Wir sind nicht Teil ihres Systems von Geben und Nehmen.

Es ist einfach, sich Freundschaft zu erkaufen. Wenn man den Leuten oft genug etwas schenkt, kann man sich darauf verlassen, dass die Betreffenden einem versichern, wie gern sie einen haben und wie sehr sie einen vermissen werden, wenn man wieder abreist. Eine Frau war immer unglaublich lieb und freundlich zu mir, und ich habe ihr ständig kleine Geschenke gemacht. Mit der Zeit fiel mir auf, dass sie mir nie etwas gab, nicht einmal ein symbolisches Geschenk. Als ich wieder etwas zu verschenken hatte, gab ich ihr nichts und fragte sie, warum sie mir nie etwas gebe. Danach war sie überhaupt nicht mehr nett und sagte auch nicht mehr, wie traurig ihr Herz sein werde, wenn ich abreise. Mein Traum von Afrika sah ganz anders aus...

Als ich anfing, mit Nisa zu arbeiten, war die Bezahlung kein großes Problem mehr: Ich gab ihr die gleiche Kombination aus Geld und Geschenken wie den anderen Frauen, die Teil meiner Forschungen waren. Aber als ich ihre Begabung erkannte, überschüttete ich sie mit zusätzlichen Geschenken – soweit das keine Schwierigkeiten mit den anderen Frauen verursachte.

«Marjorie – das gehört mir, wenn du damit fertig bist», sagte Nisa immer, wenn sie meine Feuchtigkeitscreme, mein Parfüm, eine Flasche, einen Schal oder sonst irgendetwas von meinen Sachen haben wollte.

Wenn möglich, gab ich ihr die Dinge einfach. «Aber lass es die anderen nicht sehen, sonst sind sie böse auf mich.»

«Eh-hey, Mutter», flüsterte sie dann und versteckte das Geschenk in den Falten ihres Kleides oder in ihrem Tragbeutel. «Außer uns beiden erfährt niemand etwas.»

Wie das klappen konnte, verstand ich nie. Aber im Gegensatz zu weniger konspirativen Formen des Schenkens war diese Methode erfolgreich: Nur ganz selten forderten die anderen Frauen, gleich behandelt zu werden.

Für die ersten Interviews bekam Nisa die gängige Geldsumme, außerdem zahlreiche nicht ganz so übliche Geschenke. Ich wusste ja inzwischen, dass sie etwas Besonderes war. Fünfzehn Interviews hatte ich bereits übersetzt; ich hatte ein paar ihrer Kindheitsgeschichten überarbeitet und eine Auswahl als Kapitel in einer Essaysammlung veröffentlicht. Aber der nächste Schritt – ein Buch zu schreiben, das sich nur um sie drehte – war noch ein Wunschtraum, der in weiter Ferne lag.

Aber ich nahm diesen Traum immerhin schon so ernst, dass ich ihn mit Nisa diskutierte. Ich erklärte ihr, dass es mich viele Jahre kosten werde, ihre Geschichte in ein Buch zu verwandeln. Und wenn das Buch fertig sei, könne es passieren, dass die Leute das Buch nicht haben wollten. «Vielleicht schauen sie das Buch nur an und lassen es im Regal stehen», sagte ich.

«Ja», antwortete Nisa. Sie zeigte Verständnis für die Gesetze der Marktwirtschaft, zu der auch die !Kung allmählich gehörten: «Sie sagen ‹sehr schön›, aber ihr Herz will es nicht.» Dann fügte sie hinzu: «Aber wenn sie uns beiden helfen und das Buch kaufen, und wenn du mir hilfst, dann kaufe ich eine Kuh.»

Sechs Jahre nach meinem zweiten Aufenthalt in Botswana wurde das Buch veröffentlicht. Ein Jahr später kam das Taschenbuch auf den Markt. Es dauerte fast zehn Jahre, bis meine Beteiligung am Umsatz, die ich erhielt, weil die Leute «das Buch kauften», die Kosten ausglich, die so viele Arbeitsjahre mit sich gebracht hatten. Aber Nisas Geschichte hatte mein Leben sehr bereichert, und anderen Menschen schien es genauso zu gehen, wenn sie das Buch lasen. Nisa hatte sich ihre Kühe wirklich verdient! Aber wie konnte ich sie ihr am besten zukommen lassen?

Dann erzählte mir Richard Lee, dass er wieder nach Botswana gehen wollte. Als einer der ersten Anthropologen hatte er die !Kung in Botswana studiert und galt deshalb als «Vater» der !Kung-Ethnographie. Gemeinsam mit anderen Forschern untersuchte er das Leben der !Kung: Er sammelte Daten darüber, was sie aßen, wo sie lebten, wie sie ihren Lebensunterhalt verdienten, wen sie heirateten, wie sie ihre Anführer bestimmten, worüber sie sich stritten und wann sie starben. Er sammelte Pflanzen und ließ ihre wissenschaftlichen Namen bestimmen. Er analysierte die Jagd- und Sammelgewohnheiten und untersuchte, wie die !Kung die ihnen zur Verfügung stehenden Ressourcen nutzten. Er kalkulierte die von Männern und Frauen geleistete Arbeit und machte eine Art «Volkszählung» an neun Wasserstellen, indem er von Haushalt zu Haushalt ging und die Namen der Lebenden und der kürzlich Verstorbenen notierte – bei meinem zweiten Aufenthalt waren es immerhin mehr als tausend Personen.

Richard war sozusagen von Anfang an im Dobegebiet gewesen, er war gekommen, als die !Kung noch jagten und sammelten, er hatte die geringen Besitzunterschiede zwischen den weniger Begüterten und den Reicheren hervorgehoben, er wusste, dass Teilen in dieser egalitären Kultur der wichtigste Ausgleichsfaktor war. Konnte ich *ihn* bitten, Kühe zu kaufen – für eine einzige Person?

In den zwanzig Jahren seit Richards erstem Aufenthalt im Dobegebiet hatte sich vieles verändert. 1975, bei meiner zweiten Reise, besaßen nur wenige !Kung Rinder, aber es kam durchaus schon vor. In den Dörfern standen «moderne» Lehmhütten neben den traditionellen Grashütten. Halbwüchsige Jungen, ausgerüstet mit Bogen und vergifteten Pfeilen, hüteten die gemeinschaftlichen Ziegenherden. Viele Leute besaßen Esel, die sie sich mit dem Geld kauften, das sie durch den Verkauf von Kunsthandwerk verdienten. Haustiere wurden gezüchtet und nicht mehr automatisch geschlachtet. Das löste in manchen Familien wahre Krisen aus, weil die Schwiegersöhne nicht mehr willens waren, eine Ziege zu schlachten und sie den Schwiegereltern vorzusetzen, nur weil diese über «Fleischhunger» klagten. In der Vergangenheit hätte ein Mann selbstverständlich eine große Antilope erjagt, um die Wünsche eines nahen Verwandten zu erfüllen – das hätte schon der Respekt geboten. Aber die wilden Tiere lebten jetzt weiter weg, jenseits der immer größer werdenden Weideflächen der Rinder und Ziegen. Und die jungen Männer, die als Kinder die Haustiere gehütet hatten, konnten nicht mehr Spuren lesen und schießen wie ihre Väter.

Ich nahm also meinen ganzen Mut zusammen und wandte mich an Richard. Er sei gern bereit, Nisa das Geld für die Kühe zu überbringen, sagte er. Ich war entzückt! Wenn jemand diesen Auftrag ausführen konnte, ohne dass es zu größeren Spannungen kam, dann war es Richard. Und aus seinen Berichten schloss ich, dass alles wunderbar geklappt hatte. Jetzt hörte ich Nisas Version der Geschichte.

«Richard holte mich dort ab, wo ich wohnte», erzählte sie. «Er sagte: ‹Komm mit mir nach Dobe. Dort bekommst du das

Geld, das Marjorie dir gibt, und du kannst deine Kühe kaufen.›» Ihr Mann und der Mann einer Verwandten, der Bantu sprach, führten die Verhandlungen. Fünf trächtige Kühe! Einige der Kälber verirrten sich zwar im Busch und starben, aber andere überlebten, und Nisa hatte seitdem immer Milch zu trinken.

Nisa blieb im Dobegebiet, bei ihren Kühen. «Ich habe keine Kraft», erklärte sie. «Mutter, ich habe keine Kraft. Ich kenne keinen Menschen, der die Kühe tränken kann, weil ich kein eigenes Kind habe. Nur Nai, die Tochter meines älteren Bruders, die mit dem kranken Finger – ihr Sohn ist derjenige, zu dem ich sage: ‹Sorge für diese Kühe. Für mich. Für mich. Bring sie in einen Pferch. Für mich. Lass die Babys die Milch trinken … Für mich. Melke du die Kühe und bring mir die Milch, damit ich trinken kann.› Später kommt er zu mir und sagt: ‹Hier ist deine Milch, Tante.› Und ich trinke die Milch.»

«Sehr gut!», sagte ich. «Die Kühe helfen dir und deinem Mann.»

«Eh, Mutter. Ich habe keine Schmerzen. Meine Mutter, ich habe keine Schmerzen.» Sie deutete auf mich und sagte: «Du …» Und wiederholte dann noch einmal ganz emphatisch: «Du …!»

«Uhn-uhn», unterbrach ich sie. «Es war deine Zunge, die das gemacht hat.»

«Dieses Buch hier hat mich gerettet. Sogar wenn die Leute mich anschreien, macht das nichts. Es stört mich nicht. Du sorgst wirklich gut für mich, Mutter!»

«Und du hast auch gut für mich gesorgt, als wir damals geredet haben. – Und was wäre, wenn du das Geld nie gesehen hättest und wenn du keine Kühe hättest – wie würdest du leben?», fragte ich sie.

Ich würde einfach nur leben. Wenn du lebst, wo die Leute einfach nur leben, da essen und essen und essen die Leute alles, was sie haben. Auch wenn du etwas Kleines zu essen hast, sagst du: «Was ich habe, ist sehr klein, und ich gebe es dir nicht. Ich werde es selbst essen.» Du bist die Einzige, die es isst.

Aber danach sagt der andere: «Was ist mit dir los, da, mit diesem Essen, du gibst mir nichts und isst alles selbst? Wenn du es selbst isst, was soll ich dann essen?» Das ist es, was passiert, wenn viele Leute zusammenleben.

Und du sagst: «Hast du nicht mit einem kleinen bisschen Nahrung da gesessen und hast alles selbst verspeist? Ich habe dich nicht angeschrien deswegen. Was soll ich jetzt mit meinem Essen machen?»

Aber Richard hat das Geld gebracht, und ich lebe gut. Und ich bin dankbar. Sehr dankbar. Denn eine Kuh … eine Kuh ist wie eine richtige Person! Und eine richtige Person, mit der du zusammenlebst. Sie schreit und macht: «Bahhn … bahhn … bahhn …» Und du rennst los und sagst zu der Kuh: «Nisa kommt und sorgt für dich.» Und ihr redet miteinander, ihr zwei. Eine Kuh ist etwas Wunderbares. «Nisa, steh auf und hilf mir», sagt sie, und dein Herz ist froh.

KAPITEL 6 Im Busch

Die Vorbereitungen nahmen den halben Vormittag in Anspruch: Wir mussten Wasserkanister füllen, Lebensmittel und andere Vorräte (einschließlich Tabak) packen und endgültig entscheiden, wer mitging. Am Tag vorher hatten wir, wie gesagt, vereinbart, dass aus jedem der fünf San-Dörfer im Dobegebiet zwei Personen mitkommen durften, damit die Erträge dieser Buschexpedition – Fleisch, Honig, Wildfrüchte – gerecht verteilt wurden.

Um die Mittagszeit setzte sich der schwer beladene Truck in Bewegung. Elf Personen – zehn Erwachsene und ein Kind – saßen hinten auf den «Safari-Sitzen», hoch über dem Chassis. Darunter waren unsere Lebensmittel, das Wasser und die übrige Ausrüstung verstaut. Beim Abschied riefen uns die Zurückbleibenden gute Wünsche, Ratschläge und lustige Bemerkungen nach.

Baitsenke fuhr in Richtung Westen. Wir durchquerten die Dörfer der !Kung und Herero, fuhren an den Pferchen der Rinder und Ziegen und an den abgeernteten Feldern vorbei. Eine Meile von Dobe entfernt verlief der Grenzzaun zwischen Botswana und Namibia. Dort bogen wir nordwärts ab und folgten der Straße parallel zur Grenze. Fußwege wurden immer seltener, und die Nachmittagssonne strahlte auf das dichte Savannengras, das hier sehr hoch war. Wir hatten die weidenden Herden in der Nähe der Dörfer hinter uns gelassen.

Nisa saß dicht neben mir im Fahrerhäuschen des Trucks. Es war hier ziemlich eng, und wir stießen immer wieder gegeneinander, während Baitsenke mit den Unebenheiten der grasigen Straße kämpfte. Ich genoss den Blick durchs offene Fenster: Eine Landschaft, die ich gut kannte und die ganz anders war als alles, was ich in meinem Leben gesehen hatte. Es war so wunderschön hier! Und so unglaublich still. Wie oft war ich in den vergangenen Jahren hier gewesen – aber immer nur in Gedanken. Und jetzt war ich tatsächlich zurückgekehrt. Zauberhafte Akazien, elegant geformte Termitenhügel, riesige Dünenlandschaften, alles in warmen Erdfarben, von tiefem Dunkelrot bis zu kalkigem Weiß, ganz unterschiedliche Böden, von weichem Sand zu hartem Lehm und steinigem Untergrund, und jeder hatte seinen eigenen Charakter und war mit einer spezifischen Vegetation bewachsen, ursprünglich und unberührt von menschlicher Gegenwart. Ich war in einer Welt, die ich leidenschaftlich liebte.

Ich muss allerdings gestehen, dass ich diese Landschaft nicht von Anfang an so gemocht habe. Bei meiner ersten Begegnung machte sie mir sogar regelrecht Angst. Zwei Tagesreisen von einem Krankenhaus, einem Postamt, ja, einem Telefon entfernt! Notfalldienste gab es keine. Und in der Wildnis jenseits der Dörfer lebten bekanntlich Löwen, Leoparden, Geparde, Hyänen und Wildhunde. Jede Menge tödlicher Schlangen waren hier zu Hause: Puffottern, grüne und schwarze Mambas, Baumschlangen, Speikobras, Vipern.

Für den Ernstfall hatten wir verschiedene Pläne entwickelt. Plan A lautete: Nach Maun fahren – dort lag das nächste Krankenhaus, dort gab es Ärzte. Die Fahrt dorthin dauerte allerdings etwa vierzehn Stunden, und auch das nur, wenn man Glück hatte; vorher musste man alles zusammenpacken (Benzin, Wasser, Lebensmittel, Ersatzteile und Bettzeug) und das Lager abbrechen – das heißt, im Grunde brauchte man wesentlich länger. In der Regenzeit oder wenn der Truck unterwegs zusammenbrach, konnten sich diese vierzehn Stunden zu Tagen, ja, Wochen ausdehnen; dass andere Fahrzeuge durch diese Gegend kamen, war höchst selten, und unser Lager würden sie ohnehin nicht anfahren.

In einer extremen Notsituation sollte Plan B in Kraft treten: Wir würden zur Grenze fahren, die nur eine Meile entfernt war, den Zaun durchschneiden und die Straße nach Chum!kwe fahren, eine !Kung-Siedlung, die dreißig Meilen weiter in Namibia lag. Dort würden wir jemanden bitten, per Funk mit Windhoek, der Hauptstadt von Namibia, Kontakt aufzunehmen und einen Hubschrauber anzufordern. Damit dieser Plan funktionieren konnte, musste alles optimal klappen: Es durften keine größeren Komplikationen und keine Verzögerungen eintreten. (Womit können wir den Zaun durchschneiden? Was tun wir, wenn das Funkgerät kaputt ist? Oder wenn Sonntag ist und wir niemanden antreffen oder der Hubschrauber schon anderweitig im Einsatz ist?) Wieder konnten endlose Stunden vergehen, bevor wir Hilfe fanden.

Da wir von vornherein wussten, wie unsicher unsere Verbindung zur Außenwelt sein würde, hatten wir damals einen Kurs bei Tropenmedizinern gemacht, bevor wir überhaupt das erste Mal nach Botswana reisten. Außerdem hatten wir eine riesige Reiseapotheke dabei, mit Antibiotika, Mitteln gegen Durchfall und Malaria, Schlangenserum, Cremes, Salben, Tabletten, Tinkturen und Verbandsmaterial – die reinste Wunderkiste, für jeden etwas, ein Mittelchen gegen jedes potenzielle Leiden. Das *Merck Manual*, unser Ratgeber in allen medizinischen Fragen, musste unterwegs immer greifbar sein. Wir hielten uns brav an alle Anweisungen, und vermutlich war dieses Buch unser wichtigster Begleiter.

Aber damals waren wir in unserem jugendlichen Überschwang so naiv und optimistisch, dass wir uns trotz allem wenig Gedanken darüber machten, was uns alles zustoßen könnte. Nein, wir konzentrierten uns ganz und gar auf das, was um uns herum passierte, und damit waren wir auch völlig ausgelastet.

Jetzt wollte ich sehen, ob ich mich wieder so intensiv auf die Situation einlassen konnte. Würde es mir gelingen, die Nabelschau zu beenden und mich den Anforderungen der Außenwelt zu stellen? Ich hatte einen weiten Weg zurückgelegt, um die emotionale Erstarrung zu durchbrechen, in der ich es mir schon fast häuslich eingerichtet hatte – so merkwürdig das klingen mag. Aber hier konnte ich keinen Arzt aufsuchen, hier wurden keine Untersuchungen gemacht, hier gab es keine Apparate, die meine erschreckte Seele beruhigen konnten, Vorsicht und Planung halfen hier nicht weiter. Ich ließ meine Finger nicht mehr dauernd nach irgendwelchen merkwürdigen Schwellungen unter meiner Haut tasten, ich versuchte, Schmerzen und Ängste wegzuschieben, und sagte mir: «Ein einziger Monat ändert auch nicht viel.»

Aber natürlich änderte ein Monat sehr viel, weniger in Bezug auf meine Krankheit als in Bezug auf meine Gesundheit. Ich empfand einen tiefen inneren Frieden, als ich wieder in diese uralte Wüste reiste, Nisa neben mir. Trockene, kühle Luft wehte durchs Fenster herein, streichelte mir über Arme und Nacken und vertrieb die Hitze, die vom Motor aufstieg. Wir fuhren immer weiter, wir folgten den Konturen des Landes, mit seinen Sanddünen und mit den kargen offenen Flächen, den Hebungen und Senkungen, so weit das Auge reichte.

In der Nähe eines Dünenkamms, in einer Gegend namens *Gaing Na Ho,* drosselte Baitsenke das Tempo, schaltete auf Vierradantrieb und bog in den Busch ein. Während der Truck mühsam den Abhang hinaufschnaufte, schaukelten unsere Mitfahrer hin und her, wie auf einem Segelboot, das bei rauer See durch die Wellen manövriert. Einer der Männer ging voraus und dirigierte Baitsenke, damit er besser an den Löchern und Dornbüschen vorbeikam. Etwa fünfhundert Meter von der Grenze entfernt, unter einer Gruppe majestätischer Mongongonussbäume, gab er Baitsenke ein Zeichen und wir hielten an. Hier, mitten in der Weite der Wildnis, wollten wir unser Lager aufschlagen.

Die Aussicht auf frisches Fleisch und süße Beeren war sehr verlockend, deshalb arbeiteten alle schnell und effizient. Das Unterholz wurde entfernt, man teilte ein, wer wo schlafen würde: Kxau und Bau, ein verheiratetes Paar mittleren Alters, legten ihre Decken ein Stück vom zentralen Feuer entfernt aus, neben einem kleinen Privatfeuer; Dikau, Kxaus Schwägerin, schloss sich ihnen an, steckte aber ein paar Zweige senkrecht in den Sand, um ihren Bereich zu markieren. Außer Baitsenke, dessen stabiles Zelt seinen ängstlichen Respekt vor der Wildnis widerspiegelte, räumten wir uns alle rund um das zentrale Feuer herum Schlafplätze frei. Ein großer toter Baumstamm war mit den Wurzeln voran in die Mitte gezerrt worden und teilte unseren Kreis wie ein Uhrzeiger. Er würde den ganzen Tag brennen, bis tief in die Nacht hinein.

Ich legte meine Decken neben Nisas Schlafplatz, nicht weit vom Truck und von Baitsenkes Zelt. Ob das zusätzlichen Schutz bedeutete, konnte ich nicht einschätzen, aber es kam mir so vor. Auf Nisas anderer Seite ließ sich Kumsa nieder, der seinem Beinamen Kumsa-der-Jäger immer noch alle Ehre machte; er wurde, wie schon erwähnt, von seiner Tochter Kxaru und deren dreijährigem Sohn Dem begleitet. Dem war das einzige Kind im Lager. Außerdem war da Toma, der Ehemann von Kumsas anderer Tochter, die mit ihrem Sohn in Dobe geblieben war. Kumsa war der Patriarch dieser Gruppe. Er kannte sich mit den alten Sitten und Gebräuchen sehr gut aus und es war ihm wichtig, dass diese auch in seinem Dorf erhalten blieben.

Kumsa war mit Tasa verheiratet gewesen, der Namensschwester meiner Tochter Sarah. Sie hatten drei Kinder gehabt. Als Tasa starb – vermutlich an Tuberkulose –, war sie erst Mitte dreißig. Sie war eine ausgesprochen hübsche, kluge Frau. Erst vor kurzem, also viele Jahre nach ihrem Tod, hatte Kumsa wieder geheiratet, aber seine Braut, die fünfunddreißig Jahre jünger war als er (und damit jünger als seine beiden Töchter), hatte ihn schon ein paar Monate vor meiner Ankunft verlassen.

Auf Kumsas anderer Seite ließen sich drei Leute aus Kxomas Dorf nieder: Kxomas energische Ehefrau Nisa, ihre Nichte Nukha und deren Ehemann Kantla. Kxoma selbst, der Namensbruder meines Sohnes Adam, war immer noch auf der Jagd. Der Letzte im Kreis war Gau, ein groß gewachsener, bescheidener Mann, der in einer kleinen Siedlung lebte, die ebenfalls zum Dobegebiet gehörte. Mit Baitsenke und mir waren wir sieben Frauen, sechs Männer und ein Kind.

Es wurde Tee gekocht und herumgereicht, der vom Milchpulver und vom Zucker ganz dickflüssig war. Für den Einbruch der Dunkelheit war eine reichhaltigere Mahlzeit geplant. Dann brachen alle auf, die Frauen, um *Kama ko*-Beeren zu sammeln, die Männer, um zu jagen.

Ich schloss mich den Jägern an. Unterwegs beobachtete ich, wie sie die Spuren im Sand deuteten und flüsternd ihre Strategie planten. Ich spürte die elektrisierende Spannung, sobald ein Tier in der Nähe auftauchte, aber ich hatte nicht die geringste Angst, solange die Männer bei mir waren, sondern fühlte mich stark und lebendig – um *dieses* Gefühl wiederzufinden, hatte ich die lange Reise gemacht.

Meine Fotoapparate, die Feldflasche und das Notizbuch hatte ich in einem Stofftuch verstaut, das ganz traditionell um die rechte Schulter geschlungen war (eine der Frauen hatte mir dabei geholfen). So folgte ich den Männern, die im Gänsemarsch vorangingen. Ich lief gleich hinter Kumsa, der sich bereit erklärt hatte, sich um mich zu kümmern. Rasch und entschlossen durchquerten die Männer das wilde Terrain, verließen den Schutz der Mongongobäume, eilten die Anhöhe hinunter in die Senke, wo die Bewaldung endete und nur noch niedriges Gesträuch wuchs. Sie unterhielten sich, und wenn sie Spuren sahen, die zu alt waren, um Jagdglück zu versprechen, senkten sie kaum ihre Stimmen.

So gut ich konnte, passte ich mich ihrem Tempo und ihrem Rhythmus an und kam nur aus dem Takt, wenn ich mit meinen schweren Stiefeln durch die Sandschicht brach und in einem der darunter liegenden Mäusetunnel landete. Die Sonne stand im Westen, sie wärmte Gesicht und Arme, während sich die winterliche Brise kühl und erfrischend anfühlte. Die Luft war so klar, das Land so unberührt. Ein tiefes Glücksgefühl durchströmte mich, während ich alles um mich herum tief in mich einsog.

Als wir ein Kudu von seinem Lagerplatz aufscheuchten und sein Hufschlag in der Ferne verhallte, steigerte sich dieser innere Jubel fast bis zur Ekstase. Ich hörte einen Chor enthusiastischer Stimmen im Kopf: «Du hast es geschafft, Marjorie», riefen sie. «Du bist hier, im Busch, du gehst mit diesen Männern, die echte Bogen und vergiftete Pfeile tragen, auf die Jagd, und ihr jagt richtige Tiere!»

Ich erkannte die Stimmen meiner Freunde, meiner Familie, meines Mannes – der Menschen, die darauf hofften, dass ich wieder gesund wurde und dass die Seelenqualen aufhörten. In Gedanken rief ich ihnen zu: «Ich danke euch! Ich danke euch dafür, dass ihr mir beisteht.»

Bei Sonnenuntergang waren alle wieder ins Lager zurückgekehrt. Nachdem die Frauen ihre *Kama ko*-Beeren und die anderen Dinge, die sie im Busch gesammelt hatten, verstaut hatten, bereiteten sie ihr Nachtlager vor. Die Männer hatten bei der Jagd keinen Erfolg gehabt. Sie sprachen über Tiere, über die Probleme beim Spurenlesen und planten mögliche Strategien für den nächsten Tag. Gemeinsam aßen wir Maisbrei, gewürzt mit Öl und Salz. Nur Baitsenke kochte sich seine eigene Mahlzeit, die etwas üppiger ausfiel. Dazu wurde wieder Tee gereicht. Alle probierten von dem frisch gesammelten, gerösteten *Gwea*- und *Sha*-Wurzeln. Beide Feuer loderten hell. Ich setzte mich zuerst zur einen Gruppe und anschließend noch eine Weile zur anderen. Dann zog ich noch ein paar zusätzliche Pullover und Socken über, breitete meine Decken über den Schlafsack und kroch hinein.

Die anderen unterhielten sich jetzt etwas leiser und bereiteten sich ebenfalls aufs Schlafen vor, wickelten sich zum Schutz gegen die Kälte in ihre Decken und rieben die Füße aneinander, um warm zu werden. Hier waren wir, vierzehn Menschen in der Wildnis – so klein unter dem Baldachin der Mongongobäume, kleiner noch angesichts der endlosen Weite dieser Urlandschaft, völlig unscheinbar im Licht der fernen Sterne – eine Szene, so alt wie die Menschheit.

Stunden später wachte ich auf. Um mich herum herrschte tiefe Stille. Die leisen Geräusche – ein Husten, das Zischen der Holzkohle – wurden von der Nacht verschluckt. «Genau hier will ich sein, nirgends sonst», dachte ich. Ich sah die Schönheit der Gestirne über mir, die Umrisse der riesigen Nussbäume, ich atmete die Klarheit der kalten Nachtluft – und schlief wieder ein.

Am nächsten Tag begleitete ich Kumsa und seinen Schwiegersohn Toma (beide schon über fünfzig) bei ihrem zweiten Jagdgang. Die Sonne schien hell vom winterlichen Himmel. Wieder stiegen wir in die Ebene jenseits der Nusshaine hinunter. Schon nach ein paar Minuten hätte ich den Rückweg allein nicht mehr gefunden.

Die Männer gingen schnell, mit gleichmäßigen Schritten. Eine Schlange floh in ihr Loch – hätte sie es nicht getan, dann hätten die Männer sie ganz selbstverständlich getötet. Gleich darauf entdeckten sie riesige Spuren. «Kudu», flüsterte Kumsa mir zu und machte ein Zeichen: «Zwei.» Mit meinen Fotoapparaten, dem Proviant und der Feldflasche hatte ich doch etwas Mühe mitzuhalten. Nur gut, dass ich schon vor ein paar Monaten mit einem Fitnessprogramm angefangen hatte! Plötzlich blieben die Männer stehen und horchten angestrengt.

Als sie weitergingen, hatte sich die Atmosphäre völlig verändert. Alles Spielerische war verschwunden, sie wirkten angespannt, verständigten sich mit Handzeichen, bewegten sich langsam und gebückt. Fast gleichzeitig holten sie einen Pfeil aus dem Köcher. Die Pfeile waren für die Jagd frisch in Gift getaucht worden. Mit der tödlichen Waffe in der Hand schlichen sie lautlos weiter.

Da ich wusste, dass ich für sie jetzt eher eine Belastung war, ließ ich mich zurückfallen. Jedes noch so leise Knacken klang in der Stille wie eine Explosion. Ich traute mich nicht einmal zu fotografieren, weil das Klicken der Kamera gestört hätte.

Dann ein lauter Aufschrei, auf den sofort ein zweiter folgte. Ich sah nur noch einen braunen Schatten, der blitzschnell davonraste. Schon waren die Kudu verschwunden, das Trappeln ihrer Hufe klang wie panisches Herzklopfen, das immer leiser wird.

Die Männer ließen sich nicht entmutigen. Sie beschlossen, die Tiere getrennt zu verfolgen. Toma ging nach Westen, während Kumsa mir zuwinkte, ich solle ihm nach Osten folgen.

Wir ließen uns von der Tierfährte leiten. Kumsa gab ein zügiges Tempo vor. Nach anderthalb Stunden Marsch fragte ich mich schon, ob wir je wieder umkehren würden – es ging auf und ab, durch niedriges Dornengestrüpp, durch waldiges Gebiet, immer weiter –, aber auf einmal ging Kumsa in die Hocke und gab mir zu verstehen, ich solle es ihm nachtun. Offenbar war das Kudu nicht weit von uns entfernt. Geduckt huschte er weiter, jede seiner Bewegungen genau kalkuliert, alle Muskeln angespannt. Ich gab mir Mühe, mich so zu bewegen wie er – präzise und leise.

«Rrrrrrr» – ein lautes Rasseln ließ mich innehalten. Was war das? Da, noch einmal! Es klang fast wie Kastagnettengeklapper. Vorsichtig stellte Kumsa seinen Beutel mit dem Bogen und dem Köcher ab, zog seine Hose, seine Schuhe und Socken aus, die hauptsächlich aus Löchern bestanden, und stand nun barfuß da, nur in seinem ledernen Lendenschurz. Pfeil und Bogen schussbereit, schlich er in die Richtung, aus der das Geräusch gekommen war. Diesmal signalisierte er mir, ich solle zurückbleiben.

Müde und hungrig setzte ich mich in den Schatten eines Mongongobaumes, aß ein paar Rosinen und Cracker und trank einen kräftigen Schluck Wasser aus meiner Feldflasche. Das Gefühl der Sicherheit, das Kumsa mir vermittelt hatte, schwand langsam. Jedes Geräusch ließ mich zusammenzucken. Was sollte ich tun, wenn er nicht zurückkam? Oder wenn plötzlich ein Raubtier auftauchte – ein Löwe, ein Leopard, ein Wildhund, eine Hyäne, ein Gepard? – Meine Phantasie kannte keine Grenzen. Ich schaute mich um, ob es irgendwo einen Baum gab, auf den ich klettern konnte, aber entweder war der Stamm zu dick oder die Rinde zu glatt, oder die Zweige waren unerreichbar.

Ich war immer noch dabei, einen Fluchtweg für eine potenzielle Löwenattacke zu suchen, als Kumsa wieder auftauchte – ebenso geräuschlos, wie er verschwunden war. Er hatte das Kudu sehr weit verfolgt, aber als er versucht hatte, es mit seinem Pfeil zu erlegen, hatte er danebengeschossen, und das Tier war entkommen. Wenn er allein gewesen wäre, hätte er die Verfolgungsjagd sicher fortgesetzt, aber meinetwegen hatte er kehrtgemacht, hatte das Kudu laufen lassen und den tödlichen Pfeil irgendwo im Gras stecken lassen.

Wir saßen nun gemeinsam im Schatten und stärkten uns. Kumsa redete über das Tier, über die verpasste Gelegenheit und den verlorenen Pfeil.

Ich unternahm den vorsichtigen Versuch, das Thema zu wechseln, weil ich gern über die Ereignisse der letzten vierzehn Jahre reden wollte. Ich erkundigte mich nach verschiedenen Leuten, aber vor allem wollte ich etwas über sein eigenes Leben erfahren – und über Tasas Tod. Zuerst erzählte er mir allerdings von dem jungen Mädchen, das er vor kurzem geheiratet hatte. Sie habe ihn nach ihrer ersten Menstruation verlassen, sagte er. Zwar hatte sie schon mehrere Monate mit ihm zusammengelebt, aber «als sie zu ihren weiblichen Verwandten ging, um den Menstruationstanz zu zelebrieren, ist sie nicht zurückgekommen». Die beiden hatten keine sexuelle Beziehung gehabt, weil das Mädchen noch zu jung gewesen war.

Die Tradition schreibt vor, dass die erste Menstruation mit einem Ritual begangen wird. Die anderen Frauen tanzen, singen und jubeln. Während sie draußen vor der Hütte provozierend ihre Weiblichkeit zur Schau stellen, sitzt das junge Mädchen mit bedecktem Kopf darin, isst kaum etwas und spricht nicht.

Schon bevor sie das erste Blut sieht, weiß sie genau, was ihr bevorsteht. Sie hat es bei den anderen Frauen beobachtet, ihr ist klar, dass sich ihre ganze Haltung ändern muss. Und dazu muss sie sich zunächst hinsetzen, den Kopf bedecken und schweigen. Die anderen Frauen erkennen diese Signale, flechten ihr Perlen und Schmuck in die Haare und reiben ihre Haut mit Öl ein. Wenn sie dann «schön gemacht» ist, führt man sie in eine Hütte, die speziell für diese Zeremonie vorbereitet wird.

Die Männer dürfen das Gesicht des Mädchens nicht sehen. «Es kann ihnen bei der Jagd schaden», heißt es. Angeblich werden bei der ersten Menstruation starke spirituelle Kräfte freigesetzt, ähnlich wie bei Trancezuständen. Eine Frau erzählte mir: «Wenn doch ein Mann das Gesicht des Mädchens bei der Zeremonie sieht und die Frauen es merken, dann nehmen sie ihr alles weg, was sie ihr gegeben haben, und schneiden ihr sogar die Haare ab. Und sie erklären die Zeremonie für beendet.»

Deshalb bedeckt das Mädchen den Kopf, und die Männer sitzen in einer gewissen Entfernung zur Hütte – aber doch nicht so weit weg, dass sie nicht zuschauen und lautstarke Kommentare dazu abgeben können, wie die Frauen beim Tanzen ihr Hinterteil bewegen. Diese Zeremonie ist nämlich der einzige Anlass, bei dem die Frauen diesen Körperteil, den sie ansonsten eher bedecken, öffentlich präsentieren.

Das Mädchen bleibt drei bis vier Tage in der Hütte und geht immer nur kurz in den Busch (diesen Ausdruck verwenden die !Kung als Euphemismus für «auf die Toilette gehen»). Draußen wird immer wieder getanzt und gesungen, bis die Blutung aufhört. Danach wird die junge Frau gewaschen, mit Kräutern und Öl eingerieben und aus der Hütte herausgeführt. Sie muss sich jetzt bestimmten Ernährungstabus unterwerfen, aber ansonsten führt sie das gleiche Leben wie vorher, außer dass ihr gesamtes Verhalten «reservierter» wird, um ihren neuen Status auszudrücken. Bei der zweiten Menstruation wird die Zeremonie wiederholt, und danach beginnt langsam – ganz, ganz langsam – ihre Reise in die Welt der Erwachsenen.

Traditionellerweise heiraten !Kung-Mädchen vor ihrer ersten Menstruation. Diese tritt etwa im Alter von sechzehneinhalb Jahren ein, also wesentlich später als bei jungen Mädchen in den USA, bei denen das Durchschnittsalter bei zwölfeinhalb liegt. Warum bei uns die Regelblutung so viel früher einsetzt, weiß niemand genau, aber es gibt verschiedene Erklärungsversuche dafür: bessere Ernährung, weniger Bewegung, künstliches Licht. Der frühe Menstruationsbeginn scheint allerdings ein relativ neues Phänomen zu sein, das es erst seit etwa hundertfünfzig Jahren gibt. Davor begannen auch bei den Mädchen in unseren Breiten die Blutungen mit etwa fünfzehn Jahren, ähnlich wie bei den meisten jungen Frauen in der heutigen Dritten Welt.

Für Kumsa bedeutete die Menstruationszeremonie das Ende seiner Ehe. Die junge Braut kam nie wieder in seine Hütte zurück und lebte wieder bei ihren Eltern.

Kumsa hatte offenbar keine Ahnung, warum. Bestimmt hatte ihr Entschluss etwas mit dem Altersunterschied zu tun: Er war immerhin fünfunddreißig Jahre älter als seine Braut; sie war also zehn Jahre jünger als sein jüngstes Kind! !Kung-Ehen werden arrangiert. Zwar werden Leidenschaft und Zuneigung durchaus respektiert, aber die Auswahl treffen letztlich die Eltern – nach bestem Wissen und Gewissen. Eigentlich ist es nicht üblich, dass junge Mädchen so alte Männer heiraten, aber es kommt durchaus vor. Kumsas eigene Tochter Kxaru war jetzt Mitte zwanzig und mit einem Mann verheiratet, der so alt war wie ihr Vater, also fünfundzwanzig Jahre älter als sie. Aber diese Ehe schien zu funktionieren.

Wir wechselten das Thema. Bei meinem letzten Aufenthalt hatte Kumsa als ausgezeichneter Heiler gegolten. Ich fragte ihn nach seinen Heilkräften, aber er antwortete bedrückt: «Ich habe nur noch wenig Kraft. Ich habe alle Kraft verbraucht, als ich versucht habe, Tasa zu heilen.» Dann schilderte er Tasas Krankheit. Blut sei aus ihrer Brust gequollen. Er hatte unermüdlich versucht, sie zu heilen, aber ihr Zustand hatte sich zunehmend verschlechtert. Manchmal hatte Kumsa vor lauter Anstrengung nachts gar nicht geschlafen, und um ihr irgendwie beizustehen, blieb er quasi den ganzen Tag in Trance. Aber am Schluss «weigerte sich Gott, mir zu helfen», sagte er. Und Tasa starb.

Wir beschlossen weiterzugehen. Nach einer halben Stunde deutete Kumsa auf Spuren im Sand. «Leopard», sagte er, schien aber nicht weiter besorgt. Ich erschrak. Aber weil Kumsa bei mir war, beruhigte ich mich schnell wieder.

Wir kamen an die Stelle, wo er auf das Kudu geschossen hatte. Er suchte in dem trockenen Gras nach seinem Pfeil, und seine Handbewegungen schienen auf einen inneren Dialog über die missglückte Jagd hinzudeuten. Er war sicher sehr enttäuscht. Aber ich bewunderte ihn maßlos dafür, wie gut er diese Gegend kannte, wie exakt sein Orientierungssinn war, der ihn an diese Stelle zurückgebracht hatte – so wie er ihn vorhin zu mir zurückgeführt hatte.

Es dauerte eine ganze Weile, bis er den Pfeil fand. Ich half ihm dabei und wünschte mir, ich würde ihn zuerst sehen und könnte dann ganz beiläufig sagen: «Suchst du das hier?» Ich freute mich immer noch über den Beinamen, den ich beim letzten Aufenthalt bekommen hatte: «Marjorie-die-Dinge-Seherin» – weil ich einmal noch vor den Jägern ein Tier erspäht hatte.

Aber jetzt schien das Unterfangen aussichtslos. Die untere Hälfte des Pfeils bestand aus Schilf und hatte die gleiche Farbe wie Gras, trockene Blätter und Sand – das heißt, die Farbe unserer gesamten Umgebung. Die Spitze des Pfeils war zwar aus Metall, aber sie hatte sich sicher tief in den Boden eingegraben. Im Grunde suchten wir nach der sprichwörtlichen Nadel im Heuhaufen.

Schließlich wurde Kumsas Ausdauer doch noch belohnt:

Er fand den Pfeil, und wir machten uns wieder auf den Weg, aber die Jagd war damit abgeschlossen. Stattdessen gruben wir nach *Sha*-Wurzeln. Als wir uns nach einiger Zeit wieder im Schatten ausruhten, antwortete Kumsa wieder sehr bereitwillig und gewissenhaft auf meine Fragen. Ich wollte wissen, ob !Kung-Männer ihre Frauen schlagen und was er davon halte.

Ja, meinte er, ein Mann habe das Recht, seine Frau zu schlagen, wenn sie nicht auf ihn höre oder wenn sie faul sei. Das sei Sitte. Und ja, er habe Tasa geschlagen.

Sein Gesicht wurde ganz traurig, als er weitererzählte. «Am Anfang unserer Ehe habe ich sie ein paar Mal geschlagen. Sie war noch jung, und ich habe einen Riemen genommen und habe so hart zugeschlagen, dass die Haut an ihrem Oberschenkel aufplatzte. Aber dann habe ich gesehen, was ich getan hatte, ich habe das Loch in ihrem Bein gesehen, den hässlichen Fleck. Da habe ich gewusst, dass ich es nie wieder tun wollte. Und ich habe es nie wieder getan. Manchmal war ich kurz davor, aber ich habe es nicht getan.»

Junge Männer seien oft gewalttätig, sagte er, und seine Stimme wurde jetzt wieder lauter und lebhafter. Vor allem, wenn sie getrunken hätten. Deshalb sei er dafür gewesen, dass Kxaru Toma heiratete, obwohl er schon fast ein alter Mann war.

Vor vielen Jahren hatte Tasa mir von einem Streit mit Kumsa erzählt. Die Herzen der Männer und die Herzen der Frauen seien ganz verschieden, hatte sie gesagt. «Das Herz des Mannes ist wichtig. Das Herz der Frau ist nicht wichtig, weil sie keine Kraft hat, sich zu wehren. Wenn er sie zu Boden stößt, kann sie nichts tun, weil die Männer so stark sind. So hat Gott uns geschaffen.» Und nach einer kurzen Pause hatte sie noch hinzugefügt: «Das Herz einer Frau ist genau wie das des Mannes, wenn sie wütend ist. Aber sie hat keine Kraft. Deshalb ist ihre Wut bedeutungslos. Ich habe nämlich noch nie eine Frau gesehen, die so stark ist wie ein Mann und die ihn mit der gleichen Kraft abwehren kann.»

Es war noch etwa eine Stunde bis zum Einbruch der Dunkelheit. Die Sonne warf lange Schatten über das Land, als wir nun zum Lager zurückgingen. Bäume, Gräser, Büsche – alles raschelte und wisperte und erzählte Geschichten von Welten jenseits aller menschlichen Erfahrung. Der Wind wogte durchs goldene Gras, geheimnisvoll, ungreifbar. Die Antworten schienen in der schattigen Dunkelheit zu liegen.

Im Lager sprach es sich schnell herum, dass wir nichts erreicht hatten. Den anderen Jägern war es nicht viel besser ergangen, allerdings hatten zwei Männer einen Termitenhügel mit einem Tunnel gesehen, an dessen Öffnung frische Stachelschweinspuren zu erkennen gewesen waren. Sie wollten am nächsten Tag dorthin zurückgehen, in der Hoffnung, auf diese Weise etwas gegen den allgemeinen Fleischhunger ausrichten zu können.

Die Frauen hingegen hatten einen überaus ertragreichen Tag gehabt. *Kama ko*-Beeren gab es in Hülle und Fülle, wie die vollgepackten großen Beutel bewiesen, in denen vorher staatliche Hilfsmittel verteilt worden waren. Auf dem Markt brachte jeder Beutel einiges ein – sicher so viel wie ein ganzes Monatsgehalt. *Kama ko*-Beeren wurden von den Nachbarstämmen hoch geschätzt, weil man aus ihnen Bier brauen konnte.

Die Sonne verschwand jetzt hinter dem Horizont, und rasch senkte sich Dunkelheit über alles. Eine Mahlzeit wurde zubereitet und Tee gekocht. Nach sechseinhalb Stunden Marsch war ich körperlich extrem erschöpft, die Füße taten mir weh, und ich hatte überall Blasen. Wie gern hätte ich jetzt ein Stück mageres Fleisch gegessen! Aber es war trotz allem ein wunderschöner Tag gewesen.

«Ich habe das Gefühl, dass diese Landschaft heilende Kräfte besitzt», schrieb ich abends in mein Tagebuch. «Selbst wenn sie mich nicht tatsächlich heilt, tun mir die Tage hier doch sehr gut. Die Wildnis in ihrer Weite, die mir ein *Zhun/twa* erschließt – sie gehört zu den überwältigendsten Eindrücken auf dieser Welt. Für mich ist der Friede hier allumfassend.»

KAPITEL 7 Löwen in der Nacht

An unserem zweiten Morgen im Busch fuhren Baitsenke und ein paar der Männer mit dem Truck los, um unsere fast leeren Wassercontainer aufzufüllen. Ihr erstes Ziel war eine Wasserpfanne namens *Gautcha*, die ganz in der Nähe lag. Falls es dort kein Wasser gab, würden sie zum Brunnen im Dobegebiet fahren. Die Stachelschweinjagd sollte erst nach ihrer Rückkehr beginnen, da der Mann, der den Termitenhügel entdeckt hatte, mitfuhr.

Ich schloss mich solange den Frauen an. Eigentlich war es mir ganz Recht, dass ich nicht gleich wieder auf die Jagd gehen konnte. Ich folgte Nisa, die gemeinsam mit den anderen aufbrach. Wir überquerten eine Sandebene mit Hochgras und niedrigen Büschen und gingen dann nach Süden zu den waldigen Gebieten, wo die begehrten *Kama ko*-Beeren wuchsen. Wir hatten vereinbart, uns nicht allzu weit von der Grenzstraße zu entfernen, damit der Truck mich später abholen konnte. Ich wollte ja an der Stachelschweinjagd teilnehmen.

Die sechs Frauen gingen von Busch zu Busch, selbstbewusst, fleißig, ganz auf ihre Arbeit konzentriert. Aber trotzdem unterhielten sie sich fröhlich dabei. Ich half beim Sammeln und aß dabei immer wieder eine Handvoll der saftigen, süßen Beeren. Wichtiger war es mir allerdings, die Frauen zu beobachten, zu fotografieren und ihnen Fragen zu stellen.

Plötzlich rief jemand: «Löwen! Hwantla – komm, sieh dir das an.» Im Sand konnte man Spuren erkennen, die wie riesige Hundepfoten aussahen. «Es waren zwei», erklärte eine der Frauen. «Sie waren in der Nacht hier.» Das hieß, vor mehreren Stunden. Die Frauen schienen nicht weiter beunruhigt, und im hellen Tageslicht, umgeben von so vielen Menschen, fürchtete ich mich nicht.

Nach ungefähr zwei Stunden wurde es richtig heiß. Ich merkte, dass meine Kräfte nachließen, also ging ich ein Stück voraus und setzte mich in den Halbschatten. Ich mochte es zwar nicht zugeben, aber ich fand diese morgendliche Unternehmung irgendwie langweilig. Im Vergleich zu den Sammelexpeditionen in der Vergangenheit war die *Kama ko*-Aktion wenig aufregend. Früher hatten die Frauen alle möglichen verschiedenen Pflanzen gesammelt: Nüsse, Wurzeln, Früchte, Gemüse – bis zu 105 Arten fanden sich am Abend in den Sammeltaschen. Jetzt gingen sie wesentlich effizienter vor und widmeten sich fast ausschließlich dem Beerensammeln.

Die Blätter raschelten im Wind, ein Vogel trillerte eine komplizierte Melodie. Die kleinen Wolken am blauen Himmel formten sich zu immer neuen Gestalten. Als Kind hatte ich es geschafft, gefährliche Wolkenmonster in gutmütige Freunde zu verwandeln, indem ich einfach meine Sichtweise änderte. Auch jetzt meldete sich das Kind in mir und erinnerte mich daran, dass ich das Universum verändern konnte. Oder zumindest meine eigene kleine Welt. Ich machte mich ganz schwer, ließ mich fallen und versuchte, mir ins Gedächtnis zu rufen, wie das Leben früher gewesen war, vor meiner Krankheit, vor den Kindern, vor der Ehe – und bevor ich Begriffe wie «effizient» kannte …

Warum war ich überhaupt hierher gekommen? Wollte ich anthropologische Studien machen? Wollte ich fotografieren? Oder nur Nisa wiedersehen? Warum verband mich eine so tiefe Liebe mit dieser Landschaft? Woher kam dieses starke Gefühl, dass die traditionelle Lebensweise dieser Menschen mir so sehr entsprach? Was würde ich dieses Mal lernen?

Ich blickte zu Nisa hinüber. Mit ihren achtundsechzig Jahren arbeitete sie ebenso ausdauernd wie die jüngeren Frauen. Ich fühlte mich ihr sehr nah – zum ersten Mal, seit ich hier war. Bis jetzt war sie eigentlich eher anstrengend gewesen, mit ihren ständigen Forderungen und Vorwürfen, als sei es ihr gar nicht bewusst, dass wir beide auch anders miteinander sprechen konnten.

Diese ärgerlichen Gefühle meinerseits waren keineswegs neu. Vor zwanzig Jahren hatte Nisa in meinem Lager gesessen und ununterbrochen auf mich eingeredet, ebenso wie jetzt. Zu allem und jedem hatte sie ihre Kommentare abgegeben, hatte Fragen gestellt und mich ausgequetscht. Natürlich waren auch andere Leute da gewesen, die das Gleiche wollten wie sie. Aber Nisas Anwesenheit konnte man einfach nicht ignorieren. Ihre Stimme war sehr durchdringend und verlangte stets absolute Aufmerksamkeit, selbst wenn ihre Worte gar nicht so fordernd waren.

Nachdem ich mir damals tagelang endlose Vorwürfe angehört hatte, beschloss ich schließlich, dass ich etwas unternehmen musste. Ich drehte den Spieß einfach um. Statt dass ich versuchte, ihr pausenloses Gerede auszublenden, nutzte ich es in meinem Sinn: Ich fragte sie nach den Dingen, über die ich etwas erfahren wollte. Ich fragte nach Heilkräutern, die sich auf die Fortpflanzung auswirkten, ich fragte nach sexuellen Spielen bei Kindern. Ich fragte nach dem Sexualleben der Erwachsenen und nach den frühen Beziehungen innerhalb der Familie. Ich fragte Nisa nach ihrem eigenen Leben – und erfuhr faszinierende Details.

Es war, als hätte ich einen Schalter umgelegt: Nisa war stolz auf ihre neue Rolle und übertraf sich selbst. Sie redete viel offener und klarer über ihr Leben als alle anderen.

Wie gern wollte ich ihr zeigen, wie wichtig sie für mich war! Ich wollte ihr sagen, wie viel Zeit ich darauf verwendet hatte, ihre auf Band gesprochenen Worte ins Englische zu übersetzen und dabei möglichst keine Nuance zu überhören. Aber wie sollte ich ihr das vermitteln? Vielleicht dachte sie ja, sie sei nur eine Stimme unter vielen, die alle um meine Gunst konkurrierten. Natürlich konnte sie nicht leugnen, dass sie Kühe und ein Brenneisen besaß, denn diese Dinge hätte sie sich ohne mein Geld niemals leisten können. Aber das war die Vergangenheit. Vielleicht fing jetzt ein neues Kapitel an.

So ganz schaffte ich es immer noch nicht, mit meiner Zunge die Laute zu produzieren, die mein Gehirn forderte. Aber ich hatte mit allen mir zur Verfügung stehenden Mitteln versucht, Nisa zu sagen, dass sie einer der Hauptgründe für meine Rückkehr war und dass ich gern wieder mit ihr arbeiten würde, wenn sie Lust dazu hatte. Und ich hatte darauf bestanden, dass sie in den Busch mitkam. Vielleicht half das ja etwas.

Aber der Anfang in Dobe war wirklich schwierig gewesen. Nisa und ich hatten keinen rechten Zugang zueinander gefunden. Meine Ankunft war chaotisch verlaufen, und als ich schon am zweiten Tag nach meiner Ankunft in den Busch aufbrechen wollte, hatte sich das allgemeine Chaos noch gesteigert. Außerdem hatte ich viel Zeit – und viele Geschenke – darauf verwendet, alte Freundschaften zu erneuern und neue zu schließen.

Hier im Busch war alles anders. Wir lebten miteinander, die Besuchersituation war aufgehoben. Nisa wartete nicht auf mich, ich musste sie nicht besuchen, um ihr Fragen zu stellen. Hier konnte eine neue Vertrauensbasis entstehen. Wir wachten zusammen auf, wir aßen zusammen, und jetzt sammelten wir gemeinsam Beeren. Von Tag zu Tag verließ ich mich stärker auf sie, während sie allmählich einen versöhnlicheren Ton anschlug.

Aus der Ferne näherte sich ein dumpfes Brummen. Der Truck kam, um mich abzuholen. Endlich! Dies sollte meine zweite Stachelschweinjagd sein. Das Unternehmen stellte sich jedoch als eine Übung in Geduld und Ausdauer heraus.

Wir kamen zu dem Termitenhügel, in dessen Nähe die Männer gestern frische Stachelschweinspuren gefunden hatten. Diese Hügel waren riesige graue Gebilde und ein Beweis für die hochkomplexe Anpassungsfähigkeit und biologische Überlebenskunst der Tierwelt: In der sengenden Wüstensonne fungierten die Tunnel im Inneren als eine Art natürliche Klimaanlage, die den Termiten Kühlung brachte und sie am Leben erhielt. Springhasen, Stachelschweine und andere Tiere, die sich Gänge bauten, auch Schlangen und Fledermäuse, nisteten sich gern als Gäste ein und bauten sich in den kühlen, geschützten Erdstrukturen ihre eigene Unterkunft.

Die Männer erklärten, den Tunnel habe ursprünglich ein Springhase gegraben, er sei dann aber von einem Stachelschwein übernommen worden. An einem der vier Haupteingänge konnte man die Spuren des Stachelschweins erkennen, außerdem einen nassen Fleck im Sand, wo das Tier bei seinem hastigen Rückzug die Blase entleert hatte. Mit Taschenlampen und Streichhölzern versuchten die Männer, die Gänge zu erforschen. Toma, Kumsas Schwiegersohn, quetschte sich als Erster in die dunkle Öffnung. Ich hatte Angst, er würde ersticken, weil nur noch seine Füße zu sehen waren – wie viel Sauerstoff konnte es dort drinnen geben? Als er wieder auftauchte, waren seine Haut und seine Haare mit einer aschfarbenen Schicht bedeckt. Das Ergebnis seiner Forschungen war nicht gerade ermutigend: Er habe keine Ahnung, wo sich das Stachelschwein aufhalte, sagte er.

Es kostete einigen Mut, sich in die Tunnel zu begeben, sie waren unglaublich eng, und man suchte nach einem verschreckten Tier, das jederzeit zuschlagen konnte. Aber auf diese Art beschafften sich diese Männer ihre Nahrung – wenn sie Glück hatten.

Kumsa war als Nächster an der Reihe. Er schob sich noch tiefer in die Öffnung als Toma. Ich bestaunte seine Entschlossenheit, sein Durchhaltevermögen und seine Fähigkeit, in einer gefährlichen Situation den Überblick zu behalten und gelassen zu bleiben – eine Kunst, die ich erst lernen musste.

Aber auch Kumsa hatte keinen Erfolg. Nun wurde der mühsame Versuch unternommen, von oben ein Loch in den Hügel zu bohren, um so vielleicht auf den Gang zu stoßen, in dem sich das Tier versteckt hielt. Aber sämtliche Versuche schlugen fehl. Schließlich gaben die Männer auf – nach drei Stunden zäher Arbeit beschlossen sie, den Rückweg ins Lager anzutreten.

Wieder eine ergebnislose Jagd! Was war schief gegangen? Fünf Männer hatten drei Tage lang gearbeitet – ohne Resultat. Eine Untersuchung über die Jagdgewohnheiten der !Kung zeigte, dass im Durchschnitt nur jeder vierte Tag etwas einbrachte. Und dann waren die erjagten Tiere oft klein: Schlangen, Schildkröten oder Hasen. Nur selten waren sie ein bisschen größer: ein Steenbok, ein Waldducker. Oder sogar ein Springhase, ein Stachelschwein, ein Warzenschwein, eine Antilope.

Aber jetzt – gar nichts. Gab es weniger Tiere im Busch? Waren die Männer nicht so hungrig? Hatten sie nicht genug Übung? Oder war es einfach nur eine Pechsträhne? Egal, warum – die jüngeren Männer waren nicht mehr besonders erpicht darauf, die Kunst der klassischen Jagd zu erlernen. Und das war umso deprimierender, da es im Dorf kaum junge Männer gab, die schon erfahrene Jäger waren.

Die Frauen hingegen waren mit ihrer Ausbeute zufrieden. Sie schleppten auch diesmal wieder viele Säcke mit Beeren und Wurzeln an.

Als wir bei Einbruch der Dunkelheit das Lager erreichten, war ich wieder fix und fertig. Fast vier Stunden war ich gelaufen, nachdem ich an den vorhergehenden beiden Tagen jeweils etwa zehn Stunden unterwegs gewesen war. Die Füße taten mir weh, mein ganzer Körper schmerzte. Und meine Nerven waren irgendwie überreizt. Klar, ich war überglücklich, dass ich wieder in dieser Welt sein konnte – aber irgendetwas dämpfte meinen Enthusiasmus. Vielleicht hätte mir ein saftiges Stück Wild gut getan ...

Ja, vielleicht. Aber da war noch etwas anderes. Ich war unruhig. Und nicht nur mir ging es so. Den ganzen Tag über hatte das Thema «Löwen» die Unterhaltungen bestimmt; die Frauen hatten Spuren gesehen, und das machte alle nervös. Offenbar waren die Tiere in der Nacht ganz nah an unser ungeschütztes Lager herangekommen, während wir ahnungslos schliefen. In den Gesprächen, die um mich herum hin und her schwirrten, spielte das Wort *N'!hei*, Löwe, die zentrale Rolle.

Das Unbehagen zeigte sich auch am Umgang mit dem Feuer. Die Flammen loderten höher und heller als an den vorherigen Abenden. Baumstämme und schwere trockene Äste waren in der Nähe gestapelt, damit wir jederzeit nachlegen konnten. Außerdem gab es noch ein drittes Feuer, das um einiges größer war als die anderen beiden.

Sonst schien alles normal zu sein: Abendessen wurde gekocht, Wurzeln wurden geröstet und herumgereicht, man trank Tee und legte die Decken zum Schlafen bereit. Um acht war es schon seit fast zwei Stunden dunkel, der dritte körperlich anstrengende Tag ging zu Ende, und ich sehnte mich nach Schlaf.

Während die anderen sich noch unterhielten, kroch ich schon in meinen Schlafsack und schloss die Augen. Aber plötzlich war ich wieder hellwach. Ich schaute mich um und versuchte, meine Lage zu sondieren. Wie weit war ich von den anderen entfernt? Boten mir der Truck und Baitsenkes Zelt wirklich Deckung? Ich fühlte mich auf einmal vollkommen schutzlos, weil ich am Ende der Frauenreihe lag, am äußeren Rand der Gruppe.

Vielleicht verhinderten der Truck und das Zelt ja auch, dass ich es rechtzeitig bemerkte, wenn sich aus der Dunkelheit eine Gefahr näherte! Ich glaubte schon, im Busch hinter uns schleichende Schritte zu hören. Bestimmt weckten die Gerüche, die wir verbreiteten, bei den Raubtieren sämtliche Jagdinstinkte, ähnlich wie wir durch den würzigen Duft von gegrilltem Fleisch angelockt werden …

Hier saßen wir, eine winzige menschliche Insel, deren Grenzen durch den Feuerschein definiert wurde. Dahinter die Wildnis, wie ich sie kannte – mit Wurzeln und Beeren, mit harmlosen und wilden Tieren, mit Termitenhügeln und versteckten Tunneln – und noch weiter dahinter die Wildnis, von der ich keine Ahnung hatte.

Ich wurde immer aufgeregter. Warum lag ich nur so weit weg von den anderen! Ich fühlte mich wie am äußersten Ende einer Halbinsel. Wenn ein Löwe kam, schnappte er mich garantiert als Erste. Packt ein Löwe seine Beute am Bein und zerrt sie, das Fleisch fest zwischen den Zähnen, hinaus in die Nacht, während sie schreit und strampelt? Oder stürzt er sich gleich auf den Nacken – wie bei Kxomas Vater – und bricht seinem Opfer blitzschnell das Genick, um dann den schlaffen Körper durchs Gras zu schleifen, hinaus zu seinen Gefährten im Busch, die gierig auf frisches Fleisch warten?

Und wenn nur mein Tagebuch überlebte?

Was war das? Der Wind? Oder ein Lebewesen, das sich im Schutz des Windes lautlos heranpirschte? Ich stand auf und zog meinen Schlafsack an eine Stelle zwischen den beiden Kreisen, die um die Feuer herumsaßen. Hier fühlte ich mich besser geschützt. Wenn ich weggeschleppt werden sollte, würden die anderen es wenigstens mitbekommen – und vielleicht konnten sie mir dann sogar helfen.

Da kam mir eine Idee. Eigentlich gefiel sie mir nicht, aber verlockend war sie trotzdem. Ich könnte im Truck schlafen! Im Fahrerhäuschen war ich sicherer als hier auf der Erde. Aber wie konnte ich mich der Gefahr entziehen, während die anderen ihr immer noch ausgesetzt waren?

Andererseits war ich ja ohnehin eine Außenseiterin – insofern wäre mein Entschluss verständlich, wenn nicht sogar vernünftig. Ich hätte ihn mühelos rechtfertigen können: Die anderen kannten sich hier im Busch wesentlich besser aus als ich, sie konnten mit dieser Angst souveräner umgehen als ich, sie hatten Erfahrung mit Löwen. Und wenn sie befanden, dass es hier zu gefährlich war, mussten sie nur den Mund aufmachen – und schon würden wir nach Dobe zurückfahren.

Aber ich wollte auch nicht kneifen, und die Flucht in den Truck hätte einem der heiligsten Prinzipien der Anthropologie widersprochen: teilnehmende Beobachtung. Um wirklich einschätzen zu können, was man beobachtet, muss man teilnehmen, man muss das tun, was die Eingeborenen tun. Und ich wollte ja die Welt der !Kung bis ins kleinste Detail kennen lernen – weniger aus anthropologischen Motiven als meinetwegen. Wie kam ich also auf den Gedanken, mich einfach zu entziehen? Nein, sagte ich mir, das kann ich nicht und das will ich nicht.

Baitsenke konnte sich wesentlich unbefangener aus allem heraushalten – was er ja auch tat. Für ihn war es nicht erstrebenswert, das zu tun, was die !Kung taten. Er wollte nicht herausfinden, wie die !Kung lebten, er konnte ohne Probleme zugeben, dass er ihre Traditionen nicht verstand. Schon bald nach dem Essen überprüfte er den Rahmen seines Zeltes, sicherte die Schnüre, krabbelte hinein und zog den Reißverschluss zu. Sein blaues Nylonhäuschen wirkte hier in der Buschlandschaft wie eine Raumkapsel.

Baitsenke hatte von mir und auch von den !Kung von den Löwenspuren erfahren. Die meisten !Kung beherrschten auch Setswana, seine Muttersprache. Wie jeder hier hatte er schon alle möglichen Löwengeschichten gehört. Über Begegnungen mit wilden Tieren im Busch – vor allem, wenn dabei Menschen ums Leben kamen – wurde in Zeitungen oder im Rundfunk ständig berichtet, und die Gerüchteküche trug das ihre dazu bei. Meistens glaubte man diese Geschichten, und sie hatten in der Regel auch einen wahren Kern, was die allgemeine Angst vor dem Busch noch steigerte.

Baitsenke selbst, dessen Job ja darin bestand, Touristen durch die Gegend zu kutschieren, gehörte dabei zu den wichtigsten Informationsquellen. «Auf dem Campingplatz im Moremi National Game Park haben angeblich Löwen ein Zelt aufgerissen und einen Touristen herausgezerrt», hatte er mir einmal erzählt und dabei das Wort «Tourist» genüsslich betont. Und: «Einmal hat ein Löwe einen Mann angegriffen, der im Fahrerhäuschen seines Trucks saß. Der Löwe hat die Windschutzscheibe zertrümmert und sich den Typen geschnappt.»

Aber jetzt konnte Baitsenke beruhigt in seinen Nylonwänden schlafen. Es war wesentlich wahrscheinlicher, dass wir anderen zuerst an die Reihe kamen.

Ich war zwar nicht von Nylonwänden geschützt, aber ich hatte das Gefühl, das Richtige getan zu haben, und das tröstete mich. Ich lag ganz still unter meinen Decken und lauschte dem Wind. «Ich kann ja auch später noch in den Truck gehen», dachte ich, während ich in die wogenden Baumgipfel hinaufschaute.

Die Reaktion der anderen hatte ich schon getestet, weil ich schrecklich Angst hatte, sie könnten mich auslachen. «Vielleicht sollte ich im Truck schlafen», hatte ich ganz nebenbei bemerkt. Ich hatte niemanden direkt angesprochen, aber doch laut genug geredet, sodass jeder mich hören konnte. Genauso verhalten sich in ähnlichen Situationen die !Kung selbst.

Ich hatte also keinen direkt gefragt, und dennoch hatten mich alle gehört. Und ich bekam tatsächlich die gewünschte Unterstützung. Dass diese indirekte Form der Kommunikation funktioniert, gehört zu den schönen Erfahrungen im Zusammenleben mit den !Kung. Die indirekte Methode ist so zentral, dass es sogar einen Begriff dafür gibt, nämlich *Wi*. «Ja, vielleicht solltest du im Truck schlafen», hatten ein paar Frauen geantwortet.

Nur Kxomas Frau widerprach. Sie hörte genau heraus, dass ich Angst hatte, und wollte mich darin nicht unterstützen. «Nein», sagte sie und nahm meine Matte und meine Decken und trug sie zurück an den Platz, wo ich vorher gelegen hatte. Ihre Haltung duldete keinen Widerspruch. «Wir Frauen sollten zusammen schlafen.»

Inzwischen waren mehrere Stunden vergangen. Die Leute unterhielten sich immer noch, was für diese Nachtzeit sehr ungewöhnlich war. Die Angst schien von Gruppe zu Gruppe zu wandern. Das ist ihre Welt, dachte ich und kroch noch tiefer in meinen Schlafsack. Sie wissen selbst am besten, wie sie mit dieser Situation umgehen müssen. Bestimmt hatten sie einen Plan. Wollten sie vielleicht die ganze Nacht Wache halten und im Feuer stochern? Keiner sagte, dass wir lieber wieder abfahren sollten, also sprach ich es auch nicht an. Meine Phantasiebilder beruhigten sich langsam. Das Gemurmel der anderen umschloss mich wie ein schützender Panzer, lullte mich ein wie ein Schlaflied …

Nach einer Weile wachte ich wieder auf. Ich hörte nur noch eine Stimme: Toma war noch wach. Aber mit wem sprach er? Die anderen lagen schon unter ihren Decken auf dem Boden, im warmen Feuerschein. Ein Mann stand auf und legte Holz nach, seinen Speer deutlich sichtbar in der Hand. Flüchtige Schatten tanzten um uns herum und huschten über die gefleckten Baumstämme, die die Grenzen unserer kleinen Welt markierten.

Schließlich legte sich auch Toma schlafen, redete aber immer noch leise vor sich hin. Er erzählte eine Geschichte von einem Löwen. Gau, ein jüngerer Jäger, brummte in regelmäßigen Abständen «Mmm» oder «Eh», aber ich konnte nicht unterscheiden, ob aus Höflichkeit oder aus echtem Interesse. Die Pausen zwischen seinen Einwürfen wurden nach und nach immer länger, und bald hörte man an seinem gleichmäßigen Atem, dass er eingeschlafen war. Toma redete unverdrossen weiter. Merkte er nicht, dass er nur noch mit sich selbst redete – oder war es ihm egal? Doch dann wurde auch seine Stimme immer leiser und langsamer: Ein Wort, noch ein Wort, und schließlich war auch er eingenickt – ohne seine Geschichte zu Ende erzählt zu haben.

Kurz darauf schreckte er wieder hoch, weil irgendwo im Laub etwas raschelte. «War das der Wind?», murmelte er. «Mmm», antwortete Gau, ohne sich aufzurichten. Und schon schnauften sie wieder im Duett.

Aber ich war jetzt hellwach. Ich schaute hinauf zu den Sternen. Wie weit weg sie waren! Es war doch völlig undenkbar, dass sie in unser Leben eingriffen, dass sie Wünsche erfüllten … Dann starrte ich wieder in die undurchdringliche Dunkelheit hinter den tanzenden Schatten. Mein Herz begann zu hämmern. Wo waren die drei lodernden Feuer? Wo waren die Leute, die Wache hielten?

Ich setzte mich auf. Um mich herum nur schlafende Gestalten. *Allein.* Der Wind verfing sich in einem niedrigen Busch, spielte mit den Blättern, sauste weiter. Was befand sich dort draußen, jenseits des Windes?

Der Rauch vom Feuer wehte in meine Richtung, die Flammen wurden neu entfacht, harte Schatten fielen auf die Bäume. Meine Augen wollten sich nicht schließen. Rastlos drehten sich meine Gedanken im Kreis. Sollte ich Wache halten? Im Lager war es still; bis auf den atmenden Chor der Schläfer und das leise Knistern des Feuers war kein Laut zu hören. Niemand stand auf, um Holz nachzulegen. Unter einer filigranen Schicht aus grauer Asche erstarb nach und nach die Glut.

Sanfte Schatten. Leiser Wind. Und über allem die teilnahmslos funkelnden Sterne. Ich lauschte. Ich wollte es hören, wenn sich eine Gefahr näherte. Vom Tod überrascht zu werden, aus dem Schlaf direkt ins Jenseits befördert zu werden, ohne vorher aufzuwachen – nach allem, was ich durchgemacht hatte, kam mir das vor wie Hohn und Spott! Ich wollte wenigstens den kurzen Moment des Triumphs auskosten: «Es war nicht der Krebs. Es war ein Löwe!»

Ein Hüsteln. Jemand drehte sich unter seiner Decke um. Dann war Nisa wach, ein Hustenanfall schüttelte sie. Sie tastete im Sand nach ihrer Pfeife, von der sie vollkommen abhängig war. Rauchen galt als Mittel gegen Atemnot. Aber immer wieder blies ihr der Wind erbarmungslos das Streichholz aus. Schließlich beugte sie sich vor und holte ein glühendes Stück Holzkohle aus dem Feuer. Vorsichtig hielt sie es an ihre Pfeife, inhalierte tief, genoss die Wirkung. Der Husten beruhigte sich.

Ich freute mich, dass ich endlich Gesellschaft hatte. «Eh, warum …», begann ich, während sie mit einem Stöckchen ihre Pfeife nachstopfte, damit sie besser brannte und der Geschmack würzig blieb. Ich schwieg kurz, um ihre Aufmerksamkeit zu bekommen. «Warum …», begann ich noch einmal. Ich wollte ihr zu verstehen geben, dass mich etwas beschäftigte. Dann stellte ich eine rhetorische Frage, wie sie bei den !Kung als sehr höflich gilt. «Warum weigert sich der Schlaf heute Nacht, zu mir zu kommen?»

«Eh, Mutter ...», antwortete Nisa sofort. Sie inhalierte den Rauch, hielt den Atem an, spuckte in den Sand und bedeckte die nasse Stelle mit kleinen, routinierten Bewegungen.

Nachdem die Präliminarien nun vorüber waren, setzte ich noch einmal an. «Ich weiß nicht, warum meine Augenlider sich weigern, geschlossen zu bleiben. Der Schlaf und ich, wir passen einfach nicht zusammen.»

«Eh», sagte sie, um mir zu zeigen, dass sie zuhörte. Ich wartete, aber sie redete nicht weiter. Sie legte die Pfeife beiseite, legte sich wieder hin und bedeckte die Pfeifenspitze mit Sand.

Wollte sie einschlafen? Dann wäre ich wieder allein, allein in dieser endlosen Nacht ... Ich nahm meinen ganzen Mut zusammen und sagte möglichst beiläufig: «Vielleicht sollte ich im Truck schlafen ...»

«Eh – vielleicht solltest du das tun», erwiderte sie im gleichen Ton – respektvoll, aber nicht wirklich interessiert. Sie wollte offenbar schlafen. Ich saß da und konnte mich nicht rühren. Irgendwie brachte ich es nicht über mich, zuzugeben, dass ich furchtbare Angst hatte und mich nach der Sicherheit des Trucks sehnte. Aber ich versuchte es noch einmal: «Der Schlaf ...»

Ehe ich weiter klagen konnte, unterbrach mich Nisa. «Dann geh und schlaf im Truck», sagte sie mit Nachdruck.

«Gut, dann mache ich das», sagte ich gehorsam, als wäre es ein Befehl gewesen.

Also packte ich mein Bettzeug in die Fahrerkabine. Die Sitzbank war nicht lang genug, ich musste die Beine entweder anziehen oder baumeln lassen. Und in der Breite hatte ich auch nicht genügend Platz, weil das Lenkrad so riesig war. Aber kaum hatte ich ganz leise die Tür geschlossen und es mir unter meinen Decken einigermaßen bequem gemacht, überkam mich ein wohliges Gefühl der Geborgenheit. Noch vor einer Woche hätte ich mir nicht vorstellen können, dass ich mich je im Leben wieder *sicher* fühlen würde. Angesichts der Panik, die meinen Alltag beherrschte, war mir der Tod manchmal wie eine willkommene Alternative erschienen. Doch hier fühlte ich mich sicher und geborgen.

Aber was dachten die !Kung jetzt über mich? Ich öffnete das Fenster einen Spaltbreit. Mit der Luft wehten alle möglichen Stimmen zu mir herein, Stimmen, die nur ich hören konnte. Sie zwängten sich in die enge Kabine, lachten, spotteten. «Ihr hättet sehen sollen, wie sie in den Truck gerannt ist!», rief eine der Stimmen. «Sie ist zu der Tür geflüchtet wie ein Vogel Strauß, der die Straße hinunterrast, um einem Truck zu entkommen!»

Lautes Gelächter. Wenn ein Strauß von einem Lastwagen aufgescheucht wird, rennt er los. Aber in welche Richtung? Die Straße entlang. Und was donnert hinter ihm her, während er um sein Leben rennt? Richtig – der Truck. Steckt in dem kleinen Kopf mit den riesigen Augen, der hin und her pendelt wie eine Wetterfahne im Sturm, nicht genug Intelligenz, dass er begreift, dass er von der Straße herunter und sich im Busch verstecken muss? Nein. Und zwar deswegen, weil ein Strauß im Busch nicht richtig rennen kann.

Ich muss absolut albern ausgesehen haben, dachte ich. Die Stimmen ließen mir keine Ruhe. «Sie ist so feige, sie hatte solche Angst, dass sie im Truck geschlafen hat!» Noch jahrelang würden die Leute sich diese Geschichte erzählen, immer wieder, würden sie übertreiben und nachspielen. Ich erinnerte mich gut daran, wie die Leute einen Archäologen nach dessen Abreise immer wieder nachgeäfft hatten. «Was machste da?», schrien sie mit schriller Stimme und hochgezogenen Augenbrauen. «Was machste da?» Der arme Mann hatte immer Wutanfälle bekommen, wenn jemand zu tief gegraben hatte, ohne vorher die darüber liegenden Erdschichten durchzusieben.

Aber dann meldeten sich andere Stimmen, die mir gut zuredeten. «Du hast genau das Richtige getan», versicherten sie mir. «Es wäre schrecklich für deine Familie, vor allem für deine Kinder, wenn dir etwas zustoßen würde!» Sie mussten ohnehin schon Opfer bringen, weil ich einen ganzen Monat nicht da war. Aber was war, wenn ich für immer verschwand, obwohl ich mich ohne Probleme in Sicherheit hätte bringen können? Sie würden es mir nie verzeihen, dass ich ein überflüssiges Risiko eingegangen war.

Hier im Fahrerhäuschen fühlte ich mich wie in einer Gebärmutter aus Stahl und Glas. Aber während ich noch dem Wind nachhorchte, tauchte ein neuer quälender Gedanke auf. Alle anderen schliefen. Selbst Nisa war wieder eingeschlafen. Hatte ich mir die Gefahr etwa nur eingebildet?

Aber als ich aus dem Fenster schaute, sah ich, dass die anderen keineswegs schliefen. Bei allen drei Feuern hatten sie Holz nachgelegt, sie saßen herum und unterhielten sich, als wäre es mitten am Tag. Ihre Stimmen waren laut und nervös. Alle beschäftigten sich irgendwie – als hätte es die Sonne einfach vergessen aufzugehen, aber die Menschen gingen trotzdem ihrem gewohnten Tagewerk nach. Das beunruhigte mich. Hatte ich etwa diese Hektik ausgelöst, weil ich in den Truck umgezogen war? Konnte es sein, dass ich, die keine Ahnung vom Leben im Busch hatte, ihre Ängste verstärkt hatte?

Nach und nach krochen alle wieder unter ihre Decken. Doch dann hörte ich plötzlich einen markerschütternden Schrei, den ich mein Leben lang nicht vergessen werde. Es war eine Frau, die schrie, aber ich kann diesen Laut kaum in Worte fassen, es war ein Urschrei, ein immer wiederkehrender Klageruf, ein rhythmisiertes Stöhnen, eine Kaskade des Schreckens, die aus den Abgründen der Seele drang.

Minuten vergingen. Die Stimme wollte und wollte nicht verstummen, das Schreien erfüllte die schwarze Nacht. Keine andere Stimme versuchte, sie zu beruhigen, zu trösten. Auch sonst war nichts zu hören. Es schien so, als würde die elementare Gewalt dieser Klage alles andere ersticken. War es ein Albtraum? War es Angst? Musste ich etwas unternehmen? Sollte ich vorschlagen, dass die Frau – und alle anderen Frauen – hinten auf dem Truck schlafen konnten? Sollten wir zusammenpacken und wegfahren?

Dann war es wieder still. Aber der Schrei gellte mir noch lange in den Ohren – bis mich der Schlaf schließlich doch noch erlöste.

Kurz vor der Morgendämmerung wachte ich auf. Die pechschwarze Dunkelheit wich zaghaften Grautönen. Die Feuer waren erloschen. Alle schliefen. Die Gefahr schien vorüber zu sein. Leise nahm ich meinen Schlafsack und meine Decken und ging zurück zu meinem ursprünglichen Schlafplatz.

Langsam wurde der Himmel hell, und die Leute erwachten: Eine Decke wurde festgezurrt, ein Arm ausgestreckt, jemand richtete sich auf. «Ich habe im Truck geschlafen», verkündete ich. Wieder wandte ich mich an niemanden direkt, aber ich sagte es laut genug, dass alle mich hören konnten. Ich wollte nicht den Eindruck erwecken, als hätte ich die Absicht, meinen Entschluss zu vertuschen, nur weil ich zu meinem Schlafplatz zurückgekommen war.

«Eh, tatsächlich», sagte Nisa, die jetzt auch wach war und gerade ihre Pfeife anzündete.

Ich wappnete mich gegen alle möglichen spöttischen Bemerkungen. Aber niemand sagte etwas. Im Gegenteil, alle schienen ebenso erleichtert wie ich, dass wir die Nacht überstanden hatten. Ich wandte mich an Kxau, einen alten Freund. Bei ihm war ich sicher, dass er mir nichts vormachen würde. «Die Löwen sind nicht gekommen», sagte ich vorsichtig. Und nach einer kurzen Pause fügte ich hinzu: «Aber ich hatte solche Angst!»

«Ich auch», sagte er, ohne jede Ironie. «Alle hatten Angst.»
Dadurch wurde ich schon wieder etwas selbstbewusster. Ich versuchte, mich über mein Verhalten lustig zu machen, um ihm die Möglichkeit zu geben, entsprechend zu reagieren: «Ich habe so gezittert, dass ich vor Angst fast gestorben bin. Ich habe um Schlaf gefleht, aber meine Augen wollten sich nicht schließen. Schließlich habe ich im Truck geschlafen.»

«Das war sehr klug», meinte Kxau ernst. «Wir haben alle gezittert. Hast du Bau, meine Frau, nicht gehört? Sie hat auch gezittert und laut geschrien.»

«Ja, ich habe sie gehört, aber ich wusste nicht, was los war. Hatte sie einen bösen Traum?»

«Uhn-uhn, es war kein Traum. Sie hat geschrien, weil sie Angst hatte. Angst vor den Löwen.»

KAPITEL 8 Dorfleben

Wir hätten unseren Aufenthalt im Busch verlängern können, aber niemand hatte große Lust auf noch so eine Nacht. Was mich betraf – ich war drei Tage lang ununterbrochen auf den Beinen gewesen, ich hatte die Menschen bei der Jagd und beim Sammeln beobachtet – mein Erlebnishunger war gestillt, fürs Erste jedenfalls. Und ich war körperlich sehr erschöpft. Alles tat mir weh – der Rücken, die Beine, die Füße. Meine linke Hüfte war schwarz und blau, weil ich dauernd in irgendwelche Mauselöcher eingebrochen und gegen die Dornbüsche gekommen war.

Kumsa-der-Jäger und Toma waren noch einmal auf die Jagd gegangen. Die anderen Männer hatten resigniert: Sie wollten nur ein Stück nach Süden gebracht werden. Dort lag ein Hain mit Mongongonüssen, und sie hofften, dass die Bäume dort ertragreicher sein würden als die hier im Lager. Die Ernte wurde durch den Zeitpunkt und die Menge des Niederschlags bestimmt, und da gab es je nach Landstrich erhebliche Unterschiede. Wir würden sie später auf dem Rückweg nach Dobe dort abholen.

Die Frauen hatten für sich endlich genügend *Kama ko*-Beeren gesammelt, wollten aber noch welche für die Männer im Lager holen, die «ihre Frauen nicht mitgenommen» hatten. Wir hatten kein Fleisch und kaum Mongongonüsse, aber so konnten die Männer wenigstens *Kama ko*-Beeren mit nach

Hause bringen. Ich folgte den Frauen durchs hohe Gras, wie am Tag vorher, aber ich ging wesentlich langsamer und meine Stimmung war etwas bedrückt. Ich fotografierte, aß *Kama ko*- und *Tori*-Beeren und sammelte auch welche, um sie später zu verschenken, stellte mich dabei aber nicht besonders geschickt an.

Die Zeit verging im Schneckentempo. Nach anderthalb Stunden setzte ich mich hin, um mich auszuruhen. Ich sah die alten Löwenspuren – frische gab es nicht, die Löwen waren nicht zu unserem Lager zurückgekehrt. Die Atmosphäre war sehr friedlich. Vogelgeschrei, das Surren der Fliegen und das Zirpen der Zikaden bildeten die Hintergrundmusik zum munteren Geplauder der Frauen, fast wie ein Kammerorchester, das ein paar Solisten begleitet. Aber innerlich war ich nicht ganz so ausgeglichen und harmonisch. Die Angst, meine hartnäckige Begleiterin, hatte sich wieder gemeldet und wollte mich nicht aus ihren Krallen lassen. Alles tat mir weh, und das weckte meine schlimmsten Befürchtungen; ich konnte nicht anders, ich musste dauernd daran denken, dass mein Leben an einem seidenen Faden hing. Und warum wurden die Schmerzen im Ellbogen nicht endlich besser?

Ich war müde, und zu der Müdigkeit gesellte sich ein Gefühl der Mutlosigkeit. Hier, umgeben vom Frieden eines anderen Jahrtausends, klangen meine Sorgen doppelt laut. Ich hatte massive Schmerzen. Der Gedanke, nach Dobe zurückzukehren, ins Dorfleben, zu den Rindern, Ziegen und den dürren Hunden, zu Ackerbau und Überweidung, zu den dröhnenden Armeelastern und der einschüchternden Präsenz der Soldaten, zur Ungleichheit und zu materiellen Sehnsüchten – irgendwie wollte ich nicht zurück. Der Busch bedeutete Freiheit; hier war so viel Platz für Körper, Seele und Geist. Weiter war ich nie gereist und weiter wollte ich auch nicht reisen, nicht einmal in meiner Phantasie. Es gab keinen besseren Zufluchtsort für mich, wenn ich mich verwundbar fühlte, wenn ich Trost suchte und wenn ich Einsamkeit brauchte. Und obwohl zum Busch auch Löwen, Leoparden, unsichtbare Stachelschweine, Blasen an den Füßen und körperliche Erschöpfung gehörten, tat das meinem Wunsch keinen Abbruch.

Wenn ich an das Dorf dachte, hatte ich fast das Gefühl, als würde ich in das Leben zurückgehen, das ich doch eigentlich hinter mir lassen wollte. Meine Reise war noch nicht einmal halb vorüber – hatte ich etwa den schönsten Teil bereits hinter mir? Die perfekte Freiheit, die reine Luft, ein aufs Elementare reduziertes Leben – wie sollte ich nach dieser Erfahrung wieder in mein «altes» Leben einsteigen? Wie konnte ich je zu meiner Familie zurückkehren?

Meine Familie. Ach, es war alles so kompliziert. Was verband mich mit ihnen? Wie konnte ich so zufrieden sein, ganz allein, neuntausend Meilen von ihnen entfernt? War das eine Reaktion auf meine Krebserkrankung? Oder war es mein wahres Ich? Die hingebungsvolle Mutter schien weit weg zu sein, unwirklich. War alles nur eine Lüge gewesen, ein kapitaler Irrtum?

Ich dachte an mein erstes Kind. Als ich mit zweiunddreißig meine Tochter bekommen hatte, sagte ich zu meinen Freundinnen, diese Geburt mache mich auf eine Art glücklich, wie ich es davor noch nie gewesen sei. Ich dachte an das ekstatische Gefühl, als ich ihren Herzschlag durch das Stethoskop hörte, das mir die Ärztin an den Bauch hielt. Ich war fest entschlossen gewesen, sie ohne medikamentöse Hilfe auf die Welt zu bringen, wie eine !Kung. Ich dachte an den Morgen, als die Wehen einsetzten. An einem stillen Teich auf dem Land war eine Kanadagans mit hoch erhobenem Kopf vor einer Gruppe kleiner Gänschen hergewatschelt: ein magisches Omen der Fruchtbarkeit. Und ich dachte an dieses andächtige Staunen, als ich meine Tochter das erste Mal sah und mir klar machte, dass dieses Kind wirklich aus meinem Bauch gekommen war.

Ich dachte auch an mein zweites Kind, an die Tränen der Erleichterung und der Freude, als mir das Ergebnis der Fruchtwasseruntersuchung mitgeteilt wurde: Es sah alles danach aus, dass ich ein gesundes Kind bekommen würde. Und obwohl ich mir vorgenommen hatte, bis zur Geburt zu warten, flüsterte ich doch mit pochendem Herzen: «Ja», als die Assistentin mich fragte: «Möchten Sie wissen, ob es ein Junge oder ein Mädchen ist?» Und dann flossen wieder Freudentränen, als ich erfuhr, dass es ein Junge ist. Ich dachte an die schnelle Geburt, an den sanften Singsang, mit dem sich mein Sohn verständigte, lange bevor er die Sprache der Wörter lernte.

Ein Mädchen. Ein Junge. Ich hätte aufhören können. Aber fünf Jahre später sehnte ich mich wieder danach, ein Kind in mir zu spüren. Welche andere Erfahrung war so intensiv, so komplex, so gefühlstief? Ich war unglaublich stolz mit meinen einundvierzig Jahren – die Mutter eines zweiten Mädchens. Sie war erst fünfzehn Monate alt, ich stillte sie noch, als ich die Krebsdiagnose bekam. Es brach mir fast das Herz, sie abstillen zu müssen. Welche Formen der Kommunikation konnten wir finden, die unserem eingespielten Dialog entsprechen würden? Und ich wollte ja auch nicht aufhören, mich als !Kung-Frau zu sehen, die ihr letztes Kind stillt, bis das Kind von sich aus die Brust ablehnt, was oft erst mit fünf Jahren der Fall ist.

Nein, die Kinder waren nicht das Problem. Sie füllten Leerstellen, von denen ich vorher gar nicht gewusst hatte, dass sie existierten. Sie reizten alle Grenzen aus und verliehen meinem Leben, das bis dahin doch recht eckig und kantig gewesen war (ohne dass mir das bewusst gewesen wäre), eine perfekt runde Form, wie wenn man in einen aufblasbaren Würfel immer mehr Luft hineinpustet, bis er zu einem Ball wird. Sie weckten Mitgefühl und Zärtlichkeit in mir, es war ein Geben und Nehmen, Schutz und Fürsorge, Lachen und Weinen. Nein – da stimmte alles.

Und trotzdem wollte ich nicht zurück. Dass es mir so verlockend erschien, den Rest meines Lebens allein zu verbringen, machte mir richtig Angst. Mit dem Herzklopfen, dem Singsang, dem zärtlichen Dialog, mit Würfeln und Bällen war noch anderes gekommen: Verantwortung, Ansprüche und Forderungen, Gejammer, Streitereien und ein konstantes Abwägen der Interessen. Der Lärm war so laut geworden, dass ich meine eigene Stimme nicht mehr hörte. Oder hatte ich mir das Sprechen abgewöhnt? Hier hatte ich mich endlich wieder gehört – auch wenn es nur ein leises Flüstern war. Und meine Stimme klang so schön, dass ich nicht die Absicht hatte, sie je wieder zu verlieren – aber ich wollte auch nicht darüber nachdenken müssen, wie viel ich aufzugeben bereit war, um diese Stimme zu behalten.

Die Frauen waren weitergegangen, am Klang ihrer Stimmen konnte ich ungefähr einschätzen, wo sie sich befanden. Ich wollte gerade aufstehen und ihnen folgen, als Kxaru kam, die Mutter des kleinen Dem. Der Junge hatte sich tapfer gehalten, wurde jetzt aber doch etwas quengelig, und seine Mutter strebte ins Lager zurück, weil es zu anstrengend für sie war, beim Beerensammeln immer noch gleichzeitig ihren Sohn zu beschäftigen. Ich begleitete die beiden. Im Lager trafen wir Toma. Er hatte die Jagd abgebrochen und unterhielt sich jetzt mit Baitsenke.

Ich legte mich in den Schatten des Trucks, um ein bisschen zu schlafen. Die Hitze war erdrückend. Als ich wieder aufgewacht war, bat ich Toma und Kxaru, mir bei meiner «Volkszählung» zu helfen – ich hatte begonnen, genau aufzuschreiben, wer in welchem Dorf lebte. Ich fragte sie auch nach den Pflanzen, die ich für meine Studie über Vitamin E in ihrer

Nahrung gesammelt hatte. Wir sprachen über die essbaren Teile dieser Pflanzen und wie sie zubereitet wurden.

Die Frauen kamen erneut mit prall gefüllten Beuteln zurück – ein beeindruckendes Ergebnis für sechseinhalb Stunden Sammeln! Die Sonne stand schon tief am Himmel, als Kumsader-Jäger erschien, müde, staubig und wieder ohne Fleisch. Wir packten alles zusammen, beluden den Truck mit mehreren hundert Pfund Beeren, Nüssen und Wurzeln und fuhren los. Zurück ließen wir ein Lager mit vielen Spuren unserer Anwesenheit, eine Fundgrube für jeden, der Fährten lesen konnte: festgetrampelte Graswege, halb verbrannte Baumstücke, ein mit Wasser gelöschtes Feuer, freigeräumter Boden, organischer Abfall. Jeder !Kung konnte unsere Aktivitäten rekonstruieren: Für ihn standen die Informationen buchstäblich im Sand geschrieben.

Die Sonne folgte uns die Grenzstraße entlang. Orangerot beleuchteten ihre langen Strahlen die Spitzen der hohen Gräser und gaben der Rinde der Bäume eine ganz besondere Tiefenschärfe. Alle Mitreisenden schienen zufrieden und guter Dinge. Die Frauen stimmten den «Truck-Song» an, an den ich mich noch gut erinnerte. «Wir leben in den Nusshainen, ooh ooh ah ya oh ah», lautete der Refrain, den sie laut heraussangen, immer und immer wieder. Ich summte mit – für mich war diese Melodie mit schönen Erinnerungen verbunden. Glücklich lehnte ich mich aus dem Fenster, der Fahrtwind zerzauste mir das Haar, während ich tief die Schönheit des endenden Tages einatmete.

Die Männer erwarteten uns am Straßenrand und waren sichtlich erleichtert, als wir kamen. Was war passiert? Sie hatten keine Mongongonüsse gefunden, sondern nur Löwen, oder besser gesagt, die Löwen hatten *sie* gefunden, vor allem Kxau. Er hatte sich schon die ganze Nacht vor den Löwen gefürchtet, und zwar nicht erst, als seine Frau anfing, ihre Angst hinauszuschreien. Auch jetzt zitterte er am ganzen Körper, während er seine Erlebnisse schilderte. Und wir zitterten mit ihm.

Nachdem Baitsenke die Männer abgesetzt hatte, waren sie in verschiedene Richtungen aufgebrochen – das typische Jagdverhalten. Die Frauen bleiben beim Sammeln eher zusammen. Kxau war also allein, als er plötzlich ein kehliges Knurren hörte, das ihm den Atem verschlug. Und schon tauchte ein riesiger Löwe im Gras auf und kam langsam auf ihn zu. Kxau fuchtelte mit den Armen und brüllte, so laut er konnte. Der Löwe blieb stehen. Kxau schrie und fluchte, er beschimpfte den Löwen und plusterte sich auf, um größer zu wirken, als er war. Der Löwe rührte sich nicht, und nachdem sich die beiden eine ganze Weile so gegenübergestanden hatten, zog er sich langsam zurück und verschwand im Busch.

Aber Kxau hatte sich zu früh gefreut. Gleich darauf erschienen nämlich, wütend brüllend, zwei Löwen und schritten in geringem Abstand auf und ab, auf und ab. In dieser Pattsituation vergingen Stunden – Kxau musste jeden Moment damit rechnen, dass sich die Löwen auf ihn stürzten ... Erst das Brummen des herannahenden Trucks hatte die Löwen vertrieben und Kxau aus seiner Geiselhaft befreit.

Während der Fahrt nach Dobe sprachen Nisa und ich nicht viel. Wie auf der Hinfahrt stießen wir auf der holperigen Strecke immer wieder gegeneinander, und nach einer Weile sagte Nisa, meine rechte Brust drücke sie. Vielleicht störte sie es wirklich, aber es schien mir wahrscheinlicher, dass sie glaubte, es könnte *mir* unangenehm sein.

«Das ist nicht meine richtige Brust», erwiderte ich und setzte mich ein bisschen anders hin. Die gemeinsamen Tage im Busch hatten mich zutraulicher gemacht, und ich war mir sicher, dass Nisa längst Bescheid wusste. Megan Biesele hatte ihr schon vor ein paar Monaten alles erzählt, als sie ihr meine Rückkehr ankündigte. Vorsichtshalber fragte ich trotzdem: «Hat Megan dir gesagt, dass ich krank war?»

«Eh, Megan hat es mir gesagt», entgegnete sie sehr sachlich.

«Ja, die Ärzte habe eine schreckliche Krankheit in meiner rechten Brust entdeckt. Die Krankheit war so schlimm, dass sie die Brust entfernt haben.» Ich hätte gern gewusst, wie sie das fand. Brustkrebs kommt bei den !Kung nicht vor, soviel man weiß. Es gibt in ihrer Sprache kein Wort für den Krankheitskomplex, den wir als Krebs bezeichnen.

«Jetzt bin ich auf dieser Seite wie ein Mann», fuhr ich fort, weil ich wollte, dass sie genau Bescheid wusste. «Das, was dich gedrückt hat, war nicht meine Brust, sondern etwas anderes, was ich an diese Stelle lege, damit die Leute es nicht merken.»

«Eh, ich hatte auch eine Krankheit in meiner Brust», sagte sie und deutete auf ihre linke Brust.

Wie sollte sie mich auch verstehen? Dass wegen einer Krankheit die ganze Brust amputiert wurde, musste ihr primitiv, ja, barbarisch erscheinen. Bestimmt fiel es ihr schwer, meine Beschreibung dieser Krankheit zu akzeptieren, so wie ich nur mit Mühe ihre Erklärung für den Tod ihres Sohnes annehmen konnte: Es seien «kleine spirituelle Pfeile» gewesen, die «Gott geschickt hat».

«Oh, das ist schlimm», sagte ich. «Aber meine Krankheit wäre nicht besser geworden. Sie hätte mich getötet.» Und leise fügte ich hinzu: «Das kann immer noch passieren.»

«Chuko und ich werden dir die Hände auflegen und sehen, was dort ist.»

Sie sagte das ganz selbstverständlich – und genau nach diesen schlichten Worten hatte ich mich so gesehnt! Aber gleichzeitig wurden durch sie die ganzen Schmerzen und Ängste des vergangenen Jahres wieder aufgewühlt. Tränen stiegen mir in die Augen. «Das letzte Jahr war furchtbar», gestand ich ihr. «Mein Herz hat so gelitten.»

Nisa ermutigte mich nicht, weiterzureden, sondern sagte nur: «Ich werde versuchen, dir zu helfen.»

Als wir wieder in Dobe waren, überbrachte mir ein !Kung-Bote einen Brief von Megan, die jetzt in Namibia arbeitete. Nur ein paar Minuten nachdem wir vorbeigekommen waren, war sie auf der namibischen Seite der Grenze gewesen! Aber ich erhielt ihre Nachricht erst eine Stunde nachdem sie sie geschrieben hatte – nicht besonders schnell, wenn man bedachte, dass die Entfernung nur eine Meile betrug. Ich eilte sofort los zur Grenze, in der Hoffnung, sie noch zu erwischen, aber wir hatten uns endgültig verpasst. «Ich habe bis 18 Uhr gewartet, dann bin ich gegangen», stand auf dem Zettel, den sie am Zaun befestigt hatte. «Ich komme bald wieder vorbei. Hoffentlich sehen wir uns dann!»

Die Leute, die mit uns im Busch gewesen waren, hatten sich längst wieder in ihre Dörfer zurückgezogen, mitsamt ihren Nahrungsmitteln und Geschichten. Wie gern hätte ich ihnen beim Erzählen zugehört! Baitsenke und ich waren auch wieder in unserem Lager. Tuma und Bo saßen bei uns, während das Abendessen gekocht und Wasser für das Bad erhitzt wurde. Wir würden in einer flachen Vertiefung im Schutz der Dunkelheit baden, und das heiße Wasser würde uns für den Augenblick vor der kalten Abendluft schützen. Nach dem Essen ging Bo zu Nisa zurück, Tuma machte sich auf den Weg ins Dorf seines Vaters, wo er schlief, solange er von uns angestellt war, und Baitsenke verschwand, wie meistens, schon sehr früh in seinem Zelt.

Der Winterwind drang durch die Decke, die ich mir um die Beine gewickelt hatte. Der zunehmende Mond, der gerade «getroffen» hatte (eine !Kung-Formulierung für Neumond. Sie wird auch für einen Pfeil verwendet, der ein Tier getötet hat), war schon lange untergegangen. Wieder saß ich am Feuer. Wieder war ich allein. Vielleicht zu allein, nachdem ich jetzt mehrere Tage in einer Gruppe gelebt hatte. Schakale heulten in der Nacht, aber vor Schakalen musste man sich nicht fürchten. Jedenfalls hatte man mir das versichert. Und irgendwo da draußen waren die Löwen. Aber auch ihretwegen brauchte ich mir jetzt keine Sorgen zu machen: Hier gab es genügend Kühe und Ziegen, Esel und Pferde für sie; die würden sie holen, nicht mich in meinem Zelt.

Noch zwei Wochen lagen vor mir. Die Anpassungsphase war vorbei, der wichtigste Teil der Reise kam jetzt. Zwei Wochen: Ich musste Nisa interviewen, Kontakt mit alten Freunden aufnehmen, neue Freundschaften schließen, ich wollte erfahren, wie die Menschen jetzt lebten, und herausfinden, wie ich mich nützlich machen konnte, ich wollte fotografieren – und meine Träume, die zu dieser Reise geführt hatten, überprüfen.

Dabei wollte ich mir Kumsa-den-Jäger als Vorbild nehmen. Kumsa war einer der fleißigsten Menschen, die ich kannte. Er liebte den Busch und es machte ihm große Freude, sich dort seine Nahrung zu beschaffen. Er war der Einzige in Dobe, der sich weigerte, für die benachbarten Bantu Kühe zu hüten. Natürlich sagte er nicht nein, wenn staatliche Hilfsgüter verteilt wurden. Maismehl und Haferflocken wurden auch weiterhin als Maßnahme gegen den Hunger nach der Trockenheit geliefert, obwohl die Dürreperiode vorüber war. Aber seine Unabhängigkeit würde Kumsa niemals aufgeben, auch wenn er sah, dass andere, die diesen Weg einschlugen, durchaus erfolgreich damit waren. Seine Töchter und Schwiegersöhne folgten seinem Beispiel: Sein Dorf war das einzige im Dobegebiet, das ökonomisch nicht auf die Viehherden der Bantu angewiesen war.

Aber noch mehr als sein Unabhängigkeitswille beeindruckte mich seine sture Beharrlichkeit. Obwohl er älter war als die meisten Männer, die mit uns in den Busch gefahren waren, hatte er nie aufgegeben. Bei der Stachelschweinjagd war er derjenige gewesen, der stundenlang den Termitenhügel bearbeitete. Er war immer von morgens bis abends jagen gegangen, und das jeden Tag – selbst am letzten noch, als außer ihm und Toma niemand mehr einen Sinn darin sah. Aber auch Toma war um die Mittagszeit ins Lager zurückgekehrt, während Kumsa bis zum Einbruch der Dunkelheit unterwegs gewesen war. Kumsa wollte Fleisch. Er wollte ein Tier erlegen. Er hielt durch, selbst wenn er noch so oft enttäuscht wurde. Sein Körper war fest und abgehärtet, weil er sich ständig das Äußerste abverlangte. Die Kombination aus Entschlossenheit und Begabung machte ihn zum besten Jäger dieser Gegend. Er hatte seinen Beinamen «der Jäger» wirklich verdient.

Und mein Beiname? Früher war es Marjorie-die-Dinge-Seherin gewesen. Und jetzt? Marjorie-für-die-jeder-Tag-zählt? Oder Marjorie-die-Abenteurerin? Die Anthropologin? Die Fotografin? Oder Marjorie-die-Selbstheilerin? Vielleicht würde ich ja in den nächsten vierzehn Tagen auch auf diese Fragen eine Antwort finden.

Die Hähne krähten, obwohl es noch dunkel war. Hofften sie etwa, sie könnten durch ihr Geschrei die Morgendämmerung beschleunigen? Ich lag unter meiner Decke, in der Sicherheit meines Zelts, und war froh, dass ich nicht gleich aufstehen musste. Nach dem Leben in der Gruppe empfand ich es als Luxus, für mich sein zu können.

Beim Frühstück kamen wieder die Soldaten vorbei. «Wie war Ihr Aufenthalt im Busch?» – «Was haben Sie dort getan?» – «Welche Pläne haben Sie jetzt?» – «Werden Sie noch mehr reisen?» – «Wie lange wollen Sie überhaupt hier bleiben?» Sie waren freundlich, aber ihre Absicht war eindeutig: Sie wollten mich überwachen. Aber das, was ich hier tat, konnte ihr Radarsystem nicht erfassen. Ich bemühte mich, aufgeschlossen und umgänglich zu sein. Nur so konnte ich darauf hoffen, dass ich die letzten beiden Wochen unbehelligt hier bleiben konnte. Als sie sich endlich verabschiedeten, atmete ich auf. Jetzt konnte ich mein Tagewerk beginnen.

Ich nahm meine Unterlagen und hängte nur die Kameras um. Ich hatte mir vorgenommen, systematisch jeden Tag eine andere !Kung-Siedlung im Dobegebiet zu besuchen. Auf diese Weise konnte ich mit Leuten, die ich von früher kannte, wieder Kontakt aufnehmen und diejenigen kennen lernen, mit denen ich noch keine nähere Berührung gehabt hatte, und ich konnte studieren, wie die Menschen jetzt lebten. Kxau begleitete mich. Er hatte sein Abenteuer mit den Löwen einigermaßen verkraftet und war schon früh am Morgen gekommen, weil er mich um einen Gefallen bitten wollte: Ob ich den Truck vorbeischicken könnte, damit dieser das Gras abholte, das er und seine Frau Bau nicht allzu weit von ihrem Dorf gemäht hatten? Das Gras sollte als Dach verwendet werden. «Nicht allzu weit» hieß hier: Ein Fußmarsch von etwa zwei Stunden – so weit mussten die Dorfbewohner gehen, um frisches Gras zu finden, das nicht von Kühen und Ziegen abgeweidet worden war. «Ja, gern», hatte ich geantwortet. «Wenn du fertig bist, dann zeige Baitsenke, wo das Gras ist, und er bringt es in dein Dorf.»

Ich folgte Kxau auf ausgetretenen Pfaden durch den Sand. Immer wieder kreuzten andere Pfade unseren Weg. Es war das reinste Labyrinth, in dem ich mich nie zurechtfinden würde – ich hätte sofort die Orientierung verloren. Nach einer halben Meile führte der Pfad auf eine Lichtung, eine von niedrigen Dornbüschen eingerahmte Sandfläche mit ein paar Bäumen. Drei Dörfer befanden sich hier in Hörweite voneinander, auch wenn die Leute sich nicht gegenseitig sehen konnten.

Doch wie hatten sich diese Dörfer verändert! Vor zwanzig Jahren hatte es hier keine Zäune gegeben, keine Lehmmauern, keine säuberlich mit Gras gedeckten Dächer. Der Boden hatte damals wie heute aus nackter Erde bestanden, um zu verhindern, dass sich irgendwo Schlangen und andere Lebewesen verstecken konnten. Aber damals hatte gleich hinter den einfachen Grashütten die natürliche Vegetation begonnen, und man hatte das Gestrüpp in regelmäßigen Abständen stutzen müssen, damit es nicht das Dorf überwucherte. Die Hütten hatten einen Kreis gebildet, die Öffnungen gingen alle auf den «Dorfplatz» hinaus, auf dem das gesellschaftliche Leben der Gruppe stattfand. Es hatte kaum persönlichen Besitz gegeben. Was man besaß, wurde geteilt, freiwillig oder unter Zwang. Aus der Ferne hatte man die Dörfer gar nicht richtig erkannt, weil sie sich perfekt in die Buschlandschaft einfügten.

Aber die Siedlung, die ich jetzt vor mir sah, fügte sich nicht mehr ein. Schulterhohe Pfosten bildeten einen Schutzzaun. Gestutzte Dornenhecken sorgten dafür, dass sogar die Hühner keinen anderen Zugang (oder Ausgang) zwischen den Pfosten benutzten als den offiziellen. Es gab noch ein paar Bäume, die Schatten spendeten, aber jede andere Art von Vegetation war weit hinter den Zaun verbannt – es war nicht zu übersehen, wer die Schlacht gewonnen hatte. Innerhalb des Zaunes befanden sich vier oder fünf stabile Hütten, mit Lehmwänden und grasgedeckten Dächern. Es hatte bestimmt Wochen, wenn nicht Monate gedauert, diese Hütten zu bauen. Die Kreisform war einer Art Zickzacklinie gewichen, und alle Öffnungen blickten zum Ausgang der Siedlung.

Wir passierten zwei Dörfer, bei denen wir den Bewohnern nur Grußworte zuriefen. Erst in Kxaus Dorf machten wir Halt. Innerhalb des Zaunes standen hier vier kompakte Lehmhütten, außerdem noch zwei traditionell gebaute Hütten, in denen Kxaus ältere Schwester und ihr betagter Ehemann beziehungsweise sein exzentrischer jüngerer Bruder und dessen Frau wohnten. Die leichte Bauweise der traditionellen Hütten, die nur locker mit Stoff gedeckt waren, nicht mit Gras, machte den Wohnraum heller und luftiger als den der Lehmhütten. Die alten Hütten waren längst zu Symbolen mangelnden Wohlstands geworden, aber mir gefielen sie trotzdem: Sie repräsentierten eine Vergangenheit, die trotz aller Schwierigkeiten für Integrität und Würde stand.

Ich setzte mich zu Kxaus Frau ans Feuer. Bau und ihre drei jüngsten Kinder aßen gerade gekochte Maiskörner, die stundenlang in einem dreifüßigen Eisentopf geköchelt hatten. Als ihr Gast aß ich mit ihnen die harten Körner, die fast so groß waren wie Limabohnen. Meine Geschenke wurden freudig aufgenommen: Tee, Milchpulver und Zucker sowie verschiedene Kleidungsstücke, die ich aus Atlanta mitgebracht hatte. Ich notierte mir, wer hier alles wohnte, und bat dann Kxau, mich herumzuführen.

Stolz brachte er mich als Erstes zum anderen Ende des Dorfes, zu dem riesigen roten, zerbeulten Wassercontainer. Kxau griff hinein und holte eine Handvoll großer Maiskörner heraus, die genauso aussahen wie diejenigen, die ich gerade gegessen hatte. Das sei die Ernte aus seinem eigenen Garten. Es hatte dieses Jahr viel geregnet, und wer Mais angebaut hatte, war gut damit gefahren.

Während des Besuches in diesem «modernen» Dorf und bei dieser erfolgreichen Familie dachte ich an Kxau und Bau vor zwanzig Jahren. Ich hatte Kxau gleich zu Beginn meines ersten Aufenthalts kennen gelernt. Tashay, sein älterer Bruder, war der erste Buschmann gewesen, dem ich begegnet war. Der Anthropologe, der meinen Mann und mich in Maun abholte, hatte Tashay aus Dobe mitgebracht.

Damals hatten die Familienmitglieder fast ausschließlich davon gelebt, dass sie wilde Tiere jagten und Pflanzen sammelten. Sie hatten teils im Busch, teils im Dorf gelebt und zu der Gruppe gehört, auf die immer verwiesen wurde, wenn Anthropologen nach «traditionellen» !Kung San fragten, die getrennt von ihren bantusprachigen Nachbarn lebten. Kxau und seine Familie – sein Vater, seine Mutter und seine zweite Frau, sein älterer Bruder, seine ältere Schwester und deren Familien – hießen die Außenstehenden willkommen und bildeten die wichtigste Gruppe bei den frühen Untersuchungen.

Und doch sollte auch ihr Dorf schon bald seine Unabhängigkeit verlieren. Lange Zeit war es durch seine schlechte Wasserstelle geschützt gewesen – ein felsiger Brunnen, der während der trockenen Monate kaum genug Wasser für die Menschen hergab. Für Ziegen und Rinder hätte es niemals gereicht. Aber mit viel Aufwand wurden in der Umgebung tiefere Brunnen gegraben, und das Dobegebiet hätte keine Ausnahme gebildet, wäre da nicht die geographische Lage gewesen, die es zumindest noch für eine Weile schützte. Es war nur eine Meile von Namibia entfernt – zu nah an der Grenze, um für die Herero wirklich interessant zu sein. Die Herero waren die zahlenmäßig größte Nachbargruppe der !Kung; deshalb hätten sie sich am ehesten auf traditionellem !Kung-Gebiet niedergelassen.

Es war nicht so, dass es den Herero, die Viehzucht betrieben, in Namibia nicht gefiel. Im Gegenteil – sie betrachteten Namibia als die Heimat ihrer Herzen und ihrer Kultur. Aber die Regierung erlaubte es ihnen nicht, mit all ihrem Vieh und ihren Besitztümern wieder über die Grenze zu kommen und sich in Namibia niederzulassen. Politisch wäre das nicht tragbar gewesen: In Namibia wurde das Gebiet gleich westlich der botswanischen Grenze offiziell als !Kung-San-Gebiet betrachtet. Die namibischen Polizisten schossen sofort, wenn sie auf ihrer Seite der Grenze Vieh entdeckten, und Wildhüter suchten routinemäßig nach Fußspuren und anderen Hinweisen entlang der Straße. Die Herero, die zu dicht an der Grenze lebten, liefen also Gefahr, ihr Vieh zu verlieren.

Als jedoch 1964 an der Grenze ein Zaun errichtet worden war, wurde es schwieriger, die Welle von Bantu-Siedlungen aufzuhalten, die über das traditionelle !Kung-Gebiet hinwegging. Bei meiner Ankunft 1989 waren Viehherden – und ihre bantusprachigen Besitzer – im Dobegebiet längst keine Seltenheit mehr.

Am Abend saß ich mit meinem Tagebuch wieder allein am Feuer. Tierglocken bimmelten, Kühe muhten in der Ferne, und die Stimmen singender Frauen drangen an mein Ohr – sie kamen aus Kumsas Dorf. Baitsenke hatte sich einen Trancetanz gewünscht: Einen großen Teil seines monatlichen Einkommens hatte er vier Frauen gegeben, damit sie für ihn sangen, und er hatte Kumsa dafür bezahlt, dass er ihm die Hände auflegte. Anscheinend hatte auch Baitsenke Angst.

Die Stimmen verstummten und setzten wieder ein, aber diesmal leiser. In der Dunkelheit ging jemand an meinem Lager vorüber und spielte dabei eine Tswana-Melodie auf einer der hiesigen Gitarren – vielleicht war es ein «Besitzer des Schattens», wie die jungen Männer hier genannt wurden. Im Verlauf des Tages war das Gerücht aufgekommen, dass nur wenige Meilen entfernt vier Löwen gesichtet worden seien. Aber, wie gesagt, hier gab es genug Vieh, deshalb kam ich als Beute nicht infrage.

Noch zwei Wochen, dachte ich wieder. Ich vermisste meine Familie. Ach, wie sehr ich mich nach ihnen sehnte! Ich wollte noch so viel tun, ehe ich abreiste, aber trotzdem fing ich schon an, die Tage zu zählen. Was machte ich hier überhaupt? Forschung? Ja. Aber warum? Nisa schien sich nicht für mich zu interessieren. Und die anderen ebenso wenig.

Um meine einsame, selbstmitleidige Stimmung zu heben,

folgte ich dem Gesang, der aus Kumsas Dorf kam. Der Tanz war nicht besonders lebhaft. Die bezahlten Frauen taten das, wofür sie Geld bekommen hatten, aber ohne Leidenschaft. Kumsa versetzte sich in Trance. Ein paar andere Frauen waren gekommen und beteiligten sich halbherzig. Kumsa begann zu heilen, ging von einer Frau zur anderen, legte ihnen die Hände auf, ging dann weiter zu Baitsenke und den Männern, die an einem anderen Feuer saßen und redeten. Als ich kam, wollte Baitsenke gerade gehen. Es war seine erste Erfahrung mit einer Heilungszeremonie. Ich wusste zwar nicht, was er erwartet hatte, aber er schien hoch zufrieden. Der Tanz ging weiter, etwas kraftlos, als wüsste niemand so recht, auf wie viel «Heilung» Baitsenke durch seine Bezahlung Anspruch hatte. «Mm, ja», sagte Baitsenke, als ich ihn fragte, ob er genug erhalten habe. Es war eine kalte Nacht, das Feuer fast heruntergebrannt. Ich sagte den Frauen, dass Baitsenke gehen wolle, und bald löste sich der Kreis auf.

Als ich wieder in meinem Lager war, zündete ich vor dem Zelt die Kerosinlampe an, weil meine Taschenlampe kaputt war. Baitsenkes Lampe funktionierte ebenfalls nicht mehr. Vielleicht verschonen mich die Mäuse, wenn ich die Lampe die ganze Nacht vor dem Zelt brennen ließ. In der vergangenen Nacht war eine Maus zu mir ins Zelt gekommen und hatte die ganze Zeit geraschelt. Ich hatte versucht, sie zu vertreiben, aber in der pechschwarzen Dunkelheit hatte ich sie nicht erwischt. Ich hatte wie wild herumgefuchtelt – ohne Erfolg. Schließlich war ich doch noch eingeschlafen, aber die muntere Maus hatte mich immer wieder geweckt. Einmal hatte sie sogar an meinen Haaren geknabbert ...

Am Morgen ging ich wieder zu Fuß zu einem der Dörfer, lieferte meine Geschenke ab, ließ mir sagen, wer dort wohnte, was die Leute aßen, wie sie durchkamen. Dann besuchte ich

Nisa und Bo in ihrer Hütte, die sauber und sehr gepflegt war und etwas abseits von den Nachbarlagern stand. Hohe Holzpfosten umgaben ihr Lager, zu dem zwei Lehmhütten gehörten – die Dächer waren mit getrocknetem Buschgras gedeckt – sowie eine Feuer- und Kochstelle. Zwei Hähne rannten zwischen den Pfosten hin und her, offensichtlich in einen heftigen Streit verwickelt, der immer wieder von neuem aufflammte. Ein magerer Hund ließ sich bei uns nieder, nachdem wir Platz genommen hatten. Er schob sich auf dem Bauch Zentimeter für Zentimeter an uns heran und hoffte, etwas von unserem Essen abzubekommen. Als Nisa ihn wegscheuchte, zog er sich sofort zurück. Nisa reichte mir Tee und entschuldigte sich dafür, dass sie mir keine Milch anbieten konnte, weil ihre Nichte Nai noch keine gebracht hatte. Wir sprachen über ihre Lebensumstände, und ich hatte den Eindruck, dass sie im Großen und Ganzen zufrieden war. Nisas einzige Blutsverwandte war Nai, die zwanzig Minuten entfernt lebte. Aber falls sie schnelle Hilfe brauchte, gab es die näher liegenden Dörfer.

In der ersten Hütte schliefen Bo und Nisa. Sie war genau wie die meisten Hütten ausgestattet: Der Fußboden war mit Decken ausgelegt, es gab eine Kerosinlampe und noch ein paar andere Gegenstände. Die zweite Hütte diente als Vorratsraum, und als ich hineinschaute, war ich völlig perplex: Hier waren Dinge gelagert, die vor ein paar Jahren noch unvorstellbar gewesen wären. Decken hingen über einer Leine, die von einem Ende der Wand zum anderen gespannt war, es gab Kisten mit Schlössern, Behältnisse aller Art, Werkzeug, einen Haufen Mongongonüsse von unserem Aufenthalt im Busch, Stirnbänder mit Perlen, die bei Trancetänzen getragen wurden, Beutel, die teilweise mit Hilfsgütern der Regierung gefüllt waren, darunter auch ein 25-Pfund-Sack mit einem Sojamilch-und-Getreide-Produkt (hoher Proteingehalt) und ein ähnlich großer mit getrockneten Maiskörnern, die man stundenlang kochen musste, damit sie genießbar wurden.

Später setzten Nisa und ich uns zusammen, um ein Interview zu führen. Es lief gut, auch wenn mich manches inhaltlich eher deprimierte. Wir redeten über das Alter und über ihre Zukunft.

Am meisten bekümmerte Nisa, dass sie keine Nachkommen mehr hatte. Unser Gespräch über ihre Zukunft schien ihr wieder ins Bewusstsein zu rufen, wie sehr ihr Kinder fehlten.

Wenn ich alt bin und der Tod kommt, und ich sitze nur, dann habe ich keinen, der mir Wasser gibt, damit ich trinken kann. Ich werde einfach nur daliegen. Selbst das Feuerholz ... Ich werde kein Feuer haben, neben dem ich liege. Das sehe ich, wenn ich mich anschaue ... Ich werde keine Nahrung finden können. Die Kälte und der Hunger und der Durst, sie werden mich umbringen. Wenn auch meine letzte Kraft geschwunden ist, dann bin ich ohne mein Gesicht. Erledigt. Ich werde daliegen, voller Hunger und Durst. Und ohne Feuer. Das sind die Dinge, die mich umbringen werden. Weil ich ohne einen jungen Menschen bin.

Sogar meine Kühe. Ich sitze hier und rufe, damit jemand meine Kühe melkt, damit ich trinken kann. Dieser Jemand wäre mein Sohn gewesen, mein Sohn, der aus meinem Inneren kam, der von meiner Milch getrunken hat ... Gott ist schrecklich ... Wenn mein Sohn noch leben würde, dann hätte ich keine Schmerzen. Aber heute sitze ich und denke und denke und denke.

Sie glaubte, dass zwei, drei Personen, entfernte Verwandte, ihr eventuell helfen würden, aber das gab ihr nicht genug Sicherheit.

Die Dörfer im Dobegebiet in Botswana sind von Zäunen umgeben, um die Menschen und das Vieh vor den nächtlichen Angriffen von Löwen zu schützen.

Der Boden in den Dörfern besteht aus nacktem Sand, um zu verhindern, dass sich irgendwo Schlangen und andere Lebewesen verstecken können. Innerhalb des Dorfzaunes befinden sich vier oder fünf stabile Hütten mit Lehmwänden und grasgedeckten Dächern. Zu dem Lager gehört auch eine Feuer- und Kochstelle. Mütter tragen ihre Kinder stets bei sich; auch beim Beerensammeln sind sie dabei.

*Die Pfeile der Jäger werden von Hand geschnitzt,
ihre untere Hälfte besteht aus Schilf, die Spitze aus Metall.
Kxau, Kumsa-der-Jäger und sein Schwiegersohn Toma gehen mit
Bogen und vergifteten Pfeilen bewaffnet auf die Jagd.*

Toma, Kumsas Schwiegersohn, quetscht sich auf der Suche nach einem Stachelschwein in einen verlassenen Termitenhügel. Nur seine Füße sind noch zu sehen.
Alte Frauen hüten gern die Kinder der jüngeren.

Bei den Heilungstänzen bilden die Frauen Schulter an Schulter einen Kreis um ein heruntergebranntes Feuer herum und singen. Sie klatschen rhythmisch im Takt und wiegen sich zur Melodie ihres Liedes.

Die Frauen gehen Beeren und Nüsse sammeln. Meist kommen sie mit prall gefüllten Beuteln von ihren Streifzügen wieder. Aus den Kama ko-Beeren brauen die !Kung Bier.

*Marjorie Shostak und ihre Freundin Nisa im Dorf
der !Kung San im Dobegebiet.
Die Landschaft an der Grenze zur Kalahari ist nicht überall
karg – hin und wieder stößt man auf sumpfige Gebiete.*

Andere Leute werden uns sehen und sagen, dass wir beide alt sind und kurz vor dem Tod stehen und dass wir nicht ihre Verwandten sind ... Sie werden uns kein Feuerholz bringen, sie werden kein Feuer anmachen; sie werden kein Wasser schleppen und es uns geben. Nur das Kind, das du geboren hast, das deine Milch trinkt, nur dieses Kind hilft dir.

Ich, ich habe keine Familie. Wenn Bo und ich alt sind, dann werden wir beide einfach nur zusammensitzen und sterben. Aber wenn Gott hilft, dann wird der eine noch ein bisschen Kraft haben und helfen, wenn der andere von uns alt ist.

In dieser tristen Stimmung bedeuteten die Kühe eine Art Trost für sie. Manchmal sprach sie über die Tiere, als wären sie ihre Kinder.

Wenn ich alt bin und wenn Bo alt ist, dann werden wir einfach nur zusammensitzen. So wird es sein. Denn es gibt nichts, was kommt und uns hilft. Nur die Kühe sind bei uns, und sie rufen «Bahnn». Sie sind unsere Kinder, die Kühe.

Ich bin dankbar. Denn wenn du Kühe hast, dann ist es, wie wenn du mit einem Menschen lebst, einem richtigen Menschen. Die Kuh ruft «Bahnn ... bahnn», und wenn du diese Stimme hörst, dann stehst du auf und führst die Kuh weg, und ihr zwei redet miteinander. Ja, eine Kuh ist etwas Gutes. Du führst sie weg, und dein Herz freut sich. Eh, Mutter!

Ich fragte sie nochmals, wie schon vor ein paar Tagen, wie ihr Leben ohne die Kühe ausgesehen hätte. Sie wäre in ihrem alten Dorf geblieben, antwortete sie, und hätte die anderen Leute um Lebensmittel gebeten und so viel wie möglich gesammelt.

Aber mein Herz wäre nicht froh gewesen. Ich würde die anderen anschauen, die Kühe haben, und ich würde sagen, sie haben etwas zum Überleben. Und ich, ich sammle Nahrung und habe Schmerzen. Ist es nicht so, du sammelst, und dann ist es wieder weg? Tut dein Körper nicht weh? Bist du nicht müde? Und wenn es so ist wie bei mir heute, dass ich nicht gut sehe, wie soll ich dann etwas zum Essen finden?

Obwohl die Themen, über die wir sprachen, eher traurig waren, fand ich es trotzdem wunderbar, mit Nisa zu reden. Sie war so faszinierend wie eh und je. Immer, wenn ein neues Thema angesprochen wurde, hätte ich sie am liebsten auch dazu interviewt, nicht nur zehn-, sondern fünfzigmal, um sämtliche Einzelheiten auf Band aufzunehmen – ich wollte ganz sichergehen, dass ich jede Nuance verstand. Aber dann würde es mich sicher belasten, so viele Tonbänder übersetzen zu müssen wenn ich nach Hause kam … Das erste Buch war erst nach zehn Jahren fertig gewesen!

Die *Botswana Defense Force* stattete mir erst am Nachmittag ihren täglichen Besuch ab. Wie immer versuchte ich, die Soldaten bei Laune zu halten, ich bot ihnen Tee an, den sie selten annahmen, ich machte höfliche Konversation, fragte sie nach ihrem Leben, aber sehr diskret. Sie konnten mich jederzeit ohne Begründung wegschicken. Und sie waren ausgesprochen misstrauisch. Als sie endlich gingen, stand die Sonne schon tief am Horizont, und einen Augenblick lang trat eine wohltuende Ruhe ein.

Aber kaum waren sie weg, da hörte ich plötzlich, weit weg noch, merkwürdige Geräusche, die aber schnell näher kamen. Die Leute hier schienen etwas zu wissen, was ich nicht wusste – jedenfalls versammelten sich alle auf dem Pfad und redeten lebhaft miteinander. Im roten Abglanz des Sonnenuntergangs tanzten und sangen die Frauen, Kinder rannten aufgeregt herum, es herrschte ein allgemeiner Trubel. Da sah ich die Männer aus dem Busch kommen – Herero, Tswana und Buschmänner –, manche auf Pferden oder Eseln, andere zu Fuß, eine Art Prozession, die von einer erfolgreichen Löwenjagd zurückkehrte, mit ruhigen Schritten, die glänzenden Gewehre, die Bogen und Köcher hoch in der Luft. Während sie vorbeizogen, ein Bild der Kühnheit und Kraft, stießen die Gratulanten hohe Jubelschreie aus, den traditionellen Glückwunsch, den sie in immer neuen Variationen wiederholten.

Erst am Tag zuvor hatte ein Löwe einen Esel gerissen. Wer am Morgen jagen gegangen war, hatte genau gewusst, welcher Gefahr er sich aussetzte. Im vergangenen Jahr waren zwei Männer bei einer solchen Jagd ums Leben gekommen – darunter der älteste Sohn der Herero-Matriarchin, die ich vor kurzem besucht hatte. Er war nicht das erste Opfer gewesen und er würde nicht das letzte sein. Aber heute waren die Männer erfolgreich: Eine Löwin hatten sie getötet, ein Löwe war geflohen.

Ein kleiner Zettel mit der Aufschrift «Marjorie» wurde mir in die Hand gedrückt.

> Ich bin auf der namibischen Seite der Grenze. Dort werde ich eine Weile auf dich warten. Wenn du nicht kommen kannst, versuche ich es morgen noch einmal. Etwa um drei Uhr nachmittags. Hoffentlich sehen wir uns dann. Wie geht's? Megan.

Ich brach sofort auf. Da sich Baitsenke gerade ausruhte, setzte ich mich selbst ans Steuer, das erste Mal seit dem Debakel in Maun. Was für ein Gefühl! Weg vom Camp, der ganze Truck voller Leute, die redeten, schrien und miteinander stritten; das Tempo drosseln unter den niedrigen Dornenbüschen; die kühle Brise in der Kabine, während gleichzeitig der Motor immer heißer wurde; im tiefen Sand umschalten auf Vierradantrieb, damit wir überhaupt durchkamen, mit ächzender Gangschaltung; das hohe Gras, in dem sich das letzte Tageslicht verfing.

Die Mitfahrenden wollten Leute treffen, die für Megan arbeiteten, und mit ihnen Neuigkeiten austauschen. Wie immer stimmte jemand den «Truck-Song» an, und der Gesang war noch zu hören, als sich der Staub, den wir aufwirbelten, schon wieder gelegt hatte.

Dann bog ich ziemlich abrupt in die Grenzstraße ein. Hier war der Zaun, der Botswana von Namibia trennte. Auf beiden Seiten der Grenze verlief parallel dazu eine Straße. Die Landschaft war identisch, die Trennungslinie künstlich, von Menschen geschaffen, der Puls des Lebens setzte sich auf beiden Seiten fort.

Zu meiner Enttäuschung war Megan schon wieder gegangen. Ich hatte sie seit vielen Jahren nicht mehr gesehen. Das erste Mal waren wir uns vor achtzehn Jahren begegnet, in Botswana. Sie war hierher gekommen, um ihre Feldforschung zu beginnen, als mein Aufenthalt schon dem Ende entgegenging. Ich war damals sehr erschöpft und verbittert und hatte nichts dagegen, wieder nach Hause zu fahren. Megan war unglaublich nett und einfühlsam, und ich bewunderte sie rückhaltlos. Sie schrieb eine Arbeit über die Geschichten, die von Generation zu Generation weitergegeben werden. Ihr Engagement für die Menschen hier war beispielhaft – sie wollte ihnen helfen, ihr Land und ihre Kultur zu bewahren, und sie lernte konsequent ihre Sprache. Wie gern hätte ich jetzt mit ihr geredet, Erfahrungen ausgetauscht und vielleicht sogar eine gewisse Unterstützung erhalten! Megan war jemand, der mich in diesem fremden Land daran erinnern konnte, wer ich war.

Und nun hatte ich sie wieder verpasst. Offenbar hatte der Bote Wichtigeres zu tun gehabt, als mir ihre Nachricht zu überbringen. Aber ich würde es am kommenden Tag noch einmal versuchen.

Als wir gerade gehen wollten, kam auf der namibischen Seite ein riesiger Laster mit der Aufschrift UN angefahren. In ihm saß eine Gruppe finnischer Soldaten. Wie jung sie alle waren! Sie stiegen aus, begrüßten uns und erklärten, sie würden dafür sorgen, dass die Wahlen ohne Zwischenfälle verliefen.

An diesem Abend schrieb ich einen langen Brief an Mel. Hoffentlich konnte Megan ihn für mich abschicken! Es machte mir viel aus, dass ich gar keinen Kontakt zu meiner Familie hatte. Ich hatte es immerhin geschafft, per Funk eine Nachricht nach Maun zu schicken, um ihnen auf dem Weg mitzuteilen, dass es mir gut ging, aber der Safari-Koordinator am anderen Ende der Funkverbindung hatte noch nichts von ihnen gehört.
Hier sind Auszüge aus meinem Brief:

Es ist Samstagabend, 21.50 Uhr, und hier ist noch einiges los – Eselsglocken bimmeln in Stereo, das Feuer knistert und knackt, die Mäuse trappeln herum und lecken das schmutzige Geschirr ab. Etwas Aufregendes gibt es eigentlich nicht zu berichten. Das heißt, doch: Draußen in der Dunkelheit brüllt irgendwo ein Bulle. Der Mond hat vor ein paar Nächten «getroffen», und die Sichel ist immer noch sehr schmal und spendet nicht viel Licht. Die Milchstraße, das Sternbild des Skorpions hoch am Himmel und das Kreuz des Südens helfen mir, die Milliarden von Sternen irgendwie zu ordnen.

Ich weiß gar nicht, wo ich anfangen soll. Die Zeit hier ist so voll gepackt! Ich bin jetzt seit zwei Wochen und zwei Tagen von zu Hause fort, aber es kommt mir so vor, als lebte ich ein völlig anderes Leben. Ich habe das Gefühl, als knüpfte ich an ein altes Leben an – völlig problemlos, als gehörte ich in diese andere Welt, obwohl ich selbst nicht recht glauben kann, dass das wirklich möglich ist. Welche ist nur die echte Marjorie Shostak?

Die Arbeit läuft gut, ich glaube, ich habe die Situation einigermaßen im Griff, denn meistens bin ich guter Dinge.

Es tut mir unglaublich gut, von den Kindern weg zu sein – obwohl ich andererseits fast umkomme vor Sehnsucht nach ihnen.

Mein Verhältnis zu den Buschmännern ist nicht schlecht – die Ansprüche scheinen relativ gering, die Vorwürfe sind eher dezent, die Klagen relativ trivial. Ich glaube, es ist ein Vorteil, dass ich allein bin. Die Leute machen mir das Leben nicht so schwer, sie verlangen nicht viel, sie erwarten auch nicht, dass ich ständig etwas für sie tue. Ich glaube, ein Teil der Veränderung liegt bei ihnen: Sie sind nicht mehr so hungrig und fühlen sich nicht mehr ganz so benachteiligt wie damals, als wir das erste Mal hier waren. Das soll nicht heißen, dass sie nicht immer noch die ökonomischen Verlierer sind, aber sie bekommen jetzt immerhin ein kleines Stück vom Kuchen ab. Die andere Seite der Veränderung liegt bei mir: Ich weiß, was ich erwarten kann, ich bin großzügiger, nicht so überfordert, und ich unterhalte Beziehungen zu einigen Menschen, die ich von früher kenne.

Nisa ist vital und gut in Form. Ich kann bald ein detailliertes Bild ihres gegenwärtigen Lebens entwerfen. Sie ist gesund und freundlich zu mir. Wir haben schon fünf Interviews geführt, alle über die Gegenwart. Ich hoffe, dass ich demnächst mit der Vergangenheit beginnen kann.

Gefühlsmäßig bin ich sehr am Leben hier beteiligt. Zwischendurch bin ich auch deprimiert, aber das geht vorbei. Abends bin ich meistens allein und schreibe Tagebuch (in das Heft, das du mir geschenkt hast). Ich weiß nicht, was als Nächstes kommt, aber im Grunde meines Herzens bin ich glücklich. Ich genieße es, allein zu sein. (Wann sonst in unseren zweiundzwanzig gemeinsamen Jahren hatte ich die Gelegenheit, dir einen so langen Brief zu schreiben?)

Die Sorge um meine Gesundheit lauert immer im Hintergrund – mein Ellbogen wird und wird nicht besser. Meistens gelingt es mir, die Panik zu unterdrücken – ich bin hier ganz auf mich selbst gestellt, niemand hilft mir. Aber mein Gefühl sagt mir, dass die ganze Umgebung meiner Gesundheit sehr zuträglich ist. Die Luft ist sauber und heilsam; es ist phantastisch, ständig draußen im Freien zu sein.

Ob ich den Brustkrebs überlebe oder nicht – die Erfahrung hier ist auf jeden Fall unendlich wertvoll für mich … Es ist auch nicht so wichtig, was mit meiner Arbeit passiert. Diesen Monat werde ich bis an mein Lebensende nicht vergessen.

Die Leute erkundigen sich oft nach dir – auch du hast Wurzeln hier. Ich denke so oft an dich und die Kinder und überlege mir, was ihr wohl gerade tut … Ich vermisse die ruhigen Augenblicke mit Susanna, wenn sie schon im Bett ist, kurz bevor sie einschläft, oder wenn ich tagsüber allein mit ihr losziehe; ich vermisse Adam, wenn er abends vor dem Einschlafen flüsternd seine innersten Gedanken offenbart; ach, und Sarah – ich möchte sie in den Arm nehmen, ich möchte hören, was sie sich gerade ausdenkt. Und ich vermisse dich, meinen Verbündeten, meine Stütze. Was ich nicht vermisse, ist der enge Raum, das Gefühl, bedrängt zu werden – die permanente Forderung, ihre Wünsche zu erfüllen, ihre Streitereien zu schlichten, mich um ihre Freunde und ihre Aktivitäten zu kümmern. Aus der Ferne wirkt das Leben, das ich sonst führe, erdrückend. Und doch ist auch hier die Familie die Basis des Gruppenlebens. Nisa hat keine, und darunter leidet sie sehr.

Ich will nicht mit einer negativen Note schließen. Mein Herz gehört dir, dir und den Kindern. Ich möchte nur, dass du weißt: Dieses Ich-für-mich funktioniert sehr gut. Hoffentlich kann ich lernen, diese Erfahrung auch in mein Alltagsleben zu integrieren.

Jetzt ist es halb zwölf. Du bist bei mir: Ich trage deine Safari-Jacke und deine Schuhe jeden Tag – ideale Geschenke, die Basis meines hiesigen Lebens. Ich bin hier, weil du mir erlaubst zu träumen. Ich kann mir auf der ganzen Welt keinen besseren Freund wünschen als dich. Und ich hoffe, dass du bei alldem nicht den Verstand verlierst! Ich liebe dich.

KAPITEL 9 Nisa erinnert sich

«Kannst du mir von den Dingen erzählen, die du gesehen hast, während ich fort war?», fragte ich Nisa. «Ich meine nicht die anderen Leute. Ich meine, wie du in diesen Jahren gelebt hast. Wir haben noch gar nicht darüber gesprochen, wie es bei dir war.»

An ihrem Gesichtsausdruck konnte ich sehen, dass sie etwas verwirrt war. Also entschuldigte ich mich schnell: «Uhn, uhn ... Was ist nur los mit mir? Heute ist meine Zunge schwer. Hast du verstanden, was ich gesagt habe?»

Nisa signalisierte mir, dass sie mich sehr wohl verstanden hatte und mir die richtige Artikulationsweise schon beibringen würde. Langsam sagte sie mir die Sätze vor, wobei sie jedes einzelne Wort betonte: «Wir haben uns vor vielen Jahren getrennt.»

Gehorsam wiederholte ich: «Wir haben uns vor vielen Jahren getrennt.»

«Und ich bin nicht gekommen.»

«Und ich bin nicht gekommen.»

Immer noch in meiner Rolle fuhr sie fort: «Ich bin erst heute zurückgekommen. Und du, meine Tante, wie hast du gelebt? Ist es dir gut gegangen? Dein Herz – war dein Herz kühl (im Gegensatz zu heiß, wütend)? Warst du gesund und hast du die Arbeit gemacht, die du immer tust?»

«Ja!», rief ich begeistert. «Genau das wollte ich fragen.»

«Nun, so sagt man es.»

Sie sei oft krank gewesen, berichtete sie. Sie wurde krank, fühlte sich dann besser und begann wieder zu arbeiten. Dann fühlte sie sich wieder schlecht und musste sich hinlegen. Manchmal war sie lange krank. Wenn die Krankheit vorbei war, arbeitete sie wieder. «Heute bin ich eine alte Frau. So, wie ich hier bin, bin ich alt. Wenn ich manche Dinge tue, sehen meine Augen nicht gut. Wenn ich andere Dinge tue, schmerzen meine Beine.»

Sie habe oft an mich gedacht, sagte sie. «Marjorie ist vor langer Zeit gegangen. Wird sie eines Tages zurückkommen und mir wieder helfen, mir Unterstützung geben? Meine Augen sehen nicht mehr gut. Marjorie und ich haben uns vor langer Zeit getrennt. Vielleicht hat die Regierung sie festgehalten. Vielleicht ist sie deswegen nicht wiedergekommen.»

Wenn das Leben im Dorf ihr nicht gefiel, wenn es ihr «Gesicht ruinierte», wie sie sagte, dann gingen sie und Bo in den Busch. «Töte einen Springhasen oder ein Stachelschwein, damit ich das Fleisch im Mund schmecken kann», sagte sie dann zu Bo. «Heute ist das Innere meines Mundes tot! Der Fleischhunger bringt mich um!» Aber Bo sagte immer: «Wie soll ich etwas schießen, wenn ich nur ein gutes Auge habe?» Woraufhin sie dann antwortete: «Eh, ist schon gut. Es ist nicht wichtig.»

Einmal gingen Bo und Nisa mit Hunden auf die Jagd, und Bo tötete einen Springhasen. Nisa packte ihn in ihren Tragbeutel. Dann kamen sie an eine Stelle, wo ein Leopard ein Pferd geschlagen hatte, und sie überprüften die Spuren, um daran zu sehen, wie er es getötet hatte. Sie übernachteten in den Hainen, häuteten den Springhasen und aßen ihn. Am nächsten Morgen sammelten sie Mongongonüsse und zogen in einen anderen Teil der Nusshaine. Am Ende des Tages begann es zu regnen. Sie gingen nach Hause, als es schon dunkel war, und wanderten durch die Nacht. Sie mussten viele Stunden gehen, bis sie in ihrer Hütte ankamen.

Am Morgen verkündete Kumsa, Nisas jüngerer Bruder, er werde wegziehen, in ein Herero-Dorf. Nisa sagte zu ihm: «Du kannst gern mit den Herero leben, aber ich kann es nicht. Sie lassen dich hart arbeiten und geben dir nichts. Nur die Weißen bezahlen dich für deine Arbeit. Sie geben dir Geld, damit du dir Essen kaufen kannst. Ich ziehe nicht in ein Herero-Dorf. Ich sitze hier, wo ich bin.» Also zog Kumsa weg, und sie blieb hier.

Sie begann zu husten. «Wenn ich huste, musst du das Ding töten», ermahnte sie mich streng und deutete auf den Kassettenrecorder. «Es soll meinen Husten nicht aufnehmen. Ich will nicht, dass es meinen Husten hört. Ich will, dass es nur sagt, was ich sage.» Ich stellte das Gerät ab, bis sie fortfahren konnte.

«Danach haben Bo und ich allein in Mahopa gelebt. Wir lebten und lebten und lebten.»

«Hattet ihr ein gutes Leben?»

«Wir lebten und wir aßen Elfenbeinnüsse», antwortete sie und fing an, die Geschichte mit Richard Lee, die sie vor ein paar Tagen schon einmal angedeutet hatte, etwas ausführlicher zu erzählen:

Wir lebten von den Nüssen, weil wir Hunger hatten. Der Hunger packte uns, also haben wir die Nüsse gegessen. Wir schlugen sie von den Palmen herunter, klopften sie auf und aßen sie.

Dann kam Richard nach Dobe und fragte nach mir. «Ich suche Nisa. Mein Herz braucht sie so sehr, dass es weint.» Die Leute sagten zu ihm: «Was weinst du denn? Nisa lebt in Mahopa. Morgen früh gehen wir gleich zu ihr. Also weine nicht.» Sie schliefen in der Nacht.

Richard hatte seine Kinder bei sich. Am Morgen kamen sie alle zu mir. Ich war im Busch und schlug Elfenbeinnüsse. Bo war im Dorf. Er sagte zu Tasa: «Geh und hol deine Tante. Richard sucht deine Tante, damit er sie mitnehmen kann und wir gehen können.» Tasa holte mich. Ich nahm die Nüsse und rannte ins Dorf. Als wir kamen, sagte Richard: «Mama ... meine Großmutter ... Mama mama. Marjorie hat mir gesagt, ich soll dich suchen und mitnehmen. Ich habe dein Geld bei mir. Hier ist es. Ich gebe es dir, damit du Kühe kaufen kannst.» Ich war so dankbar, dass ich sagte: «Meine Nichte, meine Nichte hilft mir.»

Richard sagte: «Die Herero wollen sie dir vielleicht nicht verkaufen. Lass Timina, den einen jungen Herero, den Handel machen.» Aber ich sagte nein. «Timina wird es nicht tun. Ein Herero wird mein Geld nicht in die Hand bekommen. Gib es mir, ich werde es festhalten. Ich werde die Kühe selbst kaufen.» Richard sagte: «Also gut, nimm deine Sachen und pack sie auf den Truck.»

Richard hatte vorgeschlagen, die Kühe in Dobe zu kaufen. Wieder in dieses Gebiet zu ziehen war Bos Idee gewesen, erklärte Nisa. Sie hatte zögernd reagiert: «Gut, wenn du das sagst, dann ziehen wir dorthin.» Also hatten sie alles gepackt und auf Richards Truck geworfen und waren nach Dobe gefahren. Makongo, ein Tswana, der mit einer !Kung-Frau verheiratet war, hatte ihnen beim Kauf der Kühe geholfen.

Nisa und Bo hüteten sie. Sie waren allesamt trächtig. Bo molk die Kühe, nachdem die Kälber geboren waren, und Nisa goss die Milch in große Behälter. Aber nachdem die «Krankheit über ihn gekommen war», konnte Bo die Kühe nicht mehr melken.

«Was ist mit deinen beiden Nichten?», fragte ich sie. Ich konnte mir nicht erklären, warum Nisa mit Bo allein in einem Dorf lebte, weit weg von allen Verwandten. «Du hast sie großgezogen, als wir das erste Mal miteinander gesprochen haben.»

«Ja, als wir das erste Mal gesprochen haben, da habe ich für die kleine Tasa und die kleine Nukha gesorgt. Sie waren noch Kinder, und wir haben sie großgezogen», antwortete sie und schloss mich dann großzügig in das «Wir» ein. «Du und ich, wir haben sie mit der Nahrung, die du ihnen gegeben hast, großgezogen. Aber nachdem sie erwachsen waren, hat ihre Mutter nicht mehr erlaubt, dass ich sie habe. Sie hat sie mir einfach weggenommen.»

Nach einer kurzen Pause fuhr sie fort: «Mein Bruder wollte nicht, dass ich mit ihnen zusammen bin. Bei seiner Ältesten war es so, als hätte ich sie erzogen. Aber er ließ mich fallen. Er sagte, dass ich sie nicht geboren habe. Dass ich eine Außenstehende bin. Aber ich hatte so gut für sie gesorgt! Es war, als hätte ich sie geboren.» Ihre Stimme wurde traurig. «Ich fühle mich schrecklich deswegen. Schrecklich. Weil ich kein Kind habe. Mein Mann, er ist der Einzige, den ich habe. Wir sehen einander an, und das ist alles.»

Bo hatte ebenfalls keine Kinder. «Er hat nie eine Frau geheiratet und ein Kind mit ihr gehabt. Als er zu mir gekommen ist, hatten wir keine Kinder mehr miteinander. Ich habe anderen Männern Kinder geboren, aber sie sind alle gestorben. Gott war geizig mir gegenüber. Und als Bo zu mir gekommen ist, hat Gott sich geweigert, und wir haben nie ein Kind geboren.»

«Hast du dort, wo du wohnst, jemanden von deinen Leuten bei dir?»

«Ich, ich habe keine Leute. Wenn mein jüngerer Bruder gut zu mir sein wollte, könnte er mir helfen. Aber stattdessen hat er mir die Kinder weggenommen. Nai, die Tochter meines älteren Bruders, ist die Einzige, die mir hilft.»

«Warum lebst du nicht in Nais Dorf?»

«Wenn du deine Nichte einem Mann zur Frau gibst, dann wohnst du nicht in ihrem Dorf. Werden die beiden sich nicht streiten und sich beschimpfen? Und wenn deine Ohren das hören, wird dann dein Herz das nicht missbilligen?»

Sie sagte, sie sei zufrieden, allein mit Bo zu leben, weil ihre Hütte ganz in der Nähe von zwei kleinen Dörfern sei, in denen ein paar entfernte Verwandte und einige Freunde von ihr lebten. Ihren jüngeren Bruder besuche sie nicht, weil er sie anschreie.

Er sagt, ich habe ihm keine Kuh gegeben. Ich weigere mich! Ich mache das nicht, ich gebe ihm keine Kuh. Er ist blind. Wenn ich ihm eine Kuh geben würde, dann würde er sie vertrinken, mit Bier. Und diese Kühe, sie füllen meinen Magen.

Ich habe zu ihm gesagt: «Als Marjorie mir diese Kühe gab, da hat sie gesagt, ich soll die Kühe melken und die Milch trinken. Sie wollte dafür sorgen, dass ich nicht mehr in den Busch muss, um Nahrung zu sammeln. Weil ich alt bin, hat sie gesagt. Deshalb hat Marjorie mir die Kühe gegeben. Sie hat nicht zu mir gesagt, dass ich dir die Kühe geben soll. Nein, du musst einfach sitzen und für dich selbst sorgen. Meine Zunge hier, sie ist meine Kuh. Ich gebe dir keine Kuh.»

Danach hat er mich fallen lassen.

Dann, sozusagen als eine Art Zusammenfassung, rief sie:

«Ooo... oh ... seine Augen sind kaputt.» Sie prustete in die Luft und sagte: «Weg damit», als würde sie etwas Schlechtes ausspucken. «Er bringt sich um. Ich habe gesagt, ich komme ihn besuchen und wir sitzen zusammen. Aber er hat gesagt: ‹Ich nehme die Kinder.› Und dann hat er die Kinder genommen und ist gegangen.»

Ihr Bruder war außerdem wütend auf sie, weil sie nicht nach Kangwa gezogen war, wo er lebte, nachdem sie die Kühe gekauft hatte. «Warum wohnst du noch in Dobe?», fragte er sie. Aber sie antwortete: «Ich werde dort sitzen, wo ich schon die ganze Zeit sitze. Hier. Ich werde meine Kühe großziehen, aber erst, wenn es viele sind, ziehe ich nach Kangwa.»

«Danach hat er mich angeschrien und hat mit mir gestritten und mich wieder angeschrien. Und dann hat er mir seine Kinder weggenommen.»

Als sie nach Dobe zog, hatte Richard Lee sie und ihren Besitz auf seinen Truck geladen. Ohne Truck nach Kangwa zu ziehen wäre sehr schwierig gewesen. «Ein Esel ist das Einzige, was ich nicht habe. Wenn ich einen hätte, das wäre gut. Ich würde meine Sachen packen und nach Kangwa ziehen. Aber ich habe keinen Esel. Deshalb lebe ich hier.»

Dann sagte sie, sie hätte schon immer gern in Kangwa gewohnt. Wenn sie dorthin ziehen könnte, dann würde sie die Kühe in Dobe lassen und Milch trinken, die andere Leute ihr geben. Und wenn ihre Kühe Kälber bekommen würden, dann würde ihr Neffe ein paar zu ihr nach Kangwa bringen und die anderen in Dobe lassen. Vielleicht würde sie die Kühe auch in ein Buschlager mitnehmen.

Aber dann begann sie zu klagen: «Mein Mann will nicht! Er sagt, er will hier bleiben und die Kühe hüten. Ich sage, wir sollen umziehen. Aber dann sagt er, er geht nicht von den Kühen weg.» Selbst wenn sie einen Esel hätte, würde Bo nicht umziehen. «Er weigert sich, und das hindert mich. Obwohl mein Herz gern umziehen würde.»

«Warum willst du in Kangwa wohnen?»

«Für mich ist es schwer, aus dem Brunnen in Dobe Wasser zu holen. Mir muss immer jemand helfen und Wasser aus dem Eimer in meine Behälter gießen. Wenn ich allein bin, lebe ich mit Durst. In Kangwa gibt es einen Wasserhahn, und ich kann mir Wasser holen.» Und außerdem wäre ihr jüngerer Bruder vielleicht wieder freundlich, wenn sie dort wohnte.

«Wenn du in Kangwa wohnen würdest ...», begann ich.

«Dann hätte ich keine Schmerzen», antwortete sie. Aber das würde sie nie herausfinden, weil ihr Mann hier bleiben wollte, um auf die Kühe aufzupassen. Und außerdem hatte sie schlechte Augen und konnte nicht losziehen, um Nahrung zu sammeln. Deshalb würde es gar nichts ändern, wenn sie einen Esel hätte. «Ich würde trotzdem hier sitzen. Ich würde den Esel den Kindern meiner Nichte geben, damit sie Nahrung für mich holen.»

«Aber», schloss sie, «ich habe keinen Esel.»

Ich wollte noch nicht auf die Esel-Frage eingehen und schob sie erst mal beiseite. «Die Kinder deines jüngeren Bruders ... besuchen sie dich?»

«Sie besuchen mich. Sie mögen mich!», sagte sie mit Nachdruck. «Ihr Vater ist derjenige, der nicht will, dass sie mit mir zusammen sind. Ooh, Mutter, das ist es, was er sagt! Aber diese Kinder, sie mögen mich, sie mögen mich wirklich. Aber ihr Vater nimmt sie mir weg.»

Das Interview ging seinem Ende entgegen, aber ich fragte sie noch: «Geht es euch gut hier, dir und deinem Mann?»

«Ja, ich lebe gut. Obwohl ich allein bin, geht es mir gut.»

«Wenn du keine Kühe hättest – meinst du, ihr wärt dann keine Feinde, du und dein Bruder?»

«Nein. Wenn ich keine Kühe hätte, würde er mich trotzdem hassen. Er hasst mich einfach, er hasst mich und meinen Mann. Dieser Kumsa, er ist viel zu voll mit Wörtern. Der Einzige, der mich nicht anschreit, ist mein älterer Bruder. Aber jetzt bringt ihn die Krankheit um und es geht ihm schlecht. Mein Mann hat gesagt, er kann bei uns wohnen, damit wir für ihn sorgen.»

«Ehe du nach Dobe gekommen bist, wie sah dein Leben da aus?», fragte ich im Rahmen eines anderen Gesprächs.

«In den Jahren nachdem du gegangen warst, habe ich Nahrung gegessen, die ich gesammelt habe. Es ging mir gut, und mein Mann war noch gesund. Wenn wir krank waren, haben wir uns selbst versorgt. Die Nahrung aus dem Busch haben wir gesammelt und sie hat uns ernährt. Er hat Fleisch mitgebracht, und wir haben Fleisch gegessen.

Aber dann begann Kumsa, mich anzuschreien, und wir haben angefangen zu streiten. Er hasste mich einfach!»

«Als ich das letzte Mal hier war, habt ihr euch gut verstanden, stimmt's?»

«Nicht so richtig. Ich mochte ihn, aber er mochte mich nicht. Er war voll mit schlechten Wörtern, und er hat mich angeschrien. Ich habe zu ihm gesagt: ‹Ich habe deine Kinder großgezogen. Ich habe bei ihrer Geburt geholfen, und ich habe geholfen, sie großzuziehen. Warum nimmst du sie mir weg?›»

Sie hatte sich gewünscht, dass ihre Nichten bei ihr wohnten. Sie konnten ihr helfen, Nahrung und Feuerholz zu sammeln und Wasser zu holen. Aber Kumsa weigerte sich und sagte, nicht sie, sondern er habe sie geboren – sowohl !Kung-Männer als auch die Frauen sagen von sich, sie hätten die Kinder «empfangen» und «geboren» – und sie seien aus dem Körper seiner Frau gekommen, nicht aus ihrem. «Warum soll ich dir die Kinder geben?», hatte er gesagt, ehe er in das Herero-Dorf zog.

Das war nicht immer so gewesen. Vor fast zwanzig Jahren hatten Kumsa und seine Frau ihr eine ihrer Töchter gegeben. Das Mädchen, die kleine Nukha, nannte Nisa «Mutter», als Nisa und ich das erste Mal miteinander redeten. Damals hatte Nisa die Situation folgendermaßen beschrieben:

Es ist noch nicht lange her, dass mein jüngerer Bruder, Kumsa, und seine Frau mir eines ihrer Kinder gaben, die kleine Nukha. Ich sollte eine Zeit lang für sie sorgen. Sie brachten sie zu mir. Seine Frau war mit ihrem dritten Kind schwanger und wollte Nukha entwöhnen. Aber Nukha wollte nicht und weinte die ganze Zeit. Schließlich sagte mein Bruder: «Nisa, meine ältere Schwester, kannst du eine Weile für sie sorgen?» Das habe ich getan. Ich nahm sie mit, und sie blieb bei mir. Ich kümmere mich noch immer um sie. Ich ziehe sie groß. Sie wächst bei mir auf, und sie nennt mich Mutter. Sie sagt, ihre richtige Mutter ist wie jeder andere Mensch, und sie will nicht in ihrer Hütte schlafen. Manchmal bleibt sie tagsüber bei ihr, aber abends kommt sie zu mir.

Es macht mich sehr glücklich, für sie zu sorgen. Es ist, als hätte ich sie selbst geboren. Ich liebe Kinder. Als mein Bruder sein drittes Kind bekam, nahm ich Nukha zu mir und behielt sie.

Die Vereinbarung hatte länger als zwei Jahrzehnte gegolten. «Ich habe sie herumgetragen, ich habe sie gefüttert, ich habe sie großgezogen. Ich habe auch ihre Ehe arrangiert und Nukha ihrem Mann gegeben.» Die «kleine» Nukha, die inzwischen selbst drei Kinder geboren hatte, nannte Nisa immer noch Mutter und wurde von ihr mit «meine Tochter» angesprochen. Nisa gefiel es offensichtlich, dass Nukha ihre biologische Mutter immer als «Tasas Mutter» bezeichnete, als wäre sie nur die Mutter ihrer Schwester, während sie die intimere Bezeichnung «Mutter» Nisa vorbehielt.

Nisa und Bo hatten sich im Lauf der Jahre auch um Nukhas Schwestern gekümmert. Aber nur Nukha war richtig bei ihnen aufgewachsen. Nisa verkündete mit spürbarer Befriedigung: «Nukha ist von unserem Dorf ins Dorf ihres Mannes gezogen, ohne dass sie je zu ihren Eltern zurückgekehrt ist.» Es war Nisa, nicht Nukhas biologische Mutter, die Nukha bei ihrer ersten Geburt beistand, und es war Nisa, die das neugeborene Kind zu seinem Vater brachte.

Nisa wünschte sich sehr, dass ihre Nichte noch bei ihr wohnen würde – und auch Nukha wäre damit einverstanden gewesen. Aber Nukhas Mann wollte es nicht. Er hütete Kühe für die Herero und sagte, er wolle seine Arbeit nicht aufgeben. Aber Nisa war davon überzeugt, dass er sich nur aus Eifersucht so verhielt. Als Nukha einmal bei ihr zu Besuch war, kam er, um sie zu holen, und danach hatte er ihr nicht mehr erlaubt, zu Nisa zu gehen. «Er hat gesagt, Nukha mag mich zu sehr. Er hat Angst, wenn sie wieder zu mir kommt, dann will sie nicht mehr nach Hause gehen.»

«Ich verstehe immer noch nicht, was mit deinem Bruder los ist», sagte ich. «Als ihr Kinder wart, haben eure Herzen sich gemocht.»

«Als wir Kinder waren, haben wir uns gehasst!», korrigierte mich Nisa so heftig, dass ihre Stimme ganz laut wurde. «Verstehst du? Als wir jung waren, haben wir einander *gehasst*! Dieser Mann war schlecht! Wir haben uns geschlagen. Ich habe ihn oft gebissen, und er hat mich geschlagen, und ich habe ihn wiedergebissen. Kumsa! Er ist immer noch böse.»

Nach kurzem Schweigen fügte sie hinzu: «Aber mein großer Bruder Dau ist wunderbar. Er ist immer gut zu mir.»

Sie erzählte, Kumsa habe den älteren Bruder im Stich gelassen. «Eines Tages hat Kumsa zu mir gesagt: ‹Ich verlasse Dau und ziehe fort.›» Dau blieb in dem leeren Dorf zurück, in dem nur noch ein anderer Mensch lebte, ebenfalls ein alter Mann. Nisa hatte keine Möglichkeit gesehen, Dau nach Dobe zu holen. Als sie hörte, dass ich kommen würde, war sie sehr erleichtert. Am Tag nach unserer Buschexpedition hatte Baitsenke Dau mit dem Truck nach Dobe geholt.

Dafür war Nisa sehr dankbar, und sie lobte mich überschwänglich. Auch ihr Mann hatte sich bei mir bedankt. «Nisa ist zwar selbst krank, aber sie möchte ihren älteren Bruder hier haben», hatte Bo zu mir gesagt.

Dau war schwach und brauchte dringend Pflege. Auch er lobte mich und sagte, ich sei seine Tochter. «Meine Tochter hat mich zu meiner jüngeren Schwester gebracht. Ich bin so dankbar. Nisa wird kochen, damit ich essen kann, und ich werde in der Nähe ihres Feuers liegen und mir wird warm sein.»

Den Streit zwischen Nisa und ihrem jüngeren Bruder verstand ich allerdings immer noch nicht ganz. Worum ging es wirklich? Eifersucht? Hatte Nisas materieller Besitz Kumsa dermaßen neidisch gemacht, dass er ihr unbedingt weh tun wollte? Er wusste genau, dass er sie hart treffen würde, wenn er ihr den Kontakt zu seinen Kindern untersagte. Aber wie rechtfertigte er, dass er den älteren Bruder allein in einem quasi unbewohnten Dorf zurückgelassen hatte?

Auf diese Fragen bekam ich bis zum Schluss keine richtige Antwort, obwohl ich das Thema immer wieder anschnitt. Aber dass zwischen den beiden völlige Entfremdung herrschte, war nicht zu übersehen. Als Nisa mir jedoch von den übrigen Problemen im Leben ihres jüngeren Bruders erzählte, sah ich die Situation aus einem anderen Blickwinkel: Vielleicht war er einfach überfordert und konnte nicht anders mit Nisa umgehen.

Das Problem war Kumsas Ehe, die Nisa schon damals als sehr mangelhaft geschildert hatte. Jetzt erzählte sie mir, Kumsas Frau Chuko sei zu einem «Goba» gegangen, als das dritte Kind noch klein war. Als «Goba» bezeichneten die !Kung die bantusprachigen Stämme, die weiter entfernt lebten. Die beiden waren miteinander durchgebrannt und hatten Kumsa mit der kleinen Tochter sitzen lassen. Damals hatte Kumsa seine Schwester wieder um Hilfe gebeten.

Die Sonne stand tief am Himmel, erzählte Nisa, als Kumsa und das kleine Mädchen in ihrem Dorf auftauchten. Er sagte nur: «Chuko ... der Goba hat Chuko mitgenommen.»

«Welcher Goba?», fragten Nisa und Bo.

«Der mit den kurzen Fingern, mit den Goba-Fingern, der war's.»

Nisa rief: «Oh, Kumsa! Du kannst kaum noch sehen. Wie willst du die kleine Tasa großziehen? Jetzt bist du hier, also bleib bei uns.» So lebten sie lange zusammen, aber es ärgerte Bo, dass Chuko Kumsa verlassen hatte, und eines Tages sagte er: «Das ist nicht gut, Nisa. Wir gehen zu den Behörden.» Sie gingen in das Dorf, in dem die Polizei stationiert war, und sagten: «Wir suchen Chuko.»

Chuko lebte im Busch. Als sie auftauchte, sagte Bo zur Polizei: «Das ist die Frau. Das ist Chuko. Der Goba mit den kurzen Fingern hat sie mitgenommen. Ich, ich bin wie Chukos Vater. Ich möchte sie vor Gericht bringen, und dann nehme ich sie nach Hause.»

Der Polizist sagte zu Chuko: «Siehst du? Dein Vater Bo hat dich zu uns gebracht. Heute gehst du ins Gefängnis.» Und sie sperrten sie sehr lange ins Gefängnis. Der Goba bekam nur eine Geldstrafe. Er bezahlte Kumsa mit Kühen, verließ die Gegend und wurde nicht mehr gesehen.

Viele Jahre vergingen, bis Chuko wieder freigelassen wurde. Aber danach gab es sofort wieder Schwierigkeiten.

Gleich am ersten Abend, als Chuko nach Hause kam, fing sie an, Bier zu trinken. Da war dieser Herero – kennst du ihn? Sie nennen ihn Kashay. Also, der Mann packte Chuko, warf sie auf den Boden, hielt sie fest und hatte Sex mit ihr. Meine Nichte, ihr Mann und noch ein Mann sahen das und rannten zu Kumsa und riefen: «Onkel, Kashay hat Sex mit deiner Frau!»

Kumsa sprang auf und rannte zu Kashay. Er packte ihn und warf ihn auf den Boden. Kashay schrie die ganze Zeit: «Ich treibe es mit Chuko! Lass mich an sie ran!» Kumsa wollte Kashay töten. Seine Hände waren an Kashays Kehle, aber die anderen zogen ihn weg. Danach brachte Kumsa Kashay zur Polizei. Die Polizei sperrte sie alle ein.

«Warum kamen sie alle ins Gefängnis?», fragte ich verdutzt. «War es schlecht, dass die anderen den Vorfall gemeldet hatten?»

«Sei still und hör zu», sagte Nisa streng. Es passte ihr nicht, dass ich sie unterbrochen hatte.

Sie mussten alle ins Gefängnis. Der Polizist fragte Kashay: «Hast du diese Frau mit Gewalt genommen?»

«Ja», gab Kashay zu, «ich habe sie mit Gewalt genommen und hatte Sex mit ihr.»

Der Polizist fragte Chuko: «Dieser Mann hier – hat er dir Gewalt angetan?»

«Ja», sagte sie. «Er hat mich mit Gewalt gepackt und Sex mit mir gehabt.»

Der Polizist fragte den Mann meiner Nichte: «Hat der Mann hier diese Frau mit Gewalt genommen und Sex mit ihr gehabt?»

«Ja», sagte er. «Wir waren alle zusammen, und da hat er sie gepackt und es mit ihr getrieben.»

Der Polizist fragte meine Nichte und den dritten Augenzeugen. «Ja», sagten sie, «er hat sie mit Gewalt genommen und hatte Sex mit ihr.»

Das war es also. Der Polizist sagte, die Zeugen sollten Geld bekommen, und Kashay wurde ins Gefängnis gesperrt. Chuko kam zurück und wurde ihrem Mann gegeben. Aber sie behandelte ihn nicht gut. Ihn, dessen Augen kaputt sind. Und sobald Kashay aus dem Gefängnis kam, ging sie zu ihm. Er war viele Jahre im Gefängnis, aber sobald er herauskam, *wham*! Diese Chuko ist wirklich schlecht! Heute sieht sie ihn immer noch.

Nisa schwieg eine Weile. «Ja», sagte sie dann. «Das sind die Dinge, die ich gesehen habe, während du fort warst.»

«Was du mir gerade erzählt hast – dass ein Mann eine Frau mit Gewalt nimmt – sieht man das oft?», fragte ich. Ich wusste, dass die Anthropologen über das traditionelle Leben der !Kung gesagt hatten, bei ihnen gebe es praktisch keine Vergewaltigungen.

«Es ist schrecklich. Ganz schrecklich!», rief sie. «Wenn ein Mann eine Frau mit Gewalt nimmt, ist das schlimm. Ein Mann bittet dich, oder du bittest ihn, und ihr beide seid euch einig – das ist sehr gut. Aber ein Mann, der dich nicht bittet, sondern dich einfach packt – das ist furchtbar. Schrecklich! Denn du selbst willst es ja nicht.»

«Hat dich je ein Mann mit Gewalt genommen?»

«Mich? Mich? Nein. Ich bin nie mit Gewalt genommen worden», sagte sie, aber dann korrigierte sie ihre Antwort. «Einmal, als ich ein junges Mädchen war und meine Brüste vorstanden, da habe ich es gesehen.»

«Wer war es?»

Ein Mann, der im Busch lebte. Der Mann, er ist inzwischen gestorben, und wenn jemand gestorben ist, nennt man seinen Namen nicht. Der Mann, er hat mich mit Gewalt genommen. Danach bin ich zurückgekommen und habe es gesagt.

Das war, bevor es die Polizei gab. Ich habe es meinem Mann gesagt, dem, mit dem ich die Kinder hatte, die gestorben sind. «Dieser Mann hier – dieser Tuka – er hat mich mit Gewalt genommen.»

Es ist im Busch geschehen. Ich war weggegangen, um Feuerholz zu sammeln. Ich habe es getragen, und dann hat er sich mir in den Weg gestellt und hat mich gezwungen. Ich habe laut geschrien und ihn geschlagen. Ich habe gebrüllt! Ich habe ihn die ganze Zeit geschlagen, aber er reagierte nicht und warf mich auf den Boden. Er hielt meine Arme fest und drückte mich auf den Boden und hielt meine Beine fest. Er hat mir große Schmerzen zugefügt.

Deshalb habe ich es meinem Mann Tashay erzählt, dem, mit dem ich später Kinder hatte. Mein Mann ist hingegangen und hat den Kerl geschlagen. Dann fingen die beiden an zu kämpfen, sie kämpften und kämpften. Ich sah, was passierte, und sagte: «Eh-hey. Ist das so? Wenn man etwas sagt, dann passiert das – die Männer bringen einander um?» Und ich dachte: Eh. Wenn das so ist, dann ist es schlecht, wenn man etwas sagt. Schlecht!

Danach habe ich immer nein gesagt, wenn ein Mann etwas wollte. Ich habe einfach nein gesagt. Aber ich habe keinem etwas erzählt. Ich saß nur einfach da. Aber trotzdem hat mich niemand mit Gewalt genommen, außer an dem Tag.

«Vor langer Zeit, als die Menschen im Busch lebten, haben die Männer die Frauen da mit Gewalt genommen?», fragte ich.

Die Menschen, die im Busch lebten ... ja, sie haben Frauen mit Gewalt genommen. Heute gibt es das immer noch. Die Männer tun es immer noch. Aber vor langer Zeit, wenn da eine Frau einen Mann zurückgewiesen hat und sie im Busch Nahrung sammelte, dann konnte es passieren, dass er zu ihr ging und sie mit Gewalt nahm. Wenn sie einverstanden war, legte sie sich einfach mit ihm hin. Und sie sagte es keinem. Aber wenn sie nicht einverstanden war und er sie mit Gewalt nahm, dann sagte sie auch nichts, wenn sie ins Dorf kam. Weil sie Angst hatte, die Leute würden sich dann gegenseitig umbringen. Sie hatte Angst vor vergifteten Pfeilen. Wenn sie etwas sagte, dann fingen die Leute an zu schießen.

Nur ein Mann ohne Verstand würde eine Frau zwingen, erklärte Nisa. So ein Mann würde die Frau packen, sie hier und da anfassen und ihr überall weh tun. Sie erzählte von einer Frau, die von zwei Gobas vergewaltigt und fast getötet wurde. «Oh, meine Nichte», rief sie. «Wir Frauen haben viel gesehen.»

Dann fiel ihr eine Szene aus ihrer Jugend ein, eine Geschichte, die sie mir vor Jahren schon einmal erzählt hatte. Zwei Männer, beide ihre Liebhaber, stritten sich um sie, jeder hielt sie an einem Arm fest und zerrte an ihr. Der eine war Kantla, der Mann, der immer noch ihr Geliebter war. Der andere war sein jüngerer Bruder Dem, «geboren an der gleichen Stelle». Kantla sagte zu Dem: «Sie ist meine Frau.» Dem entgegnete: «Nein, sie ist meine.»

Belustigt sagte Nisa: «Marjorie, vor langer Zeit habe ich wirklich viel gesehen!», und beschrieb dann genauer, was passiert war. «Ich hatte damals keinen Mann. Tashay, mein Ehemann, war gerade gestorben. Meine Brüste waren riesig und standen weit vor. Habe ich nicht ein Kind gestillt?»

Nisa hatte von dem Vorfall bereits bei meinem ersten Besuch erzählt: «Dann kam meine Mutter und rettete mich. Sie schrie die beiden Männer an: ‹Seht ihr nicht, dass ihr Nisa die Arme ausreißt? Ihr bringt sie um!›» Aber in der neuen Version fiel die Ausdrucksweise ihrer Mutter wesentlich drastischer aus: «Wollt ihr Nisas Genitalien auseinander reißen und die Stücke davontragen?» Nisa lachte, als sie die Worte ihrer Mutter wiedergab: «Ist Nisas Geschlecht so heiß? Wenn ihr es auseinander reißt, was habt ihr dann davon?»

Nisas Mutter zerrte sie zurück ins Dorf und beschimpfte dabei die ganze Zeit die beiden Männer, verfluchte sie und befahl ihnen zu gehen. Schließlich gingen sie tatsächlich. Aber Nisa hatte Angst, dass Kantla, der ältere Bruder, zurückkommen würde, um den jüngeren zu töten. «Dieser Mann war sehr schlecht», sagte sie über Kantla. «Dieser Mann ... er war *schlecht*.»

Und dann fuhr sie fort: «Deshalb kann ich jetzt endlich sagen, weil ich alt bin: Hu, ich kann mich ausruhen.»

Ich musste lachen, und Nisa sagte zärtlich: «Eh, Marjorie.»

Unter Gelächter beschrieb Nisa einen anderen Streit zwischen ihren Liebhabern. Sie saß in einer Hütte bei ihrer Tante, der alten Nisa, ihrer Namensschwester. Ein Mann kam zu ihr, dann noch einer. Die beiden Männer fingen an zu streiten, jeder wollte sie an sich ziehen. Die Tante mischte sich ein und schrie: «Ist sie die Einzige mit einer süßen Vagina? Sind die Vaginen der anderen Frauen so langweilig? Was ist bei ihr anders?»

Die Männer hörten aber nicht auf, an ihr zu ziehen. Sie schrien sich gegenseitig an: «Du kannst sie nicht haben.» Schließlich riss Nisa sich los. Aber am nächsten Tag kamen die Männer vorwurfsvoll zu ihrer Tante:

«Alte Nisa, du lässt uns deine Namensschwester nicht haben. Du bist kein Mann, sondern eine Frau. Warum gibst du sie uns nicht?»

«Nein!», entgegnete meine Tante. «Es gibt viele Frauen hier. Meint ihr denn, Nisa ist die Einzige mit einer Vagina? Seht euch doch all die Frauen an, die eine Vagina haben und die da sitzen und mit denen ihr es treiben könnt. Treibt es mit denen. Aber kommt nicht zu Nisa.»

Und dann schimpfte sie mit mir: «Nisa mit der süßen Vagina», sagte sie zu mir. «Ich schneide sie dir weg! Ich lasse sie nicht, wo sie ist. Komm her, lass sie mich rausschneiden. Dann werfe ich sie ins Feuer und vergrabe sie.»

Meine Namensschwester schrie mich richtig an: «Press die Beine zusammen!», rief sie. «Du musst mit geschlossenen Beinen dasitzen. Schließe die Beine und verstecke deine Genitalien.» Sie wollte einfach nicht, dass diese Männer mich haben. «Du bist wirklich schlecht ...», sagte meine Tante. «Du musst deine Genitalien bedecken. Lass sie nicht offen. Willst du denn unbedingt, dass diese Männer dich haben?»

Aber ich sagte: «Tante, *die* sind es doch, die mich belästigen und Sex haben wollen. Ich mache nichts! Hast du nicht gesehen, wie sie mich mit Gewalt packten? Sie haben mich gepackt, und du standest gleich daneben. Hast du das nicht gesehen? Aber trotzdem sagst du, ich habe etwas Schlimmes getan?»

Später kam dann Kantla zurück.

Er setzte sich zu uns. Meine Tante sagte zu ihm: «Heute kannst du nicht mit Nisa Sex haben. Wieso bist du schon wieder hier?»

Und zu mir sagte sie: «Nisa ... Nisa ... Nisa ... Lass Kantla nicht mit dir schlafen.» Dann drehte sie sich wieder zu Kantla um und sagte: «Wenn du dich mit ihr hinlegst, wird jedenfalls nichts für dich da sein.»

Kantla war unglücklich. Er dachte: «Will sie mich daran hindern, dass ich mit meiner Frau zusammen bin?» Schließlich sagte er zu ihr: «Uhn, uhn. Ich will nicht ohne deine Namensschwester sein. Ich werde sie nicht einfach loslassen. Jetzt lass gut sein. Andere Männer weist sie ab, aber mich weist sie nicht ab.»

Meine Tante sagte: «Nein! Nein! Ist ihr Geschlecht so süß?»

Kantla sagte ruhig: «Alte Nisa ... Alte Nisa ... Ich liebe deine Namensschwester wirklich. Ich liebe sie, also lass mich mit ihr zusammen sein. Nimm sie mir nicht weg.»

«In dieser Geschichte ging es um meine Tante ... und um meinen Körper», sagte Nisa abschließend. Dann veränderte sich ihr

Tonfall, sie klang nicht mehr amüsiert. Auch andere Frauen hätten Liebhaber, sagte sie, aber ihre Liebhaber würden nach dem Sex weggehen. «Aber ich, ich saß da und war verletzt.» Ihre Liebhaber verletzten sie an den Armen, an den Genitalien und am Rücken. «Sie haben gezogen und gezogen und gezogen.»

«Zweige ...», fuhr sie fort, «waren nicht Zweige überall auf meinem Rücken und auf meinem Körper? Haben sie mich nicht geschlagen?» Manchmal hatten die Zweige Dornen. «Bam, bam, wie bei einem Esel, so wie man einen Esel schlägt und ihm weh tut. Diese ... sind das nicht Dinge, die meinen Rücken und meine Beine verletzen? Diese Männer – sie haben mich fast zu Tode geprügelt.»

«Aber jetzt bin ich schon lange alt», sagte sie, «und ich kann mich endlich ausruhen. Denn Kantla ... er schlägt mich nicht. Aber als ich noch ein junges Mädchen war, hat er mich einmal mit einem Jagdbogen geschlagen. Ich hatte ihn abgewiesen, also hat er mich geschlagen.»

Nisa erzählte von der Zeit, als Kantla, der mit Bey verheiratet war, sie unbedingt als Zweitfrau haben wollte. In groben Zügen wiederholte sie eine Geschichte, die sie mir bereits früher geschildert hatte:

> Er kam und holte mich und brachte mich in seine Hütte. Bey und ich lebten dort zusammen. Aber nach einer Weile wies ich ihn ab und rannte davon. Sie folgten mir und holten mich wieder zurück. Wir lebten eine Weile zusammen. An einem anderen Tag rannte ich wieder weg. Die beiden sind hinter mir hergekommen. Als sie mich festhalten wollten, machte ich mich los und rannte davon. Ich bin weggegangen und später habe ich einen anderen geheiratet. Kantla hatte mich mit ihm zusammengebracht, aber wir trennten uns.

Ich hatte das Gefühl, dass jetzt ein günstiger Augenblick wäre, um meine Fragen über ihre Kindheit anzubringen.

«Vor langer Zeit hast du mir von deinen Eltern erzählt, von den Dingen, die du getan hast, als du klein warst», begann ich. Damals hatte sie mit extremer Bitterkeit, aber auch mit extremer Zuneigung über ihre Eltern gesprochen. «Wenn du jetzt an sie denkst – meinst du, sie haben dich gut großgezogen?»

«Mein Vater und meine Mutter ... die, die mich geboren haben ... und die mich aufgezogen haben ...» Sie schwieg, um ihre Gedanken zu sammeln. «Sie haben hart für mich gearbeitet und sie haben mich gut großgezogen. Als ich klein war, haben sie mich gestillt und sie haben mir zu essen gegeben. Sie haben mich gestillt und mir zu essen gegeben. Sie haben kleine Vögel getötet, damit ich sie essen kann. Und sie haben mir zu essen gegeben. Sie haben Fallen aufgestellt und Perlhühner gefangen. Und mir zu essen gegeben. Mein Vater hat Stachelschweine getötet. Und mir zu essen gegeben. Er tötete große Tiere im Busch. Und er hat mir zu essen gegeben.»

Diese Familienszene schien noch etwas weiter zurückzuliegen: «Ich erinnere mich daran, wie meine Mutter mit Kumsa schwanger war ...» Um sicherzugehen, fragte ich nach: «Das war in der Zeit, bevor dein jüngerer Bruder geboren wurde?»

«Ja», antwortete Nisa. «Ich war sehr klein, ohne jüngeren Bruder.»

Sie haben für mich gesorgt und haben mich großgezogen und ich bin gewachsen. Dann, als ich schon ziemlich groß war, ging mein Vater eines Tages in den Busch, um zu jagen. Meine Mutter und ich haben gesammelt und Nahrung gesucht. Wir sammelten Beeren und andere Nahrung und gingen dann ins Dorf zurück.

Mein Vater hatte ein Stachelschwein getötet. Als er zurückkam, rief ich: «Da ist Papa!», weil ich etwas im Busch rascheln hörte. Er kam abends zurück und ich hörte ihn. Mutter sagte: «Vielleicht kommt dein Vater zurück. Sieh mal nach.» Ich ging und sah, dass mein Vater mit einem Stachelschwein zurückkam. Ich freute mich sehr. «Ja, ja, Fleisch! Papa ist da!», rief ich ganz laut. «Mama, sieh mal. Papa hat ein Stachelschwein mitgebracht. Mama, sieh mal, was Papa mitbringt. Sieh mal, Papa trägt ein Stachelschwein.»

Er legte das Stachelschwein ab, und am nächsten Morgen kochte er es und wir aßen es.

Wir lebten und lebten und lebten. Nachdem noch mehr Zeit vergangen war, wurde meine Mutter mit Kumsa schwanger. Es war nur unsere Familie, die zusammenlebte. Der jüngere Bruder meines Vaters tötete eine Elenantilope. Wir hatten gesammelt und Nahrung gesucht, und da sah ich den jüngeren Bruder meines Vaters. Er war allein, nachdem er das Tier getötet hatte, und sagte zu uns: «Kommt, wir essen da drüben.» Wir gingen zurück ins Dorf, und er sagte zu meinem Vater, seinem älteren Bruder: «Ich habe diese Elenantilope lange verfolgt und sie schließlich getötet. Ich habe sie getötet, damit ich sie dir geben kann. Ich bin gekommen, um dir zu sagen, dass wir dorthin ziehen sollen.»

Also haben sie alle ihre Sachen gepackt und sind umgezogen. Wir haben dort gelebt und das Fleisch gegessen.

Damals hat meine Mutter Kumsa geboren. Sie hat gesagt: «Uhn, uhn ... dieses Kind bringe ich um. Ich töte dieses Kind, damit du weiter meine Milch trinken kannst. Jetzt lauf los und hol meinen Grabstock und bring ihn mir.»

Ich sagte: «Mama ... du willst dieses Ding töten? Dieses hier? Willst du das töten, wenn ich dir den Grabstock bringe?»

Sie sagte: «Eh, hol mir den Grabstock und gib ihn mir, damit ich dieses kleine Ding töten kann. Dann kannst du meine Milch trinken. Dann kannst du trinken, also renn los und hol den Grabstock.»

Ich sprang auf und rannte los. Ich rannte und holte den Grabstock. Die jüngere Schwester meiner Mutter war im Dorf, und sie fragte mich: «Bist du nicht mit deiner Mutter losgegangen, um Mongongonüsse zu sammeln? Wo ist deine Mutter?»

Ich sagte: «Mama ist immer doch da draußen, und sie hat ein kleines Ding bei sich, ein kleines Ding, das neben ihr liegt. Sie hat mir gesagt, ich soll laufen und den Grabstock holen und ihn ihr geben, und sie will das kleine Ding töten.»

Meine Tante – also die jüngere Schwester meiner Mutter – rannte sofort los. «Steh auf! Steh auf!», schrie sie. «Ist Chuko verrückt? Ist sie verrückt und sagt, sie will das Kind umbringen? Mutter! Sie muss verrückt sein, wenn sie so etwas sagt. Ihr Mann – wenn er zurückkommt, dann schießt er und tötet uns. Beeil dich! Steh auf!»

Mamas jüngere Schwester rannte los und nahm mir den Grabstock weg. Als wir dort waren, schnitt sie die Nabelschnur durch – also Kumsas Nabelschnur – und trug ihn herum. «Du bist verrückt», sagte sie zu ihrer Schwester. «Warum hast du gesagt, du willst dieses Kind töten, den kleinen Jungen? Warum? Tötest du einen kleinen Jungen? Wenn du das tust, dann wird dich sein Vater töten ... er wird dich mit Pfeilen beschießen.»

Mutter sagte: «Uhn, uhn. Nisa ist klein und ich wollte, dass sie bei mir trinkt. Siehst du nicht, wie sie ist, wie klein? Deshalb habe ich gesagt, dass ich das Baby töte ... damit Nisa bei mir trinken kann.»

Aber die jüngere Schwester widersprach. «Uhn, uhn. Es ist ein kleiner Junge. Jetzt lass die Dinge, wie sie sind. Nimm ihn mit und stille ihn.» Da nahmen sie ihn mit zurück ins Dorf.

Ich fragte Nisa: «Wenn es ein kleines Mädchen ist, töten sie es?»

Sie antwortete: «Die Leute töten es nicht. Meine Mutter wollte nur, dass ich noch bei ihr trinken kann.»

Ich war verwirrt. Nisa hatte mir schon früher von Kumsas Geburt erzählt. Als ich die Geschichte das erste Mal hörte, wollte ich sie nicht glauben. Die Vorstellung, dass ihre Mutter sie in die Entscheidung über den Tod ihres kleinen Bruders hineingezogen hatte, erschien mir damals so entsetzlich, dass ich weder Nisa noch ihrer Geschichte glaubte. Ich war fest davon überzeugt, dass sie sich diese Geschichte zusammenphantasiert hatte. Oder war es vielleicht eine geschickte Manipulation vonseiten ihrer Mutter gewesen? Wie hätte sie Nisas Wut und Eifersucht angesichts eines kleinen Bruders besser neutralisieren können als dadurch, dass sie ihr das Gefühl gab, sie selbst sei diejenige, die dem Baby erlaubte weiterzuleben?

Oder hatte ich sie womöglich falsch verstanden? Zu der Zeit war mir die Sprache noch sehr fremd gewesen. Aber ich hatte keine Schwierigkeiten, die anderen Geschichten, die sie mir im selben Interview erzählte, zu glauben.

Ich war so erschüttert von dieser Geschichte, dass ich sie erst einmal auf sich beruhen ließ, mich von Nisa verabschiedete und die anderen Frauen interviewte. Mit der Zeit beherrschte ich die Sprache immer besser und fing an, die Gespräche auf Band aufzunehmen. Monate vergingen. Mel und ich planten schon unsere Abreise. Aber irgendwie war ich noch nicht zufrieden. Ich hatte mit sieben Frauen gesprochen, aber bei keiner hatte es richtig gefunkt.

Immer wieder fiel mir Nisa ein. Wie klar, wie farbig ihre Sprache gewesen war! Wie klug – und wie ernsthaft – sie auf meine Fragen eingegangen war. Und sie hatte auch sehr offenherzig über Sexualität gesprochen. Wenn ein Mädchen aufwächst und keine Freude am Sex hat, so hatte sie mir erklärt dann entwickelt sich ihr Geist nicht normal und sie fängt an, Gras zu essen, wie diese verrückte Herero-Frau, die in der Nähe lebte. Bei erwachsenen Frauen sei es auch nicht anders, meinte sie. «Wenn eine Frau keinen Sex hat, dann ruiniert das ihre Gedanken und sie ist immer wütend.»

Außerdem hatten wir uns gut verstanden. Bei einem der ersten Gespräche war es um außereheliche Affären im Dorf gegangen. Ich hätte gehört, sie seien weit verbreitet, sagte ich. Nisa dachte, ich hätte gesagt, ich sei Augenzeugin gewesen. Sie beugte sich vor, berührte meinen Arm und fragte mich mit einem verschwörerischen Grinsen: «Du hast es *gesehen*?» – als wollte sie gern ein paar pikante Details erfahren.

Durch meine Arbeit mit den anderen Frauen war mir erst richtig klar geworden, wie gut die Interviews mit Nisa gelaufen waren. Schließlich schob ich meine Bedenken beiseite und stellte ihr erneut Fragen. Als die Geschichte mit der Kindstötung wieder angesprochen wurde, akzeptierte ich sie als Nisas Wahrheit.

Aber mit jedem Erzählen veränderte sich die Geschichte ein wenig. In der ersten auf Band festgehaltenen Version bittet ihre Mutter Nisa, den Grabstock zu holen, und sie fragt: «Was willst du graben?» Ihre Mutter antwortet: «Ich werde ein Loch graben, damit ich das Baby begraben kann. Dann kannst du wieder bei mir trinken, Nisa.» Nisa widerspricht. «Mein kleiner Bruder!», ruft sie. «Mama, er ist mein kleiner Bruder. Nimm ihn und trage ihn zurück ins Dorf.» Ihre Tränen und ihre Bitten (und die Drohung, es dem Vater zu erzählen?) bringen die Mutter dazu, es sich anders zu überlegen. «Nein, wenn meine Tochter so weint, behalte ich das Baby und nehme es mit mir zurück ins Dorf.» Die Entscheidung fällt, bevor Nisas Tante kommt, die durch Nisas Geschrei angelockt wird.

In der zweiten Version begrüßt Nisa die Geburt des Kindes

ganz begeistert. «Ja! Ja! Mein kleiner Bruder! Eines Tages spielen wir.» Trotzdem gehorcht Nisa, als die Mutter sagt, sie solle den Grabstock holen. Aber auf dem Weg zurück ins Dorf weint sie die ganze Zeit. Als ihre Tante sie sieht, sagt Nisa: «Mutter will den Grabstock nehmen und das Baby begraben. Das ist sehr böse. Sie hat nicht einmal erlaubt, dass ich ihn begrüße.» Die Tante rennt los und schreit Nisas Mutter an. Sie sagt, dass der Vater sehr wütend sein werde, und redet davon, dass das Kind ein Junge ist. Sie schneidet die Nabelschnur durch und bringt das Baby ins Dorf.

Die beiden Versionen klaffen also ziemlich weit auseinander. In der ersten Tonbandversion – aber auch in der, die sie mir erzählt hatte, bevor ich die Interviews aufnahm, also fast ein Jahr früher –, stellt Nisa es so dar, dass sie allein ihren kleinen Bruder gerettet habe. In der zweiten aufgenommenen Erzählung protestiert sie immer noch heftig, aber die Tante spielt eine wichtigere Rolle. In der allerletzten Version widerspricht Nisa ihrer Mutter überhaupt nicht. Zeigt das, dass sich ihre Einstellung geändert hat? Hatte sie sich die Geschichte neu zurechtgelegt, weil sie sich seit längerem mit ihrem Bruder stritt?

Ich fragte: «Als deine Mutter sagte: ‹Geh, hol den Grabstock, ich will das Baby töten› – hat sich da dein Herz gefreut?»

«Ja!», rief Nisa. «Und als sie ihn genommen und ins Dorf zurückgetragen haben, war mein Herz sehr unglücklich. Weil ich wirklich noch bei meiner Mutter trinken wollte.»

Als die Traditionen noch funktionierten, kam Kindsmord selten vor – höchstens bei körperlichen Defekten, bei Zwillingen oder wenn die Geburten gefährlich nahe beieinander lagen. Das Geschlecht des Kindes schien keine Rolle zu spielen. Das Wohlergehen der Familie, einschließlich der älteren Kinder, war das ausschlaggebende Kriterium. Die Entscheidung traf die Mutter sofort nach der Geburt. Das Stillen war ein wichtiger Überlebensfaktor. Die !Kung hatten keine Milch von Haustieren und keine landwirtschaftlichen Produkte, die die Muttermilch hätten ersetzen können. Buschnahrung, die in die Ernährung integriert wurde, wenn die Kinder etwa ein halbes Jahr alt waren, spielte ebenfalls eine große Rolle, aber das lebenswichtige Ernährungsgleichgewicht – und Antikörper gegen Infektionen – lieferte die Muttermilch, und zwar während der gesamten ersten drei Lebensjahre. Selbst unter optimalen Bedingungen wurde nur gut die Hälfte der !Kung-Kinder älter als fünfzehn. Ein Kind, das zu früh nach einem Geschwisterchen geboren wurde, konnte die Gesundheit des älteren Kindes ernsthaft gefährden; meist starben beide Kinder. Ein zu geringer Altersabstand beeinträchtigte außerdem die Gesundheit der Mutter: Die Belastung durch zwei kleine Kinder, die beide getragen werden mussten und viel Aufmerksamkeit beanspruchten, beraubte sie ihrer ganzen Energie, und sie konnte ihrer zentralen ökonomischen Rolle als Ernährerin und als Nahrungsbeschafferin nicht mehr nachkommen.

Meistens wurden die Kinder irgendwann im dritten Lebensjahr abgestillt, bald nachdem eine Frau merkte, dass sie wieder schwanger war. Menstruationsblutungen waren also im Leben der !Kung-Frauen etwas eher Seltenes. Häufiges Stillen verhinderte die Menstruation – und den Eisprung – oft viele Jahre lang. Die Milch in den Brüsten einer Frau gehörte dem Fötus, dachte man: Dem älteren Kind konnte etwas zustoßen, wenn es weiter bei der Mutter trank. Oder aber der Fötus nahm Schaden. Die meisten !Kung-Kinder wurden schnell und nicht ohne Probleme abgestillt.

War Nisa zu früh entwöhnt worden? War Kumsa zu früh auf die Welt gekommen? Hatte Nisas Mutter wirklich vorgehabt, das neugeborene Kind zu töten? Oder hatte die Geschichte eine eigene Bedeutung, unabhängig von den realen Ereignissen?

Ich fragte: «Du sagst, du warst klein, als Kumsa geboren wurde. Warum? Hatten dich die Leute nicht richtig großgezogen?»

«Ich war gut gewachsen und ich war schon so groß» – sie zeigte mit der Hand die Größe eines drei- bis vierjährigen Kindes an –, «aber Mutter wollte immer noch, dass ich bei ihr trinke. Deshalb wollte sie Kumsa töten, hat sie gesagt.»

«Glaubst du, deine Mutter hätte Kumsa getötet, wenn deine Tante nicht im Dorf gewesen wäre?»

«Wenn ich die Schwester meiner Mutter nicht getroffen hätte, wenn sie nicht im Dorf gewesen wäre ... dann hätte sie ihn getötet und wir zwei wären zusammen gewesen. Aber ich habe ihre Schwester getroffen, sie war im Dorf. Sie war's, die mir den Grabstock weggenommen hat. Und sie ist zu meiner Mutter gegangen und hat das Baby ins Dorf getragen. Und dann sind wir alle ins Dorf zurückgegangen.»

Ich stellte keine Fragen mehr zu diesem Thema. Als Nisa wieder zu reden begann, beschäftigte sie sich mit der Zeit nach Kumsas Geburt.

Als sie ihn ins Dorf zurückgebracht haben, lehnte ich meine Mutter ab. Ich mochte nur meinen älteren Bruder. Er hat mich getragen, auch wenn wir von einem Ort zum anderen gezogen sind. Ich bin immer eine Weile gerannt, dann hob er mich hoch und trug mich auf den Schultern. Dann bin ich wieder gerannt, und er hat mich wieder hochgehoben. Wenn er etwas sah, dem er folgen wollte, setzte er mich ab. Er schlich sich ganz langsam an, vielleicht an einen Waldducker, und tötete ihn. Ich rannte dann schnell zu meinem Vater und rief: «Der große Bruder hat einen Waldducker getötet, Papa, der große Bruder hat schon einen Waldducker getötet.» Dann trug er mich wieder auf den Schultern und dann gingen wir weiter, bis wir aufhörten zu leben.

So bin ich aufgewachsen.

KAPITEL 10 In tiefer Trance

Es war ein typischer Abend in meinem Lager. Tuma, mein Helfer, kochte sich seine Mahlzeit. Ein paar Leute waren zu Besuch gekommen und saßen in der Nähe des Feuers. Die müde flackernden Flammen erhellten ihre dunklen Gestalten. Sie diskutierten über die Ereignisse des Tages, ihre Stimmen verschmolzen zu einem leisen Gemurmel. Ich wusste, sie würden eine Weile hier bleiben, den gesüßten Tee trinken, den ich ihnen anbot, und Tumas Essen probieren, denn er würde erst seinen Gästen etwas geben, ehe er selbst aß. Wie immer würde ich Tuma fragen, ob er etwas von meinem Essen haben wollte, aber meine meist vegetarischen Gerichte kamen bei ihm nicht so gut an. Tumas Mahlzeiten, die aus meinen Vorräten gekocht wurden, enthielten immer Fleisch.

In der Dunkelheit hörte man Stimmen, die rasch näher kamen. Zwei Männer tauchten auf. «Hallo, Hwantla», rief der eine. Ich erkannte seine Stimme sofort, auch nach vierzehn Jahren. Es war Kxoma, ein Freund von früher, den ich sehr bewunderte. «Mein Ehemann!», begrüßte ich ihn entzückt. «Ich habe nach dir gesucht, seit ich hierher gekommen bin.»

«Meine Ehefrau!», rief er. «Es tut mir Leid, dass ich nicht hier war. Ich war auf der Jagd. Erst heute bin ich nach Hause gekommen. Und ich habe dir etwas mitgebracht.»

«Koo, koo, mein Ehemann», sagte ich, ganz wie eine !Kung-Frau. «Koo, koo, mein Ehemann hat seine Frau nicht vergessen.» Er überreichte mir ein riesiges Stück Fleisch, das Lendenstück eines von ihm getöteten Kudu. «Oh, du gehörst wirklich zu den Männern, die wissen, wie sie an eine Frau denken müssen. Sieh nur, was du mir mitgebracht hast. Jetzt werde ich keinen Fleischhunger mehr haben.»

Dieser Mann war einfach zauberhaft. Er besaß nicht nur eine mitreißende Persönlichkeit, sondern auch ungewöhnliche Führungsqualitäten und einen scharfen Verstand. Außerdem konnte er hervorragend mit Fremden umgehen und hatte ein gutes Gespür für die Erfordernisse der Zeit. Schon sehr früh hatte er erkannt, dass es Vorteile brachte, Samen auszusäen und Getreide anzupflanzen, obwohl der Ackerbau andererseits riskant war, weil in manchen Jahren so wenig Regen fiel. Er beherrschte die Sprache der Tswana, der Herero und der weißen «Afrikaaner» (das heißt, Afrikaans), also all der Gruppen, die Einfluss auf sein tägliches Leben hatten. Als die ersten Anthropologen auftauchten, arbeitete Kxoma mit ihnen zusammen, auch mit Mel und mir während unserer beiden Aufenthalte. Er half uns bei den Problemen, die durch unser Unwissen entstanden. Und er war sympathisch und klug.

Nachdem Kxoma und ich uns näher kennen gelernt hatten, definierten wir unser Verhältnis als «Scherzbeziehung», bei der in der Regel ein lockerer, informeller und gelegentlich ein bisschen anzüglicher Umgangston herrschte. Man beschloss, dass mein Name im komplexen Benennungssystem der Buschmänner dem seiner Frau entsprach und dass sein Name das Äquivalent zu Mels !Kung-Namen war. Deshalb nannte er mich seine «Ehefrau» und ich bezeichnete ihn umgekehrt als meinen Ehemann. Aber alles blieb immer auf dieser scherzhaften Ebene. Wir fanden es einfach lustig, uns gegenseitig zu necken. Seine Frau machte auch mit und begrüßte mich immer als ihre «Mit-Ehefrau», worauf ich dann entsprechend antwortete.

Manchmal war die Situation so komisch, dass auch die Umstehenden mit uns lachten.

Kxoma war im Busch aufgewachsen und galt als einer der besten Jäger in der Gegend. Als er schon über vierzig war, hatte er im Busch ein Kudu aufgescheucht, war hinter dem fliehenden Tier hergerannt, hatte es eingeholt und mit seinem Speer getötet.

Ich kannte Kxoma seit der zweiten Woche meines ersten Aufenthalts. Wir waren in eins der südlichsten Buschmännerlager gefahren, zusammen mit einer Anthropologin, die gerade ihre zweijährige Forschungsarbeit abschloss. Ich folgte ihr den ganzen Tag und versuchte, möglichst viel von ihr zu lernen. Abends hörte ich die Klänge eines Trancetanzes. Ich hatte schon Filme über solche Tänze gesehen und mir Einzelheiten von Forschern erzählen lassen, die daran teilgenommen hatten, aber selbst erlebt hatte ich noch keinen.

Ich hatte keine Lust mehr, mit Mel und der Anthropologin zu diskutieren, deshalb folgte ich den Klängen der Musik. Meine Taschenlampe knipste ich aus – ich wollte mich der Gruppe im Dunkeln nähern. Der Tanz war schon in vollem Gange, als ich kam, obwohl das Feuer in der Mitte nur schwach brannte und wenig Licht spendete. Was sollte ich tun, wohin sollte ich mich setzen? Nicht zu den Frauen im inneren Kreis um das Feuer. Sie klatschten und sangen die komplizierten Melodien, die dem Heiler halfen, sich in Trance zu versetzen. Natürlich wollte ich auch den äußeren Kreis der Männer nicht stören, deren Beinrasseln gegenläufige Rhythmen zu den Liedern lieferten, während sie mit nackten Füßen tanzten und dabei kleine Staubwolken aufwirbelten. Schließlich setzte ich mich hinter der Gruppe ins Gras. Ich, die Beobachterin.

Die Musik war schlicht überwältigend – die Stimmen der Frauen verwoben sich zu einem wunderschönen Klangteppich, mit den Händen klatschten sie alternierende Rhythmen, schufen ein vielstimmiges Gleichgewicht, ohne dass eine Gruppe spürbar die Führung übernahm, und die Männer antworteten mit einem rasanten Kontrapunkt.

Während ich also ein Stück entfernt im Dunkeln saß und zuschaute, empfand ich eine tiefe Ehrfurcht vor diesem Ritual, vor der Kraft, die diese kleine Gruppe hervorbrachte, und vor dem Glaubenssystem, das die Gemeinschaft zusammenhielt, das die Schmerzen und Kränkungen des Zusammenlebens linderte, das an die Angst vor Krankheit und Tod rührte – und an dem alle teilnehmen konnten.

Der einzige Mensch, den ich in dieser Gruppe kannte, war damals Kxoma. Er tanzte mit den anderen im Kreis und schwenkte dabei den Schweif eines Spießbocks. An seinen muskulösen Beinen waren lauter Rasseln befestigt. Seine Konzentration steigerte sich bei jeder Runde, sein Blick schien sich immer mehr nach innen zu richten. Sein Gesang wurde weniger melodisch, er wiederholte immer wieder die gleichen Phrasierungen, als wollte er sich selbst hypnotisieren. Sein schweißüberströmtes Gesicht glänzte im Feuerschein. Plötzlich stürzte er zu Boden, nicht weit von mir entfernt. Er sackte nicht in sich zusammen, er versuchte auch nicht, sich irgendwie abzufangen, nein, er fiel um wie ein gefällter Baum.

Was war passiert? Kxoma lag mit dem Gesicht nach unten im Sand, er gab keinen Laut mehr von sich und rührte sich nicht. Und niemand schien es zu bemerken! Der Gesang hörte nicht auf. Die Männer tanzten einfach um seinen reglosen Körper herum.

Ich wußte einiges über das Ritual des Trancetanzes. Oder jedenfalls hatte ich gedacht, ich wüsste etwas. Die Tänzer fielen in Trance – das gehörte natürlich dazu. Aber war das hier nicht etwas anderes? Kxoma war kein junger Mann mehr, er war sicher schon vierzig. Er rauchte die ganze Zeit und hatte einen bellenden Husten, wie alle Buschmänner. Und jetzt lag er hier und stöhnte nicht einmal! Und wenn er einen Herzinfarkt hatte? Er hatte ungeheuer intensiv getanzt. Das war körperlich anstrengend. War es ein Tanz in den Tod gewesen? Warum half ihm keiner?!

Ich schaute zu einem der anderen Beobachter hinüber und deutete auf Kxoma. Meine Sprachkenntnisse waren erst acht Tage alt, deshalb konnte ich meine Befürchtungen nicht artikulieren und verstand auch die Antwort nicht. Zum Glück kamen in diesem Moment Mel und die Anthropologin dazu. Ich eilte ihnen entgegen. «Gott sei Dank, dass ihr endlich da seid! Seht euch bitte Kxoma an, ich glaube, er hatte einen Herzinfarkt!»

«Nein, nein», erwiderte die Anthropologin, «er ist in Trance. Kxoma fällt immer in sehr tiefe Trance.»

Gleich darauf begannen zwei andere Männer, die ebenfalls in Trance waren, Kxoma zu massieren, um seine Seele aus der spirituellen Welt wieder in den Körper zurückzuholen. Sie legten ihm die Hände auf und rieben ihn mit ihrem Schweiß ein, dem heilende Qualitäten zugeschrieben wurden. Nach und nach kam Kxoma wieder zu Bewusstsein – es war, als würde er aus den Tiefen der Finsternis aufsteigen. Die beiden Heiler zogen ihn behutsam hoch, Stück für Stück. Seine Brust hob und senkte sich, man hörte ein Grollen, es klang wie bei einem wilden Tier, das sich losreißen will, immer lauter, bis es schließlich in einen triumphalen Schrei mündete: «Kow! Kow! Kow-a-dili! Kow-a-dili!» Zum Himmel, zu den Sternen drang dieser Schrei, während Kxoma versuchte, den Tumult in seinem Inneren zu ordnen. Als er sich wieder unter Kontrolle hatte, ging er im Kreis herum. Seine heilenden Kräfte hatten jetzt ihren Höhepunkt erreicht. Er stand aufrecht, geriet aber immer wieder ins Schwanken, weil seine Knie bei jedem Schritt nachzugeben drohten. Kxoma, der Heiler, legte seine Hände auf, die aus den einen die Krankheit herausholten und den anderen halfen, ihre Gesundheit zu bewahren.

Nun bat ich Kxoma und seinen Jagdgefährten, doch zu bleiben und mit mir das frische Kudufilet zu essen. Tuma lud ich ebenfalls ein. Beim Anblick des Fleisches lief mir das Wasser im Mund zusammen: mager, direkt aus dem Busch, von einem Mann erlegt, den ich mochte, ein Geschenk – das beste Fleisch, das man sich vorstellen konnte. Und dieses Fleisch gab es nur hier.

Es war nicht wie das oft schon etwas ältere Rindfleisch, das manchmal an einer Schlachtstelle zum Verkauf angeboten wurde oder das übrig blieb, wenn eine Kuh von Raubtieren getötet worden war. An den Verkaufsstellen hing dann ein Bein oder ein anderes Stück Rind von einem Baum herunter, die Fliegen surrten darum herum, das Fett verfärbte sich schon langsam gelblich, es verströmte einen wenig einladenden Gestank. Die Spannung im Dorf stieg dann immer, die Leute kratzten ihr Geld zusammen, die Frauen schrien ihre Männer an, sie sollten ihnen Fleisch beschaffen. Das gekaufte Fleisch wurde zubereitet und geteilt – und war verschwunden, ehe der Fleischhunger wirklich gestillt war. Echte Befriedigung brachte nur das Fleisch aus der Wildnis, wenn ein großes Tier getötet wurde und die Leute daran aßen und aßen und aßen.

Ich holte Zwiebeln und Kartoffeln und schnitt das Fleisch in Stücke, um es zu sautieren. Sehr lecker, fand ich. Ich verteilte es auf die Teller und bediente meinen «Ehemann» als Ersten. Ich mochte das Fleisch immer noch am liebsten in Streifen geschnitten und im Feuer gegrillt, so wie «ganz früher», aber auch die anderen schienen durchaus zufrieden mit meinen Bemühungen und griffen kräftig zu.

Ehe die beiden Jäger sich verabschiedeten, fragte ich Kxoma, ob ich sein Dorf besuchen dürfe, um zu sehen, wie es ihm im Lauf der Jahre ergangen war. Vielleicht schon morgen – würde ihm das passen? «Selbstverständlich, meine Ehefrau», antwortete er. «Schlaf gut.» Und damit waren sie verschwunden.

Kxomas Dorf war eigentlich eine Ansammlung von einzelnen Hütten oder Lagern. Die Menschen, die dort lebten, waren durch Blutsverwandtschaft oder Ehe miteinander verbunden, und alle betrachteten sich als Teil von «Kxomas Gruppe».

Schon aus der Ferne konnte man sehen, dass die Menschen hier im «modernen» Sinn erfolgreich waren: Ordentliche, eng gesteckte Pfosten (durch die kein Huhn entkommen konnte) umschlossen den gemeinsamen Wohnbereich. Darin befanden sich sorgfältig gebaute, mit Gras gedeckte Lehmhütten und hohe Lagergestelle, in den die getrocknete Ernte und andere Dinge, die nicht auf dem Boden aufbewahrt werden konnten, sorgfältig gestapelt waren. Ein paar große Melonen lagen im Schatten und warteten darauf, bei Bedarf gekocht zu werden. Man hatte hier fast ein Gefühl von Überfluss, ganz anders als in den anderen Dörfern, die ich bisher besucht hatte.

Kxomas Frau, die ebenfalls Nisa hieß, erwartete mich schon am Tor. «Meine Mit-Frau», sagte ich. «Ich freue mich sehr, dass ich dich sehe. Wie geht es dir?» Sie erwiderte meine Begrüßung, und ich fragte sie: «Hast du gut für meinen Ehemann gesorgt?»

«Eh, meine Mit-Frau», sagte sie. «Ich habe gut für ihn gesorgt.»

Ich gratulierte ihr zu dem allgemeinen Wohlstand und sprach ihr mein Beileid zum Tod ihrer erwachsenen Tochter aus. Wir sprachen über die tödliche Krankheit der jungen Frau und über die drei kleinen Kinder, die jetzt von der Großmutter versorgt werden mussten. Ja, sagte Nisa, sie sei immer noch sehr traurig – und sie habe sehr viel Arbeit.

Voller Stolz führte mir Kxoma vor, was seine Gruppe alles geleistet hatte: Die Felder waren immer noch voller Melonen, es gab Lagerräume mit Hirse, Maiskörner in riesigen Fässern – Vorrat für die kommenden Monate. Kxoma nahm wie alle anderen gern die Nahrungsmittellieferungen der Regierung entgegen, aber er war überzeugt davon, dass seine Gruppe auch ohne solche Hilfeleistungen problemlos durchkommen würde. Seine Leute besaßen eine große Ziegenherde, und Kxoma hatte eine Kuh. Alle arbeiteten hart, sagte er, und man merkte ihm an, dass er auf seine Errungenschaften als Vorstand dieses Dorfes sehr stolz war.

Ich ging von einer Hütte zur anderen. Die meisten waren kleiner und weniger durchorganisiert als der Wohnbereich von Kxoma. Jedes Mal erkundigte ich mich, wer dort lebte, wie alt die Kinder seien und so weiter – die anthropologischen Standardfragen. In einer der Hütten brachten mich die Leute zu einem kranken Kind.

Ich erschrak richtig, als ich den kleinen Jungen sah. Er rührte sich kaum, seine Augen waren schon richtig glasig, Fliegen schwirrten um sein verzerrtes Gesicht, das keine Reaktion mehr zeigte. Sein Vater berichtete, der Kleine esse und trinke fast nichts mehr. Alles wies darauf hin, dass der Tod nicht mehr fern war.

Als ich den Jungen da liegen sah, musste ich an ein anderes Kind denken … Es war zwanzig Jahre her, als an einem Spätnachmittag eine Frau, die wir nicht kannten, zu Mel und mir ins Lager kam. Sie trug ihren Sohn in einer Lederschlinge auf dem Rücken. Der Junge war jedoch kein Kleinkind mehr, sondern sicher schon sechs oder sogar acht Jahre alt, also längst aus dem Alter heraus, in dem die Kinder so getragen wurden. Als sie ihn aus der Lederschlinge herausholte, sahen wir, wie ausgemergelt das Kind war, man konnte jeden Knochen sehen, der Kopf wirkte viel zu groß im Verhältnis zu dem abgemagerten kleinen Körper, seine Augen schienen nichts mehr wahrzunehmen. Die Mutter erzählte uns, er sei schon seit vielen Tagen krank. Sie hätten versucht, ihn zu heilen, aber nichts habe geholfen. Ja, er habe Durchfall gehabt, und seit ein paar Tagen, vielleicht auch schon länger, habe er nichts mehr zu sich genommen.

Dehydratation ist eine der häufigsten Todesursachen bei Kindern in der Dritten Welt, vor allem in heißen Klimazonen. Oft helfen ganz einfache Mittel: eine Infusion mit einer Elektrolytlösung etwa. Wir hatten die Lösung, die dem Jungen das Leben gerettet hätte, aber keinen Tropf, deshalb konnten wir ihm die Flüssigkeit nicht intravenös verabreichen. Mel versuchte, sie ihm einzuflößen, aber er konnte nicht mehr schlucken, die Flüssigkeit lief ihm wieder aus dem Mund und übers Kinn. Aus lauter Verzweiflung gab ihm Mel eine Spritze in den Bauch, weil er wusste, dass Flüssigkeit die einzige Hoffnung war. Die Mutter ließ das Kind bei uns und sagte, sie werde bald wiederkommen. Mel blieb die ganze Zeit bei dem kleinen Jungen, gab ihm Spritzen und tat überhaupt alles, was er konnte. Der Junge starb dennoch in der Nacht. Mel war bei ihm.

Warum hatte die Mutter des Jungen so lange gewartet? Hatte sie uns nicht vertraut? Oder war der Tod eines Kindes etwas so wenig Ungewöhnliches, dass sie ihren Sohn zu früh aufgegeben hatte? So viele Fragen!

Als ich nun den Jungen in Kxomas Dorf sah, löste sein Anblick bei mir eine innere Kettenreaktion aus, die sich fast zu einer Panikattacke steigerte. Warum hatten seine Eltern mich nicht gebeten, ihn zur Krankenstation zu bringen? Baitsenke fuhr fast täglich nach Kangwa – immer wenn ich dachte, dass jemand ärztliche Hilfe brauchte. Der Vater des Jungen, ein sanfter, stiller Mann, sagte, er hätte den Jungen gern ins Krankenhaus gebracht, aber er habe befürchtet, sein Geld könnte nicht reichen. «Wie hätte ich in der Nähe der Krankenstation leben sollen und mich und den Jungen ernähren?» Dann fügte er hinzu: «Vielleicht morgen. Vielleicht bringe ich ihn morgen hin, wenn der Truck fährt.»

«Nein», entgegnete ich. «Bring ihn jetzt gleich hin. Morgen kann es schon zu spät sein. Ich gebe dir genug Geld. Wenn du einverstanden bist, kannst du deine Sachen jetzt gleich packen. Baitsenke holt dich ab, sobald er kann.» Der Mann war sofort einverstanden. Er nahm das Geld, und als ich ging, hörte ich, wie er den anderen alles erklärte.

Ich ging zu Fuß zurück zu meinem Lager. Natürlich wollte jeder mit, als bekannt wurde, dass der Truck nach Kangwa fuhr. Ich trommelte die Leute zusammen, denen ich einen Platz für den nächsten Tag versprochen hatte, und mit dem Vater und seinem Jungen war der Truck schon voll besetzt. Die Leute, die nicht mitfahren konnten, protestierten. Ein Mann, den ich kaum kannte und der offensichtlich zu viel getrunken hatte, wollte endlos mit mir debattieren. «Es tut mir Leid, dass du enttäuscht bist», sagte ich, der hiesigen Etikette entsprechend. «Vielleicht an einem anderen Tag.»

Ich schrieb eine kurze Mitteilung, die Baitsenke in der Krankenstation abgeben sollte:

An den Dienst habenden Arzt.

Es tut mir Leid, dass ich Sie am Sonntag behellige, aber ich habe eines der Basarwa-Dörfer im Dobegebiet besucht und dabei einen schwer kranken kleinen Jungen gefunden. Ich befürchte, dass er vielleicht die Nacht nicht überleben wird. Ich habe seinem Vater Geld gegeben, damit er für sich und seinen Sohn Lebensmittel kaufen kann, während das Kind in Kangwa behandelt wird.

Außerdem kommen noch zwei weitere Personen zu Ihnen: eine Frau mit einem geschwollenen Finger und ein älterer Mann. Die Frau wurde letzte Woche in Kangwa untersucht und konnte leider nicht bleiben, um die Behandlung fortzusetzen. Es geht ihr immer noch schlecht, obwohl Sie ihr sehr geholfen haben. Ich wäre Ihnen sehr dankbar, wenn Sie die Frau noch einmal untersuchen würden.

Der alte Mann wurde vor etwa einem halben Jahr in Maun am Bauch operiert. Er war mehrere Monate weg. Vermutlich war es eine Blinddarmoperation, ich weiß es nicht genau. Er klagt, dass die Stiche weh tun und nicht richtig verheilen. Wenn irgend möglich, wäre es gut, wenn Sie ihn sich noch einmal ansehen würden.

Vielen Dank für Ihre Großzügigkeit – und dass Sie sich die Zeit nehmen, diesen Menschen zu helfen. Und ich möchte mich noch einmal bei Ihnen dafür entschuldigen, dass wir Sie am Sonntag stören.

Marjorie Shostak in Dobe

Als der Truck abgefahren war, ging ich wieder in Kxomas Dorf, um meine Arbeit abzuschließen. Ich wollte Kxoma nach seinen Tieren fragen. Er war einer der wirtschaftlich erfolgreichsten Buschmänner im Dobegebiet, deshalb wunderte es mich, dass er nur eine Kuh besaß. Außer Nisa hatte niemand so viel Geld verdient wie Kxoma mit seiner Arbeit für die Anthropologen. Natürlich lag das schon Jahre zurück. Aber wenn *er* sich in den vergangenen vierzehn Jahren keine Rinder angeschafft hatte – welche Hoffnung bestand dann für die anderen, die weniger tüchtig waren als er?

Kxoma und ich suchten uns eine ruhige Ecke, um unter vier Augen reden zu können. Kaum hatten wir angefangen, da rief eine Stimme auf Englisch: «Hallo, Marjorie, wie geht's?» Und dann auf !Kung: «Ich grüße dich, Kxoma.» Ich drehte mich um und sah Royal, den Mann, den ich vor ein paar Wochen in Maun kennen gelernt hatte. Er hatte aufgegeben, auf die Amerikaner zu warten, die Richard Lee an ihn verwiesen hatte. Sie hatten ihm geschrieben und ihn gebeten, sie Anfang Juni zu den Buschmännern mitzunehmen, damit sie einen Trancetanz miterleben konnten. Inzwischen hatten wir Juli, und Royal hatte nie wieder etwas von ihnen gehört. Also war er hierher gekommen. Wollte ich immer noch mit ihm arbeiten?

Ich war begeistert. Ich hatte eine endlose Liste von Fragen zur !Kung-Sprache: zu den Zeiten, zur Betonung und zu Wörtern, die gleich zu klingen schienen, aber nicht das Gleiche bedeuteten. Außerdem zu Wörtern, die bestimmte Gefühle ausdrückten, und zu Wörtern für verschiedene Stadien des Wachstums und der Entwicklung. Natürlich wollte ich mit ihm arbeiten! Aber nicht jetzt sofort. Jetzt wollte ich erst mit Kxoma über seine Kuh sprechen. Das war eine sehr persönliche Angelegenheit, fast so, wie wenn man bei uns jemanden nach seinen Finanzen fragt. Dafür wollte und brauchte ich keinen Dolmetscher.

Also sagte ich zu Royal, ich würde später mit ihm sprechen. Er nickte und wollte noch kurz mit Kxoma reden. Aber das Gespräch dauerte und dauerte. Schließlich bat ich ihn höflich, uns allein zu lassen.

Kxoma und ich hatten uns gerade wieder hingesetzt, als draußen vor der Hütte ein Lastwagen vorfuhr. Ein Vertreter der *Remote Area Development Organization* stieg aus und wollte mit uns sprechen. Wir reagierten beide betont entgegenkommend. Aber danach blieb keine Zeit mehr – ich musste los, um mich mit Megan zu treffen. Unverdrossen ging ich wieder von Kxomas Dorf zu meinem Lager, holte Royal und ein paar andere Leute ab, und wir wanderten zur Grenze.

Megan erwartete uns schon – auf der anderen Seite des Zauns, versteht sich. Sie war mit mehreren Buschmännern unterwegs. Seit vielen Jahren hatte sie es sich mit einer Gruppe von Außenseitern zur Aufgabe gemacht, den Menschen auf dem Weg in die Unabhängigkeit zu helfen. Nach der Begrüßung setzten wir uns ein Stück von den anderen entfernt auf den Boden, um ungestört sprechen zu können – allerdings mit dem Zaun zwischen uns. Megan wirkte irgendwie unkonzentriert und angespannt. Es sei schon spät, sagte sie, und sie werde im Lager erwartet, das ein paar Autostunden entfernt sei. Sie könne nur etwa eine Stunde mit mir verbringen.

Die Zeit verging wie im Flug – ich hatte so viele Fragen! Welche Bedeutung hatten die bevorstehenden Wahlen für die Buschmänner in Botswana und Namibia? Musste man in Namibia mit verstärkter militärischer Präsenz an der Grenze rechnen? Würde sich die *Botswana Defense Force* demnächst stärker einmischen? Oder konnte man damit rechnen, dass der Übergang reibungslos verlief?

Für uns war vor allem wichtig, ob die neue Regierung in Namibia anerkannte, dass die Buschmänner einen Rechtsanspruch auf das Land ihrer Vorfahren hatten, auf Gebiete, die ihnen bisher vorenthalten worden waren. In den sechziger Jahren war unter der Apartheid-Regierung mehr als die Hälfte des !Kung-Gebiets in Namibia an die Herero übergeben worden. Seit neuestem wurde jetzt darüber gesprochen, ob man das übrige Land in ein Wildreservat für Touristen verwandeln sollte. Eine kleine Zahl von Buschmännern dürfte in diesem Reservat wohnen, solange sie bereit waren, zu leben «wie früher» und ihre «altmodischen» Lebensformen beizubehalten: keine Kühe, keine Ziegen, keine Gärten, keine Lehmhütten, keine Kleidungsstücke, kein Werkzeug – überhaupt nichts, was irgendwie mit «Zivilisation» in Verbindung gebracht werden konnte. Die übrigen Buschmänner würden dann in ein Gebiet umgesiedelt, wo sonst niemand leben wollte – es war so trocken, dass es weder zum Jagen noch zum Sammeln geeignet war, geschweige denn für Ackerbau und Weidewirtschaft. Es hatte des schon fast übermenschlichen Einsatzes des Anthropologen John Marshall bedurft, um zu verhindern, dass dieser Plan verwirklicht wurde. Jetzt, da die Zügel der Macht in andere Hände übergehen sollten, war der Plan wieder auf den Tisch gekommen. Würde man das Land der Buschmänner als politisches Pfand betrachten und es den Leuten als Belohnung geben, die schon immer die jetzt siegreichen Widerstandskämpfer unterstützt hatten?

Und ich wollte unbedingt hören, wie Megan die gegenwärtigen Spannungen an der Grenze einschätzte. Sie schien es ja völlig unproblematisch zu finden, mir einen Boten zu schicken. Vielleicht wusste sie gar nicht, wie wild entschlossen die *Botswana Defense Force* war, endgültig zu unterbinden, dass immer wieder Leute die Grenze überquerten. Die Regierung hatte allen Grund, den politischen Folgen der namibischen Wahlen beunruhigt entgegenzusehen. Eine offene Grenze würde es ungemein erleichtern, in Botswana Unruhe zu schüren – und die Buschmänner, die in beiden Ländern kaum politischen Einfluss besaßen, konnten bei jedem Machtkampf beliebig als Schachfiguren eingesetzt werden.

Bis man die wahre Bedeutung der Wahlen absehen konnte, musste Botswana militärisch auf alles vorbereitet bleiben. Aber es war für die Buschmänner eine Katastrophe, dass die Grenze geschlossen war. Nachdem 1966 der Zaun errichtet worden war, hatten die !Kung-Familien die Grenze dennoch nach Belieben überquert. 1974 wurde der Zaun verstärkt und erhöht. In der Nähe von Dobe stellte man einen Zauntritt auf, der die Kontrolle der Grenzüberquerungen erleichterte. Aber dann, kurz vor meiner Ankunft, hatte die Regierung plötzlich und ohne jede Vorwarnung die Grenze in beide Richtungen geschlossen. Für viele der hier ansässigen Familien, die auf beiden Seiten Verwandte hatten, war das ganz schlimm.

Megan meinte, es gebe ein Missverständnis zwischen dem

regionalen Vertreter Botswanas (der in Kangwa wohnte) und ihrer Gruppe. Der Mann lege ihnen ständig Steine in den Weg, obwohl sie völlig friedfertig seien. Die SWAPO, das heißt, die namibische Partei, die voraussichtlich die Wahl gewinnen werde, wolle den Buschmännern keinesfalls etwas Böses tun. Ihre Gruppe habe den Vertreter in Kangwa gebeten, sich am Sonntagnachmittag mit ihnen an der Grenze zu treffen.

Megan stand auf: Sie musste los. «Wenn's geht, solltest du auch zu diesem Treffen kommen», schlug sie vor. «Das wird bestimmt ein interessantes Gespräch. Ich hoffe sehr, dass wir die Probleme aus dem Weg räumen können.»

Wir verabschiedeten uns voneinander, und als ihr Truck in der Ferne verschwand, fühlte ich mich plötzlich mutterseelenallein. Ach, ich hatte mir viel, viel mehr von dieser Begegnung erhofft. Den Brief an Mel steckte ich wieder in die Tasche. Sie könne ihn nicht abschicken, hatte Megan mir gesagt. Bevor ihre Post abgeholt wurde, war ich längst wieder zu Hause in Atlanta.

An diesem Abend schrieb ich in mein Tagebuch:

Ich habe heute die alte Tasa besucht, die Matriarchin einer riesigen Familie. Wir haben über Kinder gesprochen, über ihre und meine, und ich hätte fast geweint. Später habe ich mit Mels Namensbruder geredet, mit Tashay. Er ist schon länger schwer krank. Vermutlich hat er Tuberkulose. Ich erwähnte meine eigene Krankheit, und wieder wurde ich derart von meinen Gefühlen überschwemmt, dass mir die Tränen kamen.

Der emotionale Strom fließt unterirdisch. Wo verbirgt er sich, wenn er gerade nicht über die Ufer tritt, und warum kann ich trotz allem glücklich sein? Ich glaube, ich bin wesentlich dünnhäutiger, als mir bewusst ist. Gestern Nacht hatte ich einen grauenhaften Albtraum: Ich ging durch ein

Museum mit lauter Aquarien, in denen tote Kinder ausgestellt waren. Ihre Gesichter waren entstellt, an manchen Stellen presste sich die Haut gegen das Glas. Ich war empört, dass so etwas öffentlich gezeigt wurde – immerhin besuchten auch viele Kinder dieses Museum! Ich wollte sofort mit der Leitung sprechen oder mit irgendeiner anderen zuständigen Behörde … Dann wachte ich auf, und ich zitterte immer noch, weil mich der Anblick dieser Kinder so erschreckt hatte.

Während ich das schreibe, brodelt es in meinem Inneren. Meg, der Traum, die Liebe zu meinen Kindern und zu Mel, die permanente unterschwellige Sorge um meine Gesundheit – all das vermischt sich zu einem chaotischen Gebräu.

Ich lehne mich zurück, ich blicke mich um: ein loderndes Feuer, Eselsglocken aus allen Richtungen, die Mondsichel, die gleich untergeht, die eisige Nacht, die wärmenden Flammen, die klare, kalte Luft, das Knistern des Feuerholzes. Vor allem aber höre ich die tiefe Stille ringsum. Keine Autos, kein Motorengeheul, keine Flugzeuge, kein Radio, kein Fernsehapparat. Nichts, was meine Ohren und mein Herz bedrängt. Keine Kinder, die Ansprüche anmelden. Kein Ehemann, um dessen Bedürfnisse ich mir Gedanken machen muss. Kein Telefon. Nur die klare Luft, die wie ein Ozean für die Augen ist – ruhig, riesig und von ungeheurer Kraft.

Ich werde mit Kxoma darüber reden, ob er eine Ziege für mich tötet und einen Trancetanz veranstaltet. Ich hege sehr starke Gefühle für ihn, fast so etwas Ähnliches wie Liebe. Ich werde auch Nisa fragen, obwohl ich ihr gegenüber oft keine ganz so positiven Gefühle habe wie gegenüber Kxoma.

Im Nachhinein ist es sonnenklar, aber es dauerte eine ganze Weile, bis ich es begriff: Je länger ich mich in Dobe aufhielt, desto größer wurde mein persönliches Interesse an einem heilenden Trancetanz. Es ging mir einerseits um die Dramatik des

Tanzes, um die wilde Intensität und um die Hingabe aller Beteiligten. Aber es ging mir auch um die spirituelle Botschaft, um die fast übermenschliche Anstrengung des Heilers, das Schicksal zu beeinflussen. Der Tanz war mindestens so elementar und so ergreifend wie der Anblick des Ozeans oder einer Gebirgskette – auch wenn es sich um eine Demonstration menschlicher Fähigkeiten handelte. Und nicht zuletzt hatte ich auch eine gewisse Hoffnung, auf diese Weise körperlich geheilt zu werden – also, warum nicht?

Ich hatte Kxoma relativ ausführlich von meiner Krankheit erzählt. «Ich habe es schon von anderen gehört», hatte er geantwortet.

«Ich möchte gern, dass du versuchst, mich, deine Frau, zu heilen», bat ich ihn nun.

«Eh, ja, ich höre», entgegnete er höflich.

«Wenn diese Krankheit mir das Leben nimmt, dann möchte ich denken können, dass du versucht hast, mir zu helfen. Wenn du es nicht versuchst, würden wir dann nicht beide denken: ‹Wenn Kxoma es doch versucht hätte ...›? Wenn du einverstanden bist, dann machen wir es so wie in der Vergangenheit. Ich bringe für alle, die teilnehmen, eine Ziege mit.»

«Eh», stimmte er mir zu, «aber ich fürchte, meine Medizin ist nicht mehr stark.»

Das war alles. Wir verabredeten, in seinem Dorf zu feiern, mit ihm als wichtigstem Heiler.

Den Tag, an dem der Tanz stattfand, verbrachten wir mit den Vorbereitungen. Die Ziege wurde getötet, zerlegt, in dreifüßigen Töpfen gekocht und verteilt. Als nach Einbruch der Dunkelheit in Kxomas Dorf das Singen begann, saß ich zwischen den Frauen, klatschte und sang mit ihnen.

Aber irgendetwas klappte nicht richtig. Kxoma blieb lange in seiner Hütte, in der eine helle Kerosinlampe brannte. Als er endlich herauskam, versetzte er sich in eine leichte Trance, ging den Kreis entlang und legte Hand auf. Als ich an der Reihe war, berührte er mich kurz, genau wie die anderen. Ich hatte erwartet, dass er sich ein bisschen länger bei mir aufhalten würde, dass er etwas sagen oder mir durch seine Berührung zu verstehen geben würde, er werde sich um mich kümmern, so wie Nisa sich vor ein paar Abenden um ihre Nichte Nai gekümmert hatte. Dies hier konnte nur ein Anfang sein. Ich wollte, dass seine Hände sich mit mir beschäftigten – ich wollte, dass er das Böse ertastete, mit den Göttern stritt, Einsicht gewann, mit dem Schicksal rang, immer meine Zukunft im Blick. Nachdem er drei- oder viermal den Kreis entlanggegangen war, kam er zu mir und sagte entschuldigend, der Tanz sei zu Ende. «Ich habe wenig Kraft», sagte er. «Die Krankheit in meinem eigenen Körper hat sie mir geraubt.» Ich fühlte mich ebenfalls beraubt und blickte ihm traurig nach, als er in seine Hütte zurückging.

Ich war tief enttäuscht, ich fühlte mich im Stich gelassen. «Mein Mann kann mir nicht helfen. Oder vielleicht bin ich ihm nicht wichtig genug und er versucht es gar nicht.»

Aber während ich noch innerlich klagte, stellte sich heraus, dass Kxoma nicht unersetzlich war. Kumsa-der-Jäger kam. Er war schon in leichter Trance. Die Frauen sangen, wie ein feines Gespinst woben die Klänge ihn ein. Mit stampfenden Füßen und jenseitigem Blick tanzte er um das Feuer. Bald glänzte sein ganzer Körper schweißüberströmt. Er schwankte, wandte sich immer mehr nach innen, folgte dem Pfad des Geistes, schloss die Augen, reckte den Hals, die kurzen Melodiestücke, die er sang, wurden immer kürzer, dann stürzte er bewusstlos zu Boden.

Andere versuchten ihn zurückzuholen, aber sie scheiterten, weil er so tief in Trance gefallen war. Schließlich holten sie Kxoma. Der Gesang wurde wieder laut, als Kxoma aus seiner Hütte kam und sich nun wieder in Trance versetzte. Er zog den immer noch bewusstlosen Kumsa näher ans Feuer, massierte seinen Körper mit dem Schweiß von Stirn und Achselhöhlen. Er kniete sich nieder, zog Kumsa an sich, drückte ihn mit dem Rücken gegen seine Brust, wiegte ihn hin und her und sang dazu Worte, die gar keine Worte waren. Die Frauen sangen jetzt unisono, ein kraftvoller, tröstlicher Klang. Kumsa rührte sich nicht. Dann durchzuckte ihn ein Beben und sein Körper kehrte abrupt ins Leben zurück. Das Zittern ging vom Bauch aus – dort war die heilende Kraft angesiedelt – und breitete sich langsam aus, erreichte die Beine, die Arme ... Dann bündelte sich die Kraft, bis sie nicht mehr aufzuhalten war – sie brach los wie die Flut, die einen Damm überschwemmt. Das Geräusch, das in Kumsas Bauch begonnen hatte, steigerte sich zu einem Röhren und gipfelte schließlich im Schrei des Heilers. «Kow-a-dili!»

Obwohl es schon nach Mitternacht war, musste Kumsa sich noch um viele Leute kümmern. Ich saß zwischen Nisa und meiner Namensschwester, klatschte einfache Rhythmen und wartete darauf, bis ich an der Reihe war und Kumsa mich kurz berühren würde. Der Mond wanderte langsam nach Westen; lange bevor ich aufbrach, ging er unter.

«Marjorie», sagte Kxoma am nächsten Tag zu mir, «Marjorie, ich muss etwas mit dir besprechen.» Wir gingen zu einer geschützten Stelle im Sand, wo wir ein bisschen Schatten hatten.

«Ich höre, mein Ehemann.»

«Was bezahlst du mir für die Heilung von gestern Abend?»

«Ich habe deinem Dorf eine Ziege gegeben. Ich dachte, das reicht aus.»

«Die Ziege war klein, und nur wenige haben davon gegessen. Sie hat nicht viel geholfen.»

«Woran dachtest du?»

«Zehn Pula.»

«Einverstanden.»

Aber ich war gar nicht einverstanden! Es ging mir nicht um das Geld – Kxoma würde von mir Geschenke bekommen, die viel mehr wert waren als zehn Pula. Mich störte, dass er darum bettelte, genau wie alle anderen auch. Meiner Meinung nach war ich fair gewesen: Eine Ziege galt als großzügiges Geschenk. Außerdem – hatte Kxoma sich wirklich Mühe gegeben? Der Tanz hatte noch gar nicht richtig begonnen, da hatte er sich schon zurückgezogen.

Ich bin also nichts anderes für ihn als eine Fremde, dachte ich. Eine weiße Frau, aus der man so viel wie möglich herauszuholen versucht. Solche Gedanken waren mir nicht neu. Und sie waren auch nichts Besonderes. Alle Anthropologen überall auf der Welt müssen sich damit herumschlagen, vom ersten bis zum letzten Tag. Aber ich hatte Kxoma für einen echten Freund gehalten. Deshalb war ich maßlos enttäuscht.

Vielleicht musste ich einfach einen Schritt zurücktreten. Das wichtigste Instrument der Anthropologie ist schließlich die Fähigkeit, Situationen in ihren kulturellen Kontext einzuordnen. Ich war vierzehn Jahre weg gewesen. Ich kam und ging, wie es mir gefiel. War ich wirklich Kxomas Freundin? Konnte er auf mich zählen? Außerdem war er arm, während ich mit Geld und Konsumgütern um mich warf; ich verfügte über einen Truck, ich konnte meine Gunst verteilen. Und da erwartete ich von ihm, dass er mich als gleichberechtigt, als seinesgleichen betrachtete? Waren nicht alle unsere Beziehungen in gewisser Weise ausbeuterisch? Ich wollte etwas von den !Kung, ich war bereit, sehr viel Geld dafür auszugeben, um in ihr Land zu reisen. Ich sammelte ihre Wörter, ich notierte alle möglichen Daten und bekam für meine Forschungsarbeit Anerkennung. Wie konnte ich erwarten, dass die !Kung nicht versuchten, von mir zu bekommen, was sie bekommen konnten, ehe ich wieder verschwand?

Ich bat Kxoma zu warten, weil ich das Geld erst holen musste. Unterwegs sagte ich mir immer wieder die Wörter «professionelle Gelassenheit» vor, aber so ganz konnte ich mich nicht beruhigen. Als ich Kxoma die zehn Pula gab, rutschte es mir heraus: «Ich glaube, mein Herz ist noch nicht damit fertig, es muss noch reden.»

Diesmal sagte er: «Ich höre, meine Frau.»

«Ich bin erstaunt, dass du um Geld gebeten hast», begann ich zögernd. «Ich dachte, du und ich, wir gehen anders miteinander um als die Übrigen. Ich dachte, wir geben aus dem Herzen. Und ich war nie geizig dir gegenüber.»

«Ich höre deinen Kummer. Ich habe nicht gewusst, dass du so empfindest.» Er überlegte kurz. «Das nächste Mal mache ich es wieder gut. Ich werde deine Worte nicht vergessen.»

Ich war gerührt. Kxoma behielt das Geld, aber er hatte mir zugehört. Ich zweifelte keinen Augenblick daran, dass er an das Gesagte denken würde, wenn wir uns wiedersahen.

KAPITEL 11 Gestern und heute

Kxomas Trancetanz genügte mir nicht. Ich fragte Nisa, ob sie einen Trommeltanz organisieren könne. Sie schlug vor, gemeinsam mit Chuko, einer anderen Heilerin, an mir zu arbeiten, und gab sich sehr entgegenkommend: Sie werde weniger von mir verlangen als Chuko, die immer fünf Pula nahm. Sie wolle nur drei Pula haben, «weil du mir so viel hilfst».

Wie absurd, dachte ich. Ich kaufte ihr einen Esel für fünfzig Pula und gab ihr eine Kiste für sechzig Pula und noch viele andere Geschenke. Ich gab ihrem Mann Wasserbehälter und andere praktische Gegenstände im Wert von vierzig Pula. Ganz zu schweigen von den sechs Kühen und dem Pferd! Und sie war so nett und reduzierte ihre Gebühr um zwei Pula, weil ich ihr so viel geholfen hatte. Eigentlich wunderte ich mich gar nicht; in gewisser Weise rührte mich ihr Angebot sogar. Aber andererseits war ich trotzdem enttäuscht und gekränkt.

Später schrieb ich in mein Tagebuch:

Unsere Beziehung kommt nicht darüber hinweg, dass ich Macht über sie habe – ihrer Meinung nach könnte ich ihr Leben von Grund auf verändern, wenn ich nur wollte. Aber wäre eine andere Art von Beziehung überhaupt möglich? Sie versteht meine Loyalität nicht und hört nicht auf, mich zu bedrängen, obwohl sie genau weiß, dass ich *alles* für sie tun würde. Ich bin vor allem ihretwegen hierher zurückgekommen.

Aber wie kann sie das glauben? Und was will ich überhaupt von ihr? Was muss sie tun, damit ihr Geld in den Schoß fällt und ich strahlend rufe: «Ah, genau das habe ich gesucht»? Soll sie noch mehr erzählen? Kein Problem. Sie redet, so viel ich will. Aber warum bekommt sie dieses Mal nur einen Esel, wenn sie doch beim letzten Mal die Kühe bekommen hat?

Zwei Pula sind sehr viel für sie.

Das ist die praktische Seite, und vielleicht sollte man diese nie ignorieren. Aber Nisa scheint so wenig Einfühlungsvermögen, so wenig Mitgefühl zu besitzen – jedenfalls mir gegenüber. Sie ist klug, sie kann sich durchsetzen, sie weiß genau, wie sie das, was sie braucht, einfordern muss. Aber diese Grenze können wir irgendwie nicht überschreiten. Wenn sie «nett» mit mir redet, dann immer nur darüber, was ich alles für sie getan habe. Sie mag mich, weil ich sie für unsere Arbeit belohnt habe. Von meinen Gefühlen hat sie keine Ahnung. Ich glaube nicht einmal, dass sie mich wirklich gern hat.

Manchmal frage ich mich, ob ich *sie* mag. Ich bin fasziniert von ihrer Energie, ihrem Durchhaltevermögen, ihrer Klugheit. Es rührt mich, wie fürsorglich sie sich um ihren Bruder Dau kümmert, wie stark das Band der Liebe zwischen Bo und ihr ist. Bei den Interviews ist sie direkt und spricht auch über intime Dinge, sie reagiert sehr intelligent auf meine Zwischenfragen. Aber ihre Habgier und ihr Ehrgeiz sind schwer zu ertragen.

Tuma, mein Helfer, blieb nach dem Abendessen bei mir am Feuer sitzen. Er und Bo lauschten hingerissen einer Geschichte, die Kumsa-der-Jäger erzählte. Da ich mich über die Gesellschaft freute, gesellte ich mich zu den Männern und bot ihnen Tee an. Kumsa erzählte in wunderbar rhythmischen Sätzen, die Tuma und Bo gelegentlich wiederholten. Ich verstand zwischendurch immer wieder ein Wort und manchmal sogar einen ganzen Satz, aber um wirklich zuhören zu wollen, konnte ich die Sprache nicht gut genug.

Am Himmel stand ein heller Zweidrittelmond. Die Milchstraße ertrank in seinem Licht. Aber das Sternbild des Skorpions und das Kreuz des Südens waren deutlich zu erkennen und flankierten den Mond wie zwei treue Leibwächter.

Im Dunkeln hörte man das Getrappel von Hufen: Die Männer kehrten wieder von einer Löwenjagd zurück. Dieses Mal gab es keinen festlichen Empfang, niemand jubelte. Vielleicht war es dafür schon zu spät am Tag. Oder vielleicht gab es einfach keine guten Nachrichten. Bisher waren zwei Löwen erlegt worden, aber es waren immer noch einige unterwegs. Alle hatten Angst. Die Frauen waren deswegen am Morgen nicht sammeln gegangen.

Ich hatte den Tswana-Führer gefragt, ob ich mit den Männern auf Löwenjagd gehen dürfe. Ich könnte ihnen ja in meinem Truck folgen, hatte ich vorgeschlagen. «Nein», hatte er erwidert, «zu laut.»

«Und wenn ich mir ein Pferd ausborgen und mit der Gruppe mitreiten würde?»

«Nein, zu gefährlich.»

Ich war enttäuscht, aber im Grunde auch erleichtert. Vor Jahren war ich hier schon einmal geritten, aber nur ein einziges Mal, und das Pferd hatte gescheut und mich abzuschütteln versucht. Hätte ich mich wieder auf ein Pferd gesetzt, um an einem großen Männerabenteuer teilhaben zu können? Vermutlich schon. Konnte es auf der Welt etwas Aufregenderes geben als eine Löwenjagd?

Ich versuchte, Tagebuch zu schreiben. Es war ein guter Tag gewesen: Ich hatte meine Erhebung der Dörfer abgeschlossen, deshalb konnte ich mich jetzt vormittags ein bisschen entspannen. Tuma und ich hatten mit Hefebrot experimentiert, und es hatte sehr gut geschmeckt.

Aber jetzt konnte ich mich nicht konzentrieren, sondern horchte immer wieder zu den Männern hinüber. Gerade erzählte Tuma: Es ging irgendwie um eine Frau. Und um Sex. Ich kritzelte in mein Tagebuch, um den Eindruck zu erwecken, ich würde nicht zuhören. Offenbar hatte eine junge Frau ihn abgewiesen, aber er war trotzdem zu ihr unter die Decke gekrochen. «Ich habe mich angeschlichen und bin unter ihre Decke gegangen», hörte ich ihn sagen. «Sie ist aufgestanden ... als sie wieder unter die Decke kam, habe ich sie genommen.»

Hatte er sie zum Sex gezwungen? Die Redewendung «unter ihre Decke gehen» bedeutete normalerweise, dass man Sex hatte. Aber sie konnte auch heißen, dass er nur ihre Decke mit ihr teilte, ohne Sex. Und «ich habe sie genommen» hieß manchmal auch, dass man jemanden nur berührte.

Dann redete Kumsa wieder. Es ging um seine junge Frau, glaube ich, und um ihre Weigerung, in seiner Hütte zu schlafen. Tuma gab ihm einen Rat. Ach, wenn ich doch die Feinheiten solcher Gespräche verstehen könnte, dachte ich, und nicht immer nur das, was direkt an mich gerichtet ist!

Mir blieben noch sieben Tage in Dobe. Sieben Tage! Vielleicht noch ein paar Interviews mit Nisa. Ich konnte nicht genau sagen, ob die Interviews gut liefen oder nicht. Manchmal hatte ich das Gefühl, die alte Nisa wieder zu erkennen: Ihre Art zu erzählen war so mitreißend, ihre Geschichten unbezahlbar. Aber vieles, was sie sagte, kam mir eher unbedeutend vor. Selbst unser jüngstes Interview über Trancemedizin und über Nisas Fähigkeiten als Heilerin war nicht besonders interessant gewesen.

Nun war also das Ende meines Aufenthalts in Sicht, und ich hätte nicht behaupten können, dass mich das nur traurig machte. Ich fand es anstrengend, immer von irgendjemandem um Tabak, Batterien, Geschenke, Streichhölzer oder andere Zuwendungen gebeten zu werden. Die Flitterwochen waren vorbei. Noch zwei Monate länger, und diese Schwierigkeiten würden sich nur hochschaukeln. Ich würde immer strenger auf die Forderungen reagieren. Weil ich aber nur noch eine Woche vor mir hatte, tat ich meine Arbeit, so gut es ging, und versuchte, die Gegebenheiten einfach zu akzeptieren. Ich fand, dass ich meine Sache bisher ganz gut gemacht hatte.

Aber ich wusste auch, wenn die Zeit kam, würde ich bereit sein. In mein Tagebuch schrieb ich: «Es gibt hier keine Wunderheilung für mich – obwohl die Umgebung mir unglaublich gut tut. Wenn ich jetzt nach Hause fahre, bedeutet das nicht, dass ich wieder krank werde – genauso wenig, wie ich eine Garantie dafür hätte, gesund zu werden, wenn ich hier bliebe. Und ich weiß genau, wenn ich wieder krank werde, kann ich nicht mehr hierher zurückkehren – vermutlich nie wieder. Deshalb versuche ich, alles in mich aufzunehmen, so gut ich es kann.»

Ich hatte zwei so genannte «Seminare» geplant, das heißt, längere Gruppengespräche, das eine mit Männern, das andere mit Frauen. Ein Fragenkomplex beschäftigte mich besonders: Wie sahen sie selbst das Leben als Jäger und Sammler? Was sollten ihrer Meinung nach ihre Kinder über die traditionelle Lebensweise wissen? Hatten sie Sehnsucht nach der «guten alten Zeit»? Oder waren sie eher froh, dass sich so viel verändert hatte?

Als sich die Männer am Morgen in der Lehmhütte einfanden, herrschte gute Laune. Es wurde heißer Tee mit Milch und Zucker gereicht, und ich hatte ihnen eine großzügige Bezahlung und eine Mahlzeit am Ende der Sitzung versprochen. Es waren sechs Männer anwesend, die ich alle seit zwanzig Jahren kannte, unter ihnen Kxoma, Kumsa-der-Jäger und Bo. Royal fungierte als Dolmetscher.

Ich begann auf Englisch, an Royal gewandt. «Können wir anfangen mit ... ich weiß nicht recht, wie ich vorgehen soll ... und wer als Erster etwas sagen soll ... aber vielleicht kann einfach jeder zu jeder Frage etwas sagen, nacheinander.»

«Möchtest du anfangen?», fragte Royal Kxoma, dessen diplomatische Fähigkeiten er kannte.

«Kumsa soll beginnen», erklärte Kxoma.

«Meine erste Frage ist, ob sie finden, dass es jetzt besser ist als früher, als sie noch mehr im Busch gelebt haben.»

Royal übersetzte, und Kumsa-der-Jäger antwortete langsam und bedächtig: «Das mit der Vergangenheit ... es war wunderbar! Es war sehr gut. Das Leben im Busch ... Wir haben dort gearbeitet, wir haben alles dort getan. Ich meine, als wir im Herzen des Buschs gelebt haben. Wir haben dort sehr, sehr gut gelebt. Aber das Leben heute, hier, wo wir jetzt alle sind, wenn ich es mir so ansehe ... es gibt nur wenig Nahrung.»

Nisas Mann Bo widersprach. «Das Leben in der Vergangenheit, das Leben im Busch, das war schrecklich! Niemand hat geholfen. Das Leben wurde besser, als die anderen hierher gekommen sind und uns eine kleine Kuh gegeben haben. Wir haben Nahrung und wir trinken Milch. Heute ist das Leben sehr gut!»

«Oh ... rede doch nicht so!», entgegnete Kumsa. «Ich lehne das ab, was du sagst.»

Einer nach dem anderen sagte seine Meinung. Der dritte Sprecher, ebenfalls ein erfahrener Jäger, teilte Bos Einschätzung.

«Zuerst, als wir im Busch lebten, als wir noch die Arbeit im Busch machten, da waren wir erschöpft! Heute können wir uns ein bisschen ausruhen. In der Vergangenheit mussten wir uns immer überlegen, wo wir hingehen. ‹Ich gehe in den Busch›, sagten wir, und wir gingen und gingen, und wenn wir ins Dorf zurückkamen, hatten wir nichts gegessen. Deshalb finde ich auch, dass die Vergangenheit schrecklich war. Und die Dinge von heute sind besser.»

Als Vierter meldete sich Debe zu Wort, der Jüngste der Gruppe, der Mann von Nisas Nichte Nai. Sein Sohn hütete Nisas Kühe und die Kühe einer wohlhabenden Herero-Familie. «Ich, so wie ich hier bin, ich habe noch nichts Gutes im Leben von heute gesehen. Früher, als die Menschen noch im Busch lebten, jagten sie Tiere, aßen das Fleisch und lebten im Busch. Und ich, ich habe noch nicht gesehen, was heute gut ist. Für mich nicht.»

Kumsa fragte: «Und was ist mit den Kühen, die du hütest?»

«Ich besitze selbst keine Kühe», antwortete Debe. «Die Kühe sind die Kühe anderer Leute. Ich habe nicht einmal eine einzige. Und ich sehe kein gutes Leben. Ein gutes Leben, das war früher. Ich möchte, dass uns der Truck in den Busch bringt und die Leute Tiere jagen und essen.»

Tashay, ein angesehener älterer Mann (und der Namensbruder meines Mannes), sprach als Nächster. «Meine Gedanken dazu? Unsere Väter haben uns geboren und haben uns Nahrung aus dem Busch gegeben und haben uns *Do*-Wurzeln und *Gwea*-Gemüse gegeben, und sie haben uns großgezogen, so wie wir heute sind. Und ich wäre gern immer noch dort. Denn ich habe auch noch nichts Gutes für mich hier gesehen.» Seine Stimme wurde lauter, als er fortfuhr: «Diese Leute hier, sie reden über Kühe. Kühe sind die Gegenwart. Aber ich habe keine Kühe. Vor langer Zeit hatten wir keine Kühe, und trotzdem hatten wir ein gutes Leben.»

Kxoma, der redegewandteste der Männer, sprach als Letzter.

Ich, ich habe gehört, was die anderen gesagt haben. Die Arbeit im Busch, dort, wo wir gelebt haben, diese Arbeit war hart. Dieses Leben! Und die anderen sagen, dass ihre Väter sie großgezogen haben. Den Teil kenne ich, und er war sehr gut.

Sie konnten uns nicht ernähren, wenn sie immer am selben Platz saßen. Sie hatten sich gerade an einem Ort niedergelassen, und schon waren sie wieder im Busch, denn wenn sie nicht aufgestanden wären und Fleisch mitgebracht hätten, dann wären wir gestorben.

Jetzt, heute, seit die Schwarzen gekommen sind und mit uns arbeiten, können wir unser eigenes Leben besser sehen. Wir haben jetzt ein Leben, und wenn die Regierung beschließt, uns zu helfen, und uns Samen gibt, damit wir Felder anlegen können, dann können wir uns ein bisschen ausruhen. Es ist nicht wie die andere Lebensweise, da schläft man hier eine Nacht und in der nächsten Nacht anderswo und in der nächsten wieder anderswo. Das ist ein schlechtes Leben. Und heute, wie wir jetzt leben, ist es eine neue Art zu leben.

Und das ist der Grund, weshalb wir sagen, die andere Art zu leben bringt einen um. Man wusste nicht, wo man schläft, und morgens wachte man auf und schleppte seinen ganzen Besitz auf den Schultern. Wenn man in der Gegend von Kangwa Tiere gejagt hatte, dann trug man das Fleisch mit seinem Körper. Wer sagt, das war gut?

Als Antwort auf diese Frage lachten die anderen, und Kxoma fuhr fort:

Das hat weh getan! Heute packe ich alles auf einen Esel. Vor langer Zeit haben die Menschen die Dinge auf ihren Schultern getragen. Was ist daran gut? Es war nicht gut für mich. Es war schrecklich! Heute lebe ich dort, wo es wunderbar ist.

Es entspann sich eine längere Diskussion über Kühe und über die schlechte Bezahlung durch die Herero, aber ich wollte nun erfahren, was sie ihren Kindern von der Vergangenheit erzählen wollten.

Tashay begann zu schwärmen: «Wir sind von einem Ort

zum anderen gezogen und haben *Gwea* gegessen und *Sha*-Wurzeln und all die anderen Dinge, und sie haben die Tiere gejagt und getötet, und wir haben sie gegessen. Als dann die Schwarzen kamen, war es nicht mehr gut. Heute ist es wieder möglich, ein gutes Leben zu haben. Aber die Vergangenheit ist vorbei. Ein ganz neues Leben hat angefangen. Deshalb brauchen wir die Hilfe von den anderen, glaube ich, damit sie uns helfen, Kühe zu kaufen und Esel und Ziegen.»

Und Kumsa ergänzte: «Wir lebten gut. Wir haben gelebt und gegessen und gegessen, bis es keine Nahrung mehr in der Gegend gab. Dann suchten wir nach Wild in einer anderen Gegend und sahen andere Tiere. Und dann wurden die Tiere dort getötet.»

Am Tag darauf wollte ich eine ähnliche Veranstaltung mit den Frauen machen, aber Royal kam nicht, und bei einer größeren Anzahl von Personen brauchte ich ihn als Dolmetscher. Also blies ich die Sache ab, gab den Frauen etwas zu essen und schickte sie wieder nach Hause. Statt mich mit der ganzen Gruppe zu unterhalten, führte ich ein zweistündiges Interview mit Nisa.

Endlich ergaben verschiedene Details ihres Lebens einen Sinn – ihr früher Kontakt mit der Außenwelt und ihre intensiven Erfahrungen mit Liebhabern. Je häufiger ich ihr versicherte, ich könne sie nicht verstehen, und je dringender ich sie bat, ein spezielles Thema genauer zu besprechen, desto frustrierter wurde sie – bis sie schließlich alle nebensächlichen Details beiseite schob und sich auf das Wesentliche konzentrierte. Es war das beste Interview, das wir je geführt hatten.

Dann kam ich auf den Trommeltanz zu sprechen. Seit meinem zweiten Abend hier hatte es keinen «spontanen» Tanz mehr gegeben. Damals hatte Nisa mir die Hände aufgelegt, aber ich wollte es nicht dabei belassen. Als ich das Nisa gegenüber erwähnte, wiederholte sie ihr Angebot, sie werde nur «drei Pula» verlangen, weil ich so gut zu ihr sei. Ich murmelte ausweichend: «Eh-hey.»

Ich musste zunächst herausfinden, wie viel ich wem zu zahlen hatte. Dafür musste ich mit der anderen Heilerin und dem Trommler verhandeln. Was die Sängerinnen anging – ich dachte daran, acht Frauen zu verpflichten. Wenn sonst noch jemand teilnehmen wollte, waren sie alle herzlich willkommen, aber ohne Bezahlung.

Ich befürchtete, dass es Missverständnisse und Ressentiments geben könnte – egal, wie ich die Sache anfasste. Noch ein Tier schlachten wollte ich nicht. Ich gab die Hoffnung nicht auf, dass vielleicht doch alle bereit waren, den Tanz für mich zu machen, ohne dafür Geld zu verlangen – ich würde ihnen ja anschließend gern mehr als das Dreifache geben, in Form von Kleidung, Perlen, Stoff, Nahrungsmitteln, Schuhen und Gegenständen aus meinem Lager. Und meinetwegen auch Geld.

Kxoma hatte mich um einen Gefallen gebeten, das heißt eigentlich gleich um mehrere Gefallen. Er hatte mir erzählt, dass er davon träumte, mit seiner Gruppe in ein neues Gebiet zu ziehen, weit weg von Dobe. In dieser unbewohnten, wunderschönen Gegend wollte er einen Brunnen graben, Ziegen und andere Tiere halten und Gärten anlegen. Ich wusste, für ein solches Unterfangen brauchte man viel Entschlusskraft und tausend verschiedene Genehmigungen und Papiere. Ob ich ihn nach Kangwa fahren könne, fragte er, und mich dort bei den zuständigen Behörden für ihn einsetzen? Ob ich auch bereit sei, ihn und ein paar andere dann mit dem Truck in das betreffende Gebiet zu bringen, damit sie sich dort umsehen konnten? Das waren fast zwei Stunden Fahrt. Die meisten seiner Leute hatten das Gebiet noch nie gesehen. Und dann wollte er noch wissen, ob ich ihm Geld beschaffen würde, um den Brunnen zu graben.

Selbstverständlich versprach ich ihm, alles zu tun, was in meinen Kräften stand. Mir gefiel außerdem die Vorstellung, noch einmal von hier wegzukommen und in den Busch zu fahren.

Am nächsten Tag fuhren wir los: zehn Leute aus Kxomas Dorf und ich. Nisa kam nicht mit; sie sagte, sie müsse in Dobe bleiben und sich um ihren älteren Bruder kümmern.

Unterwegs begegneten wir zwei Lastwagen, und zwei weitere fuhren vorbei, nachdem wir von den Straße abgebogen waren, um eine Pause zu machen. Das reinste Verkehrschaos im Vergleich zu früher! Aber dennoch sahen wir viele Tiere. Als Erstes zwei Puffottern, die einfach auf der Straße lagen. Wir hielten an, und alle stiegen aus, um sich die trägen Giftschlangen anzuschauen. Die eine war riesig, etwa einen Meter lang und ziemlich dick in der Mitte, die andere lag neben ihr im kühlen Sand und war nicht einmal ein Viertel so groß. Die Männer machten ihre Witze: Die große Puffotter sei bestimmt ein Weibchen und die kleine ein Männchen. Dann töteten sie die Tiere – das machten sie mit allen Schlangen so.

Auf der Weiterfahrt begegnete uns ein großes Rudel gefährlicher Hyänenhunde. Sie standen unbeweglich da, wie Statuen, elegant und nobel, mit langen Beinen und großen, runden Ohren. Ihr geflecktes Fell schimmerte in der Nachmittagssonne. Wir hielten an, die Männer bereiteten Pfeil und Bogen vor. Dann ging die Hetzjagd los. Die Hundemeute raste los, der Truck hinterher. Kxoma schoss, traf aber nicht. Ein anderer der Männer hatte mehr Glück, aber der getroffene Hund entkam in den Busch, wo er langsam an dem vergifteten Pfeil verenden würde.

Etwa anderthalb Stunden von Dobe entfernt machten wir Halt und schlugen unter einem schattigen Marulabaum unser

Lager auf. Ich fühlte mich nicht ganz so weit von der Zivilisation entfernt wie bei unserer ersten Reise in den Busch – aber aller Voraussicht nach gab es hier wenigstens keine Löwenspuren!

Nach Einbruch der Dunkelheit ließen sich alle um ein riesiges Feuer nieder. Kxoma und seine Frau unterhielten sich leise. Ich beobachtete, wie der Mond aufging.

Es tat mir gut, von Dobe weg zu sein. Ich freute mich auf den nächsten Tag – vielleicht würde ich mich wieder so wohl fühlen wie bei der ersten Buschexpedition! Andererseits spürte ich jetzt schon den Zeitdruck. Heute war Freitagabend. Keine Woche mehr bis zu meiner Abreise, und in zehn Tagen war ich schon wieder bei meiner Familie! Überhaupt war diese Fahrt ein bisschen knapp geplant; wir mussten am Sonntag rechtzeitig zurück sein, um uns noch mit Megan und dem botswanischen Regierungsvertreter an der Grenze zu treffen. Am Montag fuhr Royal wieder nach Maun, und vorher brauchte ich noch seine Hilfe für das Frauenseminar.

Kxoma wollte mir am nächsten Morgen eine Höhle in den Bergen zeigen. Ich durfte nicht vergessen, das Schlangenserum mitzunehmen! Ich hatte den Beipackzettel gelesen und war etwas beunruhigt. Es wurden darin so viele verschiedene Giftschlangen aufgezählt, und man musste offenbar genau wissen, welche einen gebissen hatte, um das richtige Serum auswählen zu können!

Andererseits war es ein gutes Gefühl, ganz normal Angst zu haben und nicht immer nur den Krebs zu fürchten. Es gab also auch außerhalb meines Körpers etwas, das mindestens so gefährlich war wie der Feind in mir! Oh, wie ich diese Angst hasste, die meine ständige Begleiterin geworden war! Ich durfte gar nicht daran denken, dass sich mein Körper unwiderruflich verändert hatte, nein, ich wollte mir den naiven Glauben bewahren, dass ich gesund bleiben konnte, wenn ich Sport trieb und richtig aß. Wie sonst konnte ich eine kosmische Ordnung akzeptieren, die zuließ, dass ich Krebs ausgerechnet in der Brust bekam, während ich noch mein Kind stillte und damit eine der elementarsten Aufgaben des weiblichen Körpers erfüllte?

Ich schrieb in mein Tagebuch:

Die Angst kommt und geht, aber wenn sie geht, ist sie nie weit weg, sondern versteckt sich nur in den Winkeln meiner Seele. Manchmal ist sie mehr, manchmal weniger präsent, aber ganz verschwindet sie nie. Sie ist wie ein rauschender Strom, der in der Nähe meines Hauses vorbeifließt – anfangs tost das Wasser so laut, dass es alles andere übertönt, aber mit der Zeit hört man es nicht mehr. Bis aus irgendeinem belanglosen Grund ein Fenster geöffnet wird – und schon bricht das Rauschen wieder über mich herein und spült meinen inneren Frieden davon. Du musst nur lang genug dort wohnen, sagen die anderen, dann gewöhnst du dich daran.

An dem Punkt bin ich noch nicht angekommen. Wenn die Angst über mich herfällt, bin ich für alles andere taub. Und obwohl ich mit allen Mitteln versuche, sie zu besänftigen, weiß ich genau, dass sie die ganze Zeit in mir rumort. Sie ist wie dieser Schmerz in der linken Brust, der mir seit Tagen keine Ruhe lässt.

Mir ist so bange! Ich habe Beklemmungen und mein Herz pumpt viel zu schnell. Vor mir sehe ich eine Weggabelung – der eine Weg führt in die Fortsetzung der Krankheit, der andere führt in die Gesundheit. Wohin gehört dieser Schmerz? Wenn ich schon sterben muss, dann doch lieber am Biss einer Puffotter, als dass ich mich von innen heraus selbst zerstöre.

Ich wachte schon vor Anbruch der Dämmerung auf und warf mich unruhig hin und her. In meinem Kopf drehte sich alles.

Um mich herum wieder wunderbare Stille; ein seltsames Licht blitzte am Himmel auf, obwohl die Sterne noch da waren. Ein fernes kosmisches Ereignis?

Jemand rührte sich im Schlaf. Ein paar Leute schnarchten. Zwei Männer unterhielten sich leise. Genau wie ich kauerten sie dicht am Feuer, um sich zu wärmen.

Ich konnte nicht aufhören zu grübeln. Ich musste an die Schrecken des vergangenen Jahres denken. Und was bedeutete diese Reise nun wirklich? Was würde sie mir bringen? Nisas Geschichte war bereits veröffentlicht. Aber die letzten Interviews warfen ein anderes Licht auf verschiedene Details. Hin und wieder hatte sie eine ganz neue Deutung gegeben. Jetzt behauptete sie, Besa nie geheiratet zu haben, obwohl sie die Auflösung dieser Beziehung so geschildert hatte, dass sie wie eine Ehescheidung geklungen hatte. Und sie sagte, sie habe drei Kinder geboren, nicht vier. Die Geburtenzahl war allerdings auf den ursprünglichen Tonbändern undeutlich aufgenommen gewesen, daher war das keine große Überraschung.

Nisa war als junges Mädchen mit den Herero zusammengekommen und hatte danach eigentlich nie wieder das traditionelle Leben der Jäger und Sammler geführt. Zwar war sie immer sehr stark auf Buschnahrung angewiesen gewesen, aber das Leben mit Viehherden, so wie es die Herero führten, war ihr trotzdem nie fremd gewesen. Schon ihr Großvater hatte eine Schusswaffe besessen. Dies hatte innerhalb der Gruppe zu einem Mord und zu einer Racheaktion geführt – alles im Rahmen des Buschlebens. Anscheinend hatten die Herero bereits in den dreißiger Jahren, als erst sehr wenige von ihnen in dieser Region lebten, den Buschmännern als Gegenleistung für Fleisch Gewehre gegeben. Also war die Außenwelt auch schon für die Generation von Nisas Großvater kein unbekannter Faktor mehr gewesen.

Kxoma übernahm die Führung, als wir am Morgen aufbrachen. Unterwegs unterhielt er sich recht entspannt, wie mir schien, mit einigen der Männer, nicht in dem konzentrierten Flüsterton, den die Jäger auf der Suche nach Beute anschlugen. Obwohl die Gegend als Spießbock-Gebiet galt, hatten sie ihre Hunde nicht mitgenommen – eine Entscheidung, die jetzt lautstark bedauert wurde, weil man ohne Hunde kaum eine Chance hatte, einen Bock zu erlegen.

Nach etwa einer Stunde erreichten wir unser Ziel. Für mich unterschied sich dieses Gebiet durch nichts von dem, das wir gerade durchquert hatten: dichte Vegetation, offene Ausblicke, unberührtes Buschland. Doch Kxoma erklärte mir die Feinheiten: wo man einen Brunnen graben konnte, wie die Dörfer geplant waren und wo man am besten Felder und Tiergehege anlegen konnte.

Auf dem Weg zurück zum Lager machten wir noch einen zweistündigen Umweg, weil die Männer ein Stachelschwein erlegen wollten. Hätte ich nicht vor vielen Jahren eine erfolgreiche Jagd miterlebt, hätte ich es für eine kolossale Energieverschwendung gehalten, zu versuchen, ein Stachelschwein zu überlisten, das sich in seinen unterirdischen Bau zurückgezogen hatte. Wie bei unserer ersten Buschexkursion entdeckten die Männer frischen Urin am Eingang eines Termitenhügels. Und wieder gruben sie ein Loch in den Hügel, fanden aber nichts.

Sie gaben erst auf, nachdem sie noch ein fast zwei Meter tiefes Loch gegraben hatten – ebenfalls erfolglos. Unterwegs gruben sie immer wieder saftige Wurzeln und Knollen aus, aber im Ganzen war die Ausbeute recht mager, weil sich das Stachelschwein oder die Mäuse schon satt gefressen hatten. Die wenigen guten Wurzeln gaben sie mir. Ich sollte sie tragen – schließlich war ich eine Frau. Ich fühlte mich irgendwie geehrt, aber gleichzeitig amüsierte es mich auch.

Im Lager machten sich die Männer daran, neue Köcher zu fabrizieren. Sie schnitten Baumwurzeln in etwa einen halben Meter lange Stücke, lösten die äußere Rinde ab, sodass nur eine feste Röhre zurückblieb, die genau die richtige Form und Länge für die Pfeile besaß. Unten wurde die Röhre mit Leder verschlossen, das durch Lederbänder gesichert wurde, die man um die Röhrenwände schlang. Für die obere Öffnung wurde ein abnehmbarer Deckel gebastelt. Der Köcher wurde mit Pfeilen gefüllt; dazu kamen dann noch ein Bogen und vielleicht noch Feuerstäbe zum Feuermachen, und fertig war die Jagdausrüstung. Viele der Sachen wurden auch auf dem Kunstgewerbemarkt verkauft.

Bald darauf kehrten die Frauen vom Sammeln zurück: Sie hatten pfundweise süße Wurzeln und Bohnenschoten gefunden, luden ihre Beute ab, ruhten sich kurz aus und zogen wieder los.

Kxoma brachte mich, wie versprochen, zu der Höhle. Sie war riesig und führte tief ins Innere des Berges. Ein bedrohlicher, geheimnisvoller schwarzer Schlund ... Kxoma erzählte, einmal sei er mit einem Anthropologen ganz weit hineingegangen, aber sie hätten beide viel Angst dabei gehabt.

Als wir zurückgingen, wirkte Kxoma sehr vergnügt. Er liebe diese Gegend, sagte er und wies mich immer wieder auf Dinge hin, die ihm gefielen. «Marjorie, schau dir diesen Felsen an.» – «Siehst du die Flechten da drüben?» – «Diese Bäume sind doch wunderschön, oder?»

Wie konnte ich den Rest meiner Zeit sinnvoll verbringen? Vielleicht war es ja gar keine schlechte Idee, wenn ich zur Abwechslung einen einzelnen Mann so ausführlich interviewen würde wie sonst die Frauen? Mir blieben nur noch wenige Tage, aber wenn ich sofort damit anfing, konnte ich genügend Material sammeln, um eine Lebensgeschichte zu skizzieren.

Möglicherweise gab es für so ein Vorhaben sogar Gelder – und ich konnte wieder hierher zurückkommen. Ich konnte das Projekt als eine Art Fortsetzung von *Nisa erzählt* präsentieren: «Ein !Kung-Mann erzählt».

Infrage kam vor allem Kxoma. Er war sprachgewandt und interessant, er hatte erfolgreich eine Brücke von der Vergangenheit in die Gegenwart geschlagen, er war ein Mann mit Visionen. Schon das wenige, was ich über ihn wusste, war sehr ungewöhnlich. Er hatte mit seiner Familie im Busch gelebt. Sein Vater war von einem Löwen getötet worden, die Mutter hatte wieder geheiratet und die Familie war von Namibia nach Botswana gezogen, wo sie sich in der Nähe eines Stammes niederließ, der Viehwirtschaft betrieb.

«Kxoma – wie wäre es, wenn wir in den Kassettenrecorder sprechen würden?», schlug ich ihm vor. «Du kannst meinem Sohn Adam, deinem Namensbruder, eine Nachricht schicken, und dann möchte ich dir noch ein paar Fragen stellen.»

Seine Botschaft für Adam war sehr charmant: «Mein kleiner Namensbruder, ich grüße dich und möchte dich gern sehen. Sag deinen Eltern, sie sollen dich hierher bringen, damit ich dich kennen lerne. Ich nehme dich mit und zeige dir alles! Ich bringe dir bei, wie man Fallen stellt, und ich zeige dir, wie man Spuren liest. Ich mache ein besonderes Geschenk, nur für dich, das deine Mutter dir mitbringt. Ich grüße dich, mein Namensbruder, und hoffe, dass ich dich bald sehen werde.»

Aber als wir anfingen, über sein Leben zu sprechen, wurde die Sache schon schwieriger. Egal, welche Fragen ich stellte und wie oft ich ihn bat, ausführlicher und genauer zu antworten – er ging nie ins Detail. Das «Interview» dauerte nur fünfundvierzig Minuten. Ich war sehr enttäuscht und froh, als es vorbei war.

Abends zog ich mich mit meiner Taschenlampe in den Truck zurück, um Tagebuch zu schreiben. Die anderen saßen draußen am Feuer und unterhielten sich mit gedämpften Stimmen.

Was für ein merkwürdiger Tag – so ruhig im Vergleich zu der Expedition vor zwei Wochen. Damals hatte ich es mit allen Sinnen genossen, wieder in der wilden Buschlandschaft zu sein. Heute kam es mir schon fast vor wie Routine, wie eine Wiederholung, vor allem, als ich bei der Stachelschweinjagd auf die Männer wartete. Aber ich war froh, dass wir nicht so viel gelaufen waren. Klar, es hatte auch intensive Glücksmomente gegeben – die Landschaft mit ihren Hügeln und dem oft sehr dichten Baumbestand berührte mich zutiefst, ich liebte das Gefühl, wenn der Sand unter mir wegbrach, weil ich in ein verstecktes Mauseloch getreten war, ich liebte die Vogelrufe und die endlose Weite. Und vor allem die Stille.

Am Morgen wollten wir nach Dobe zurückfahren, und ich ging in Gedanken alles durch, was ich noch erledigen wollte. Diesmal kam mir der Aufenthalt im Busch fast wie eine kurze Ruhepause vor.

Aber dann schaute ich mich um. Der Mond war noch nicht ganz voll und sein Licht verbreitete einen geheimnisvollen Zauber. In der Ferne hoben sich die Berge vom Horizont ab, grau und schemenhaft, das Licht erinnerte an die merkwürdig unwirkliche Atmosphäre bei einer Sonnenfinsternis. Ein sanfter Windhauch wehte. Sonst war alles still. Eine Zikade meldete sich kurz, eine zweite antwortete ihr. Dann herrschte wieder die Ruhe der Nacht.

Ich werde dieses Land vermissen, dachte ich. Die Liebe war nicht erloschen, o nein, und ganz besonders liebte ich diese magische Welt der Mondnächte, wenn alles in silbernes Licht getaucht war und blauschwarze Schatten warf.

KAPITEL 12 Soldaten und Spione

In Dobe erwartete uns Royal. «Es tut mir Leid, dass ich neulich nicht beim Seminar war», sagte er. «Aber meine Tante in Kangwa ist krank geworden und ich musste sie besuchen.»

Etwas Besseres fällt dir wohl nicht ein, dachte ich, halb verärgert, halb belustigt. Offenbar waren die Ausreden auf der ganzen Welt gleich. Laut sagte ich: «Gut, wir haben noch genug Zeit. Lass uns gleich anfangen.»

Aber das Seminar mit den Frauen – sechs Frauen und ich – war eher eine Ernüchterung. Eine der Frauen kicherte dauernd und störte das Gespräch. Anscheinend waren ihr die angesprochenen Themen und die Antworten der anderen Frauen peinlich. Ich überlegte mir anschließend, ob die Diskussion spannender gewesen wäre, wenn Nisa teilgenommen hätte. Aber sie hatte sich geweigert: «Ich will nicht in einer Gruppe reden. Nur mit dir ... alleine.»

Die Frauen schienen noch weniger nostalgisch zu sein als die Männer. Sie waren sich alle einig, dass die Gegenwart wesentlich besser war als die Vergangenheit.

Es war jetzt Zeit für das Treffen mit Megan und dem Regierungsvertreter aus Kangwa. Viele der Dorfbewohner, unter ihnen auch Royal und Kxoma, kletterten auf den Truck. Ich hatte ihnen versprochen, auf dem Rückweg anzuhalten, um Feuerholz zu sammeln.

Ich hoffte, dass bei dieser Unterredung die Differenzen zwischen Megans Gruppe und dem Regierungsvertreter von Botswana ausgeräumt werden konnten. Ihre Arbeit war für die Zukunft der !Kung in Namibia ungeheuer wichtig. Die neu gewählte namibische Regierung würde die Rechtsansprüche der Buschmänner auf ihre traditionellen Gebiete viel eher anerkennen, wenn die !Kung San nachweisen konnten, dass sie dort lebten – soviel war sicher. Um aber zu beweisen, dass sie dort lebten, mussten sie Haustiere und einen Brunnen vorweisen. Megan und andere Mitglieder der *!Kung San Foundation* halfen den Buschmännern dabei, dieses Ziel zu erreichen.

Zum einen unterstützten sie die Bemühungen, eine politische Organisation zu schaffen, die ihre Interessen vertreten konnte. Zweitens wurde aus allen möglichen Quellen Geld beschafft, und die Buschmänner, die bisher sozusagen als «Landbesetzer» gelebt hatten, wurden umgesiedelt in Gegenden (oder *Homelands*), wo ihre Vorfahren gelebt hatten. Dort, im traditionellen !Kung-Gebiet, wurden Hütten gebaut, Brunnen gegraben und Tiere gekauft. Es gab schon etwa dreißig solcher Siedlungen. Für mich waren Megan und ihre Kollegen Helden: Sie trugen dazu bei, dass ein Volk und seine Kultur gerettet wurden, die sonst nach den Wahlen, wenn die allgemeine Jagd auf Landbesitz begann, untergegangen wären.

Die Fahrt zur Grenze gefiel mir immer sehr. Ich freute mich, vom Lager wegzukommen und eine andere Landschaft zu sehen: Im ersten Abschnitt war alles abgeweidet, dann wuchs alles wild. Manchmal empfand ich ein Gefühl tiefen inneren Friedens, wenn der Wind mir durch die Haare blies oder wenn mir bewusst wurde, dass jetzt eine Weile niemand irgendwelche Forderungen an mich stellte, oder wenn ich das Spiel von Licht und Schatten im hohen Gras beobachtete. Außerdem hatten so meine schönsten Fahrten in den Busch begonnen.

Auch dieses Mal sollte die Fahrt zur Grenze der Auftakt zu

einem unvergesslichen Erlebnis sein. Als sich unser munteres Trüppchen dem Grasland vor der Grenze näherte, musste ich plötzlich ganz abrupt bremsen. Mitten in der Landschaft, ein paar hundert Meter von der Straße entfernt, stand ein weißer Landrover. Zwei weiße Männer, die ich noch nie gesehen hatte, und ein mir ebenfalls unbekannter Buschmann standen daneben – eingekreist von schwer bewaffneten Soldaten der *Botswana Defense Force*.

Ein paar Soldaten führten die beiden weißen Männer zu uns. Der jüngere der beiden war fast noch ein Kind. «Sind Sie Marjorie?», fragte der ältere, dem die Panik ins Gesicht geschrieben stand. Sein Name sei David, erklärte er, der Junge sei sein Sohn. «Ich habe einen Brief für Sie. Aus Maun.»

Der Brief war von Mel. Die erste Nachricht von ihm, seit ich Maun verlassen hatte! Rasch überflog ich, was er geschrieben hatte – zu Hause schien alles in Ordnung zu sein. Dann wandte ich mich David zu.

«Wir suchen einen Buschmann namens Royal», sagte er. «Wir haben seinen Namen von Richard Lee bekommen, dem Anthropologen. Er sollte uns in Maun abholen und mit uns die Dörfer der Buschmänner besuchen.»

«Royal ist hier – auf dem Truck», sagte ich. Royal hob den Arm. «Aber was ist hier los?»

«Anscheinend haben wir aus Versehen die Grenze überquert», erklärte David. Als er und sein Sohn in Maun ohne Royal dastanden, mieteten sie einen Wagen, suchten Kangwa auf der Landkarte und fuhren los. Unterwegs fanden sie jedoch niemanden, der Englisch konnte, also wiederholten sie immer nur Royals Namen. Der Buschmann, der jetzt bei ihnen war, schien ihr Anliegen verstanden zu haben; er hatte sich ihnen angeschlossen, um ihnen den Weg zu zeigen.

Mit Blick auf die Soldaten fügte er hinzu: «Das habe ich denen alles erklärt, aber sie wollen mir nicht glauben.»

«Wie meinen Sie das – Sie haben die Grenze überquert?», fragte ich.

«Wir dachten, der Buschmann bringt uns zu Royal. Wir hatten keine Ahnung, wo wir waren. Plötzlich standen wir vor einem riesigen Zaun und parkten unseren Truck. Wir dachten, es ist ein Wildzaun. Also sind wir rübergeklettert und auf der anderen Seite weitergegangen. Dann tauchten auf einmal diese Soldaten auf, buchstäblich aus dem Nichts, und bedrohten uns mit ihren Schusswaffen.» Er schaute mich flehend an. «Die halten uns für Spione! Bitte, helfen Sie uns – die Soldaten kennen Sie doch.»

«Das reicht!», unterbrach ihn ein Offizier. «Bringt sie zurück zum Wagen.» Mit strenger Stimme fragte er mich: «Wohin gehen Sie?»

Ich wusste genau, dass ich vorsichtig antworten musste. «Soviel ich weiß, findet heute Nachmittag eine Besprechung an der Grenze statt. Ein Regierungsvertreter aus Kangwa und Megan Biesele, die mit den Buschmännern in Namibia arbeitet, werden dort sein. Ich bin ebenfalls eingeladen und habe die Genehmigung der *Botswana Defense Force*.»

«Sie wollen zu einer Besprechung?», wiederholte er argwöhnisch. «Und was machen alle diese Leute auf dem Truck?»

«Bei der Besprechung geht es darum, dass die Grenze geschlossen ist. Diese Schließung beeinträchtigt das Leben der Buschmänner. Sie wollten bei der Diskussion dabei sein.» Ich überlegte kurz, dann fragte ich höflich: «Ist das ein Problem?»

«Das müssen wir erst noch überprüfen. Warten Sie hier», befahl er und ging zurück zu den anderen.

Wir waren fassungslos. Den Vater konnte ich nicht mehr sehen, ich wusste nicht, wo sie ihn hingeführt hatten. Der Sohn wurde von einem der Soldaten verhört. Neben jedem Baum standen Soldaten im Kampfanzug, die Munitionsgürtel über der Brust und dem Rücken gekreuzt, das Gewehr im Anschlag.

Wir hörten erregte Stimmen. «Sie wussten also nicht, dass es die Grenze ist?» Und dann, noch lauter: «Erwarten Sie wirklich, dass wir Ihnen diesen Quatsch glauben? Halten Sie uns für so dumm?» Der Soldat schubste den Jungen, dann fasste er ihm zwischen die Beine. «Bist du überhaupt ein *Mann*? Hast du überhaupt genug Mumm, um die Wahrheit zu sagen? Warum seid ihr über die Grenze gegangen? Was wolltet ihr in Namibia?»

«Bitte, glauben Sie mir – wir sagen die Wahrheit!», flehte der Junge. «Wir haben nicht gewusst, dass es die Grenze ist. Es sah aus wie ein normaler Zaun. Wir waren auf der Suche nach Royal.»

Der Soldat brüllte: «Die Wahrheit! Die Wahrheit!» Er schlug dem Jungen ins Gesicht und schubste ihn wieder.

Ich musste wegschauen, weil ich den Anblick nicht ertragen konnte. Würden sie mich umbringen, weil ich Augenzeugin dieses Vorfalls war? Was würde ich tun, wenn sie den Jungen umbrachten? War der Vater womöglich schon tot?

Ein Soldat trat ans Wagenfenster. «Fahren Sie los und drehen Sie an der Grenze um. Ich fahre voraus. Folgen Sie mir.»

Ich hoffte inständig, dass Megan uns helfen konnte, die Situation zu klären. Aber an der Grenze war keine Megan. Auch kein Regierungsvertreter. Kein Mensch erwartete uns! Auf der namibischen Seite parkte nur ein Geländewagen, neben dem zwei Buren standen und uns neugierig beäugten.

Ich wendete und hielt an, wie man mir befohlen hatte. Plötzlich erschien ein anderer Offizier an meinem Fenster: «Sie sollten sich schämen!», schrie er mich an und schlug mit der Hand gegen den Fensterrahmen. «Jawohl!»

«Ich bin mir keiner Schuld bewusst», entgegnete ich tapfer. Ich hatte große Angst, aber ich wollte mir nichts anmerken lassen. «Man hat mir gesagt, hier findet ein Treffen statt, und ich habe die offizielle Erlaubnis, daran teilzunehmen.»

Der Offizier stellte die ganzen Fragen noch einmal, die ich dem anderen schon beantwortet hatte: «Was wollen die vielen Menschen auf dem Truck?» – «Warum kommen Sie ausgerechnet jetzt an die Grenze?» Er klang sehr bedrohlich. Seiner Überzeugung nach war ich an einer Verschwörung beteiligt. «Sie wollen mit diesen Buschmännern die Wahl in Namibia beeinflussen. Der Vater und der Sohn gehören auch dazu. Sie versuchen, in Namibia Unruhe zu stiften. Vielleicht auch in Botswana. Was Sie machen, ist kriminell! Kriminell!»

«Hey!», rief einer der Buren von der anderen Seite des Zauns. «Was ist hier los? Redet ihr davon, dass die Grenzen geschlossen wurden? Das ist widerlich!»

Alle Blicke richteten sich auf den korpulenten Mann mit dem starken Afrikaans-Akzent, den das militärische Aufgebot und die explosive Stimmung auf unserer Seite nicht im Geringsten zu beeindrucken schienen. Er kam unverfroren näher, völlig furchtlos – bestimmt hatte er getrunken. «Ihr da drüben in Botswana – euch ist es egal, was mit den Buschmännern passiert! Euch interessiert es nicht, dass ihr denen das Leben kaputtmacht, wenn ihr die Grenzen schließt!»

«So ein Quatsch!», schimpfte der Offizier. «Ihr Weißen denkt immer, ihr wisst alles. Was kümmern euch die Buschmänner? Ihr habt doch keine Ahnung!»

«Wir interessieren uns für die Buschmänner, weil wir wollen, dass es ihnen gut geht – und das ist eigentlich auch eure Aufgabe!», erwiderte der Mann. Dann ging er mit seinem Begleiter zu seinem Fahrzeug zurück, aber wir hörten ihn noch rufen: «Nicht zu fassen, dieser Schwachsinn – wie kann man bloß die Grenze schließen!»

«Okay», blaffte mich der Offizier an. «Fahren Sie zu der Straße zurück, auf der Sie gekommen sind. Folgen Sie mir.» Ein zweiter Lastwagen schloss sich uns an. Ich war sehr erleichtert, als ich den Vater und seinen Sohn darin sitzen sah.

Wir fuhren hintereinander her zu einem verlassenen Buschmännerdorf.

«Aussteigen – alle!», befahl der Offizier.

Zögernd verließ ich den Schutz des Trucks. Royal, Kxoma und die anderen stiegen ebenfalls aus und gruppierten sich um mich herum. David, sein Sohn und ihr Begleiter standen ein Stück von uns entfernt. Da die Soldaten jede unserer Bewegungen misstrauisch beobachteten, traute ich mich nicht, etwas zu ihnen zu sagen.

Wir standen zwischen den skelettartigen Überresten von etwa sechs verlassenen Lehmhütten. Die Grasdächer waren entfernt worden; vermutlich hatte man sie für neue Siedlungen benutzt. Das ganze Dorf war von Soldaten mit schussbereiten Gewehren umstellt, ihre Patronengürtel glitzerten im Sonnenlicht.

Der Vater wurde jetzt mit aggressiven Fragen bombardiert, und er versuchte verzweifelt, sich zu verteidigen: Er sei Arzt, aus Kalifornien, sagte er. Seine Geschichte klang allerdings selbst in meinen Ohren ziemlich weit hergeholt. Vater und Sohn waren ohne einen Begleiter, der für sie dolmetschen konnte, von Maun losgefahren; aus Kangwa hatten sie einen Buschmann mitgenommen, mit dem sie sich nicht richtig verständigen konnten, der aber auf das Wort «Royal» reagiert hatte; sie waren an meinem Lager vorbeigefahren, ohne anzuhalten und Fragen zu stellen, obwohl sie mich doch angeblich suchten, um mir einen Brief zu überbringen; sie hatten an der Grenze geparkt und waren auf die andere Seite geklettert.

Selbst wenn die Geschichte stimmte – man konnte auf jeden Fall sagen, dass die beiden Risiken eingegangen waren, die an Idiotie grenzten, und dass sie gegenüber dem Land, das sie besuchten, wenig Respekt gezeigt hatten. Aber was war mit dem Buschmann, den sie angeworben hatten? Welche Rolle spielte er bei diesen merkwürdigen Eskapaden? Was hatte er sich dabei gedacht – er musste doch wissen, dass die Grenze geschlossen war! Hatte er wirklich geglaubt, sie könnten zu dritt die Grenze überqueren und die dreißig Meilen zum nächsten !Kung-Camp zu Fuß gehen? Ohne Proviant, ohne Decken, ohne Campingausrüstung? Leise fragte ich meine Begleiter, die neben mir standen: «Ist dieser Mann dumm? Warum hat er die beiden nicht zu meinem Lager gebracht?» Die Antwort war ein allgemeines Schulterzucken: «Gute Frage … keine Ahnung.»

Der Offizier wandte sich jetzt wieder mir zu. «Sie behaupten, jemand hat Ihnen die Erlaubnis gegeben, an einem Treffen teilzunehmen. Wie heißt dieser Mann?»

Wie hieß dieser Mann? Keine Ahnung. Wenn die Soldaten in mein Lager kamen, stellte ich ihnen so gut wie keine Fragen. Und weshalb sollte ich sie nach ihren Namen fragen? Aber selbst wenn mir einer gesagt hätte, wie er heißt, hätte ich es wahrscheinlich schnell wieder vergessen, weil ich ja die Sprache nicht richtig konnte – ich hätte mir den Namen aufschreiben müssen. Nein, ich konnte beim besten Willen nicht sagen, wie der Mann hieß. Bei einer Gegenüberstellung hätte ich ihn wahrscheinlich auch nicht erkannt. Das Gespräch war völlig unauffällig verlaufen. «Es war einer der Soldaten, die immer in mein Lager kommen», murmelte ich.

«Welcher Soldat? Wie sah er aus?», wollte der Offizier wissen.

Was für eine unangenehme Situation! Wie sollte ich glaubhaft machen, dass ich es wirklich nicht wusste?

«Der Mann mit der schmalen Sonnenbrille», sagte Royal auf Englisch. «Der hat es gesagt.»

Ich war gerettet – Royal erinnerte sich, er war dabei gewesen.

Der Offizier stellte jetzt Royal mehrere Fragen auf Setswana. Danach war ich wieder an der Reihe. «Ihre Geschichte und

Royals Geschichte stimmen nicht überein. Er sagt, sie suchen Feuerholz. Sie behaupten, Sie wollen sich mit Megan Biesele treffen.»

«Ja – beides ist richtig», antwortete ich vorsichtig. «Wir wollen uns zuerst mit Megan treffen, und auf dem Rückweg wollen wir Feuerholz suchen.»

Der Offizier redete wieder mit Royal, dann sprach er die anderen an, die mit mir gekommen waren: «Wie viele von euch wollen sich mit Megan Biesele treffen? Bitte die Hand heben!»

Erschrockene Stille. Dann hob Kxoma die Hand, bedächtig, tapfer. Noch eine Hand hob sich, es war ein Mann aus Kxomas Dorf, der dem Beispiel seines Dorfältesten folgte. Schließlich meldete sich noch ein Dritter. Umständlich notierte sich der Offizier ihre Namen. Royal half ihm mit den Klicklauten.

In dem Moment erschien ein höherer Offizier. Ich kannte ihn – es war der Mann, der am ersten Tag nach Dobe gekommen war und dessen Verlobte für Dick und Verna arbeitete. Er nickte mir kurz zu. Sein Gesicht wirkte hart und verschlossen. Ein Offizier im Dienst. Zuerst sprach er auf Setswana mit dem mürrischen Offizier, der gerade noch mit mir gesprochen hatte, dann kam er auf mich zu. «Marjorie, das gefällt mir gar nicht. Sie stecken in ernsten Schwierigkeiten.»

«Ich weiß.» Meine Knie zitterten. «Aber ich habe nichts verbrochen.»

«Da bin ich mir nicht so sicher. Das ist eine heikle Angelegenheit. Der Soldat, der Ihnen erlaubt hat, an die Grenze zu gehen, hat einen Fehler gemacht.»

Aha, dachte ich. Immerhin glaubten sie mir inzwischen, dass ich eine offizielle Erlaubnis erhalten hatte. Dafür musste ich Royal danken.

«Ich möchte nicht, dass Sie diese Straße benutzen», fuhr er fort. «Falls man Sie hier wieder antreffen sollte, wird man das als feindselige Handlung betrachten und gegen Sie vorgehen. Dann kann ich nicht mehr für Ihre Sicherheit garantieren.»

«Ich muss diese Straße nicht mehr benutzen. Ende der Woche reise ich ohnehin ab.»

«Sie dürfen hier nicht einmal Feuerholz sammeln. Dafür müssen Sie anderswo hinfahren.»

«Ich werde nicht mehr hierher kommen. Darauf gebe ich Ihnen mein Wort.»

«Wo werden Sie sich bis zu Ihrer Abreise aufhalten?»

«In Dobe und Kangwa.»

«Okay. Dann können Sie jetzt fahren. Aber vergessen Sie nicht – Sie haben sich in eine gefährliche Lage begeben.»

Nun wandte er sich Vater und Sohn zu. «Sie beide – Sie können von Glück reden, dass Sie überhaupt noch am Leben sind. Meine Leute hätten Sie erschießen können. Jetzt kommen Sie erst einmal ins Gefängnis.»

«Ins Gefängnis?», rief der Vater entsetzt. «Wie lange?»

«Zwei Wochen.»

«Kann ich mit einem Anwalt sprechen?»

«Nein – Sie können mit niemandem sprechen.»

«Und was ist mit der amerikanischen Botschaft?»

«Ist das nicht genau die Institution, die die Buschmänner aufhetzt, illegal die Grenze zu überqueren?»

«Was ist mit meinem Sohn? Ich bin verantwortlich für das, was hier passiert ist. Er kann nichts dafür. Sperren Sie mich meinetwegen ins Gefängnis – aber lassen Sie ihn gehen.» Er schaute in meine Richtung. «Bringen Sie ihn in Marjories Lager. Er bleibt dort, ganz bestimmt. Bitte – er ist doch fast noch ein Kind.»

«Nein, Sie kommen beide ins Gefängnis.»

«Mein älterer Sohn erwartet mich in den nächsten Tagen in Maun. Er fängt bestimmt an, nach mir zu suchen. Kann ich Kontakt mit ihm aufnehmen?»

«Nein, Sie können mit niemandem Kontakt aufnehmen.»

Ich durfte also gehen, aber die beiden taten mir furchtbar Leid. Nichts wie weg hier – so lange es noch geht, dachte ich. Sonst überlegen es sich die Soldaten womöglich noch anders. Aber ich konnte mich nicht vom Fleck rühren. Vielleicht lügt der Mann ja doch, überlegte ich. Vielleicht war es doch mehr als nur ein idiotischer Fehler. So dumm kann man eigentlich gar nicht sein! Meine Gedanken drehten sich im Kreis. Aber ich brachte es immer noch nicht über mich zu gehen.

Schließlich wandte ich mich an den Senior Officer. «Ich danke Ihnen für Ihr Verständnis», sagte ich, «und es ist mir völlig klar, wie problematisch diese Situation ist. Wie gesagt – ich habe die beiden Männer heute Nachmittag das erste Mal gesehen. Aber trotzdem würde ich gern ein gutes Wort für sie einlegen, wenn Sie gestatten.»

Der Offizier nickte. Ich sagte, meiner Meinung nach klinge die Geschichte mit Royal nicht wie eine Lüge. Royal habe zwei Amerikaner erwartet, die seinen Namen von dem Anthropologen Richard Lee erfahren hätten. Aber da sie einen Monat nach dem angekündigten Termin immer noch nicht da gewesen seien, habe Royal sich entschlossen, für mich zu arbeiten.

«Diese Männer haben einen schweren Fehler begangen», sagte ich, «aber ich glaube, es steckt keine böse Absicht dahinter. Sie wussten ja nicht einmal, wo sie waren und was sie machten. Und die Situation an der Grenze ist relativ neu. Ich sehe keinen Grund, weshalb sie über die Grenze gehen sollten – außer aus einer Fehleinschätzung heraus.»

Ich zitterte. David warf mir einen dankbaren Blick zu. Aber würde ich meine Hilfsbereitschaft büßen müssen? Der Offizier hatte mich bereits darauf hingewiesen, dass ich nur knapp an einer Katastrophe vorbeigeschrammt war.

Zuerst zeigte er keinerlei Reaktion, dann sagte er kurz angebunden, wir sollten jetzt gehen. Ich unternahm noch einen letzten Vorstoß: «Wenn es irgendetwas nützt, dann bin ich bereit, dem anderen Sohn des Mannes einen Brief zu übergeben, wenn ich nach Maun komme, damit er möglichst bald Bescheid weiß.»

Diesmal antwortete der Offizier, sah mich dabei aber nicht an. «Nicht nötig. Ich bringe die beiden zu meinem Vorgesetzten. Dort werden sie verhört und müssen eine oder höchstens zwei Nächte im Gefängnis verbringen. Danach werden sie wieder auf freien Fuß gesetzt.»

Irgendetwas sagte mir, dass die beiden Amerikaner außer Gefahr waren – eine Veränderung in seinem Tonfall, eine entspanntere Körperhaltung. Hatten meine Worte vielleicht doch etwas bewirkt?

Als wir wieder in Dobe waren, saßen Kxoma, Royal und die anderen in meinem Lager und diskutierten über das Geschehene. Sie seien stolz auf mich, sagten sie. «Du hast nicht gezittert, du hast gut gesprochen, und du hast den Doktor und seinen Sohn verteidigt.» Ich freute mich über das Lob. Ich wusste, die Sache hätte auch anders ausgehen können. Mit meinem Einsatz für die beiden Amerikaner war ich ein großes Risiko eingegangen, und ich hätte durchaus an Ort und Stelle erschossen werden können. Sicher, jetzt konnte ich auf meinen Mut stolz sein – es war ja alles gut gegangen. Aber es hätte auch eine überaus dumme Heldentat sein können.

Im Grunde hatten sich die Soldaten ausgesprochen zivilisiert verhalten. Wenn man es sich recht überlegte – jahrelang wurden sie darauf gedrillt, anzugreifen und sich zu verteidigen, dann wurden sie im Busch eingesetzt, in der Nähe einer Grenze, an der nie etwas passierte. Und trotzdem mussten sie für alles den Kopf hinhalten. Nachgiebigkeit wurde als Zeichen von Schwäche ausgelegt. Sie hatten den Umgang mit der Waffe gelernt und waren umgeben von Männern, die ihre Waffen gern zum Einsatz bringen wollten. Das erzeugte ein ständiges Spannungsfeld. Und nun wurde ihnen eine Provokation auf dem Silbertablett serviert: zwei weiße Männer, die illegal über die Grenze gehen, und eine weiße Frau, die ohnehin schon verdächtig ist und die mit mehreren Buschmännern an ebendiese Grenze fährt, um, wie es scheint, kriminelle Handlungen zu unterstützen. Es war der Beweis für eine gute Ausbildung und für eine kluge Befehlsstruktur, dass dabei niemand getötet worden war.

Eigentlich brauchte ich mich nicht zu wundern, dass kein Treffen zustande gekommen war. Ich hätte die Zeichen deuten können – keine Prozession von Würdenträgern war durch unser Lager gefahren, niemand hatte von dem Treffen gewusst, außer Royal und mir. Vermutlich hatte Megan um den Termin gebeten, und der Regierungsvertreter aus Kangwa hatte ihn unter irgendeinem Vorwand abgesagt. Megan war nicht in Botswana, und das Thema Grenze, fünfzehn Meilen von seinem Posten entfernt, war für ihn nicht wichtig. Überhaupt hatten die Anliegen der Buschmänner nie Priorität.

Als ich Stunden später beim Schein der Kerosinlampe Tagebuch schrieb, überkam mich wieder die Angst. Ich hätte gern Gesellschaft gehabt und wollte nicht allein sein. Es gab Gerüchte, dass die «Afrikaaner» in Namibia auf die botswanische Armee schießen wollten. Hier saß ich nun, eine Meile von der Grenze entfernt, und um mich herum spitzte sich ein Konflikt zu. Ich fühlte mich wie eine perfekte Zielscheibe.

Mitten in der Nacht wachte ich auf und hatte das Gefühl, dass die Soldaten überall waren. Hatte es eine Invasion gegeben? Wurde mein Zelt beschossen? Die Schatten tanzten unruhig auf der Zeltwand und spielten mit meiner Angst. Ich kroch tiefer in meinen Schlafsack, auf der Suche nach ein bisschen Geborgenheit. Ich machte mir Sorgen um David und seinen

Sohn – wie würde es ihnen im Gefängnis ergehen? Bilder tauchten auf, ich hörte Stimmen: «Quatsch!» – «Die Wahrheit! Die Wahrheit!» – «Sie stecken in Schwierigkeiten.» Nach einer Weile döste ich wieder ein, die Bilder und Wörter verzerrten sich, nichts ergab mehr einen Sinn … Der Schlaf übernahm die Regie.

Am Morgen fuhr ich mit einer ganzen Gruppe nach Kangwa, um mit einem Beamten über Kxomas Pläne zu sprechen, verschiedene Leute auf die Krankenstation zu bringen und herauszufinden, was mit den beiden Amerikanern passiert war. Kxoma und Nisa waren mit von der Partie.

Wir waren noch nicht weit gekommen, als schon die Soldaten vorfuhren. Die Amerikaner waren bei ihnen, sie saßen in ihrem eigenen Landrover. Sie waren schon in meinem Lager gewesen und hatten nach mir gesucht. «Wir haben Geschenke für die Buschmänner», sagte David. «Eigentlich wollten wir sie selbst verteilen, aber das geht jetzt natürlich nicht mehr.» Wir luden die Sachen – Maismehl, Kleidung, Zucker, Medikamente – auf meinen Truck. Ich hätte mich sehr gern mit den beiden unterhalten, aber die Soldaten bewachten uns mit Argusaugen, deshalb traute ich mich nicht. Ich bekam immerhin heraus, dass sie die Nacht im Gefängnis verbracht hatten, aber jetzt wieder frei waren. Man hatte ihnen mitgeteilt, sie müssten bis zum Nachmittag die Gegend verlassen und dürften nicht zurückkommen.

Der Offizier fragte mich, wohin wir führen. «Nach Kangwa, zur Krankenstation», antwortete ich.

«Und anschließend?»

«Zurück nach Dobe.»

«Vergessen Sie nicht – Sie dürfen die Straße zur Grenze nicht benutzen.»

Wie könnte ich das vergessen?

In Kangwa suchten wir den Beamten, der für die Genehmigung von Kxomas neuem Dorf und Brunnen zuständig war. «Er ist nicht da», wurde uns mitgeteilt.

«Wo ist er?», fragten wir.

«Keine Ahnung», lautete die Antwort.

«Ist er in Kangwa?»

«Vermutlich nicht.»

«Wann kommt er zurück?»

«Keine Ahnung.»

Bevor wir zurückfuhren, fragten wir noch einmal nach, aber er war offenbar immer noch nicht da. Also versprach ich Kxoma, in Maun mit dem Bezirksleiter zu sprechen.

Dann trafen wir auf eine Gruppe von Soldaten, die in Kangwa stationiert waren. Ihr Vorgesetzter war erstaunlich mitteilsam. Ich erwähnte den Zwischenfall an der Grenze und schloss mit der Bemerkung: «Ich bin froh, dass ich noch lebe.»

«Sie haben nichts zu befürchten», erwiderte er. Ich war nicht sicher, ob er grinste, als er das sagte, aber der Tonfall war so beruhigend, dass ich – fast – aufhörte, mir Sorgen zu machen.

KAPITEL 13 Nisa, die Heilerin

Auf der Rückfahrt nach Dobe saß Nisa neben mir im Fahrerhäuschen. Sie sagte, sie fühle sich nicht gut – sie habe Rückenschmerzen, die Beine täten ihr weh und sie sei müde. Erschöpft lehnte sie sich an mich. Es war ein wunderbares Gefühl von Nähe und Vertrautheit. Wir planten den Trommeltanz für den kommenden Abend. «Es ist die letzte Möglichkeit, dass du mir die Hände auflegst, um mir zu helfen», sagte ich. «Wenn ich sterbe ...»

«Dann sterbe ich auch», unterbrach sie mich.

Endlich, dachte ich. Es waren nur noch zwei Tage bis zu meiner Abreise, und plötzlich fühlte ich mich ihr ganz nah. Sicher, sie stellte immer noch Forderungen, sie hielt sich selten zurück, aber sie war so ehrlich, so direkt, und sie sagte immer genau das, was sie dachte. Das war eine seltene Begabung – und für mich ein großes Geschenk.

Ich fing schon an zu packen. Ich wollte nicht viel mitnehmen, aber zuvor musste ich ein paar schwierige Entscheidungen treffen: Ich musste mir genau überlegen, wie ich das Geld verteilte und wem ich welche Kleidungsstücke als Geschenk daließ oder für ein paar Pennys verkaufte. Ich wollte mir nicht vorwerfen lassen, bestimmte Leute zu bevorzugen. Es war mein vorletzter Tag in Dobe. Morgen ging bestimmt alles drunter und drüber: Jeder wollte sehen, was die anderen bekommen hatten. Von weit her würden Leute kommen, die ich noch nie gesehen hatte, um mich zu beschwatzen. «Marjorie, du reist ab und du hast uns nichts gegeben. Nur die Leute in Dobe bekommen etwas. Und was ist mit uns anderen?»

Ein Mann, den Mel und ich schon seit vielen Jahren kannten, hatte gestern zu mir gesagt: «Marjorie, ich möchte dir etwas für Mel mitgeben.» Nach einer kurzen Pause fügte er hinzu: «Du müsstest mir ein paar Perlen geben, dann könnte ich ihm einen Beutel nähen.» Ich schaute ihn strafend an. Sein älterer Bruder, der in der Nähe saß, wies ihn lachend zurecht: «Ein Geschenk für Mel muss von dir kommen, nicht von Marjorie.»

Der Abschied. Seit der Begegnung mit den Soldaten war ich bereit. Die Lage war einfach zu prekär geworden. Auf beiden Seiten der Grenze herrschte unglaublich viel Aggression. Außerdem hatte ich das, weswegen ich gekommen war, abgeschlossen: Nisa und ich hatten neun Interviews geführt und ein weiteres war noch geplant. Die von mir geplanten Themen hatten wir besprochen. Ich wusste ungefähr, wie die anderen hier lebten; ich hatte mich intensiv mit der Sprache und der Kultur beschäftigt; die Zeit im Busch hatte ich mit allen Sinnen genossen. Außerdem hatte es mir gut getan, Abstand zu meiner Familie zu gewinnen – bei aller Sehnsucht. Mels Brief mit der Mitteilung, dass es ihnen gut ging, hatte mich sehr gefreut.

Aber ich hatte auch Angst vor dem Abschied. Hier fühlte ich mich sicher, trotz der Soldaten. Selbst das Wetter schien eine heilende Wirkung zu haben – vielleicht war es tagsüber ein bisschen zu warm und nachts zu kühl, aber die Luft war klar, sauber, frisch und angenehm. Zu Hause fühlte ich mich verwundbar. Das, was die Entstehung der Krebsgeschwulst gefördert hatte, war immer noch da.

Der Mond stand hell am Himmel. Das Feuer war fast heruntergebrannt, die glimmenden Holzstücke knackten leise in der orangeroten Glut. Ich stocherte darin herum, und sofort schlugen die Flammen in alle Richtungen, wärmten mir Beine und Gesicht, während ich gleichzeitig in der nächtlichen Kälte fröstelte.

Der süße Geruch des Feuerholzes war unverwechselbar. Als ich ihn das erste Mal einatmete, hatte ich gewusst: Jetzt bin ich wieder in Dobe. Der Rauch brannte zwar in den Augen, aber er war trotzdem nicht aggressiv, sondern irgendwie mild, man verzieh ihm die kleine Belästigung, wie einem ungezogenen Kind, dem man eine kleine Frechheit nachsieht. Es gab noch andere Gerüche im Dorf, die ich mochte: im Feuer gegrilltes Fleisch; Mongongonüsse, die in der Glut geröstet wurden, und die langsam abkühlenden, frisch geknackten Nüsse; Wasserwurzeln, die gerade aus der warmen Erde gezogen worden waren. Und dann die Gerüche der Menschen: der schnell trocknende Schweiß, der großzügig verwendete aromatische Puder, die verschiedenen Fette, mit denen die Haut eingerieben wurde, um sie vor der trockenen, heißen Luft zu schützen.

Ich schrieb Tagebuch, weil ich noch keine Lust hatte, schlafen zu gehen. War es der letzte Abend in meinem Leben, den ich in dieser Umgebung verbringen würde? Vielleicht blieb mir morgen noch ein bisschen Zeit, aber erfahrungsgemäß gab es kurz vor dem Aufbruch immer viele Kleinigkeiten, um die man sich noch kümmern musste ... Baitsenke hatte gesagt, wir müssten gegen zehn losfahren, um vor Einbruch der Dunkelheit in Maun zu sein.

In ein paar Tagen war ich wieder bei meiner Familie. Die Vorstellung gefiel mir. Und gleichzeitig machte sie mir Angst. Würde ich meine Stimme wiederfinden, die Stimme in meinem Tagebuch, die Stimme, die mir gut zuredete, wie eine liebe

Freundin, eine treue Begleiterin? Sollte ich mich vielleicht mit einer Paraffinlampe in den Garten setzen, wenn die Kinder schliefen, und schreiben – umgeben von Straßenlärm und Flugzeugen, Smog und Umweltverschmutzung, bei extremer Kälte und bei drückender Hitze, mitten in der Hektik der Großstadt?

Ich wollte diese Abende nicht missen, die Möglichkeit, zu schreiben und für mich zu sein. Keine Autos, keine Moskitos, kein Telefon, keine Verpflichtungen – und nur selten der Gedanke daran, dass ich krank war. Die Umgebung und die Menschen hier taten mir gut. Die Anforderungen waren direkt und relativ einfach zu handhaben. Abends hörte man auf zu arbeiten. Ich hatte mir sogar schon ausgemalt, ich könnte mit ein paar Buschmännern eine kleine Rinderfarm gründen.

Ich wollte diese Nacht auskosten, ich wollte sie berühren wie einen Geliebten. Eselsglocken klimperten in der Ferne. Ein Schakal heulte, ein zweiter antwortete ihm. Die Luft schimmerte im Mondlicht, das durch keine Wolke getrübt war. Die oft so schroffe, karge Welt des Tages war jetzt in weiches Silberblau getaucht, als sähe man sie durch einen Filter. Alles wirkte fremd, fast jenseitig. Bäume und Gestrüpp, mit Blättern oder kahl, hoben sich klar von dem transparenten Hintergrund ab. Die endlose Weite des Himmels wurde durch die Linie des Horizonts nicht begrenzt, im Gegenteil.

Ich löschte die Lampe und schrieb im Licht des Mondes weiter. Ich war wie eine Süchtige, die high ist und nicht aufhören will. Wenn ich mich jetzt hinlegte, dann musste ich mich beim Aufwachen schon wieder mit dem nächsten Programmpunkt auseinander setzen. Solange ich schrieb, konnte ich den Augenblick festhalten.

Ohne Lampe schienen alle Geräusche lauter zu werden. Und alle Gegenstände warfen geheimnisvolle Schatten. Magie lag in der Luft, und überall läuteten Glocken. Schliefen die

Esel nicht bei Nacht, oder hatten ihre Träume sie geweckt? Die Eselsglocken, dann die Vogelschreie, dahinter die Stille – sie bildeten konzentrische Kreise, und ich saß im Mittelpunkt. Was für ein Privileg, dass ich hier sein durfte! Mein Truck und das Zelt signalisierten, dass dieses Stück Land vorübergehend mir gehörte. Mir, im Licht der Mondes, lebendig, die Wüstenluft atmend.

Als ich aufwachte, wurde es gerade hell. Es wehte ein heftiger Wind. Über Nacht war eine Kaltfront herangezogen. Ich wollte weiterschlafen, musste aber dringend auf die Toilette. Halb erfroren kam ich ins Zelt zurück, schnappte mir noch einen Pullover, faltete die Decken zusammen, damit sie besser wärmten, und kroch in den Schlafsack. Aber jetzt war ich hellwach. Mein letzter Tag in Dobe, und das Wetter war unfreundlich. Das Zelt wackelte, weil der Wind an ihm rüttelte. War das Zelt auch schon unruhig und wollte weg von hier? Wie würde ich den Tag überstehen?

Die Soldaten kamen früh, wie meistens. Als sie gingen, hatten sich schon mehr als fünfzig Leute in meinem Lager eingefunden. Der Vormittag war noch nicht vorüber, und ich hatte bereits den ganzen Tabak verteilt. Und die wenigen Kinderkleider, die ich öffentlich weggeben konnte. Aber die Leute wollten nicht gehen, sie blieben einfach sitzen. Erst gegen zwei verabschiedeten sich viele enttäuscht. Dann fing ich an, einige meiner Sachen zu einem Bruchteil ihres eigentliches Preises zu verkaufen. Keiner schien etwas dagegen zu haben, Geld dafür zu bezahlen.

Nachdem schließlich doch alle gegangen waren, besuchte ich Nisa und Bo. Wir saßen dicht am Feuer, der Wind blies uns Sand ins Gesicht. «Können wir den Trommeltanz machen, trotz des Wetters?», fragte ich sie. Ich erinnerte die beiden daran, dass ich mich bereit erklärt hatte, sechs Frauen dafür zu bezahlen, dass sie sangen. Außerdem wollte ich die Kosten für zwei Trommler und zwei Heiler übernehmen.

Nach längerem Schweigen sagte Bo: «Besa sagt, er will, dass du ihn bezahlst, weil seine Trommel verwendet wird.»

«Ihn bezahlen ... ihn bezahlen?» Ich dachte, ich könnte vielleicht eine andere Bedeutung aus diesen Wörtern heraushören, wenn ich sie wiederholte. Wie oft hatte ich Besa zur Krankenstation gebracht, weil er einen vereiterten Furunkel am Schenkel hatte? Erst gestern hatte ich ihn in seiner Hütte abgeholt und ihn hin- und zurückgefahren, weil ich wusste, dass er beim Gehen Schmerzen hatte. Und was war mit dem wertvollen Geschenk, dass ich ihm gegeben hatte? «Es ist von Mel und von mir», hatte ich gesagt, als ich ihm den dicken Winterpullover überreichte. «Für unsere Freundschaft in der Vergangenheit und für unsere Freundschaft heute.» Und ich hatte ihm immer Tabak und andere Sachen gegeben.

«Ihn bezahlen?», fragte ich mich noch einmal. Ich will nicht behaupten, dass ich auf das, was ich danach tat, besonders stolz bin. Ich hatte einen Monat voller Forderungen, Enttäuschungen und Kränkungen hinter mir – und das hier war der Tropfen, der das Fass zum Überlaufen brachte.

«Die Einzelheiten dieses Tanzes auszuarbeiten war sehr schwierig», sagte ich zu Nisa und Bo. Ich musste jedes Wort genau abwägen, weil ich den inneren Aufruhr unter Kontrolle behalten wollte. «Und jetzt sagt Besa, ich soll ihn für die Trommel bezahlen. Das macht mein Herz kaputt. So kann ich den Tanz nicht machen. Ich habe den Menschen hier geholfen, so gut ich kann. Wenn sie glauben, sie können mir diesen Tanz ‹geben›, das wäre gut. Aber ich bezahle niemanden. Wenn der Tanz stattfindet, werde ich alle, die teilnehmen, großzügig beschenken. Wenn der Tanz nicht stattfindet, ist es auch nicht schlimm. Ich fahre ja sowieso morgen ab.»

Nisa und Bo hörten mir verständnisvoll zu. Sie waren immer bereit, die Fehler anderer zu sehen, vor allem, wenn diese anderen aus Familien kamen, die am entgegengesetzten Ende des Dobegebiets lebten.

«Nisa – verstehst du mich?», fragte ich sie. «Ich bitte dich, bei dem Tanz mitzumachen – ohne Bezahlung. Du weißt, ich bin dir gegenüber nie geizig.»

«Wenn du es so willst, akzeptiere ich es», antwortete sie.

«Bo – ich muss wegen der Trommel mit Besa sprechen», fuhr ich fort. «Und mit den Frauen, die ich angeheuert habe, muss ich auch reden. Aber ich kann das nicht alleine. Jemand muss mir helfen. Jemand muss für mich sprechen. Bist du bereit, das für mich zu tun?»

Dass ich Bo fragte, war genau richtig. Aber ich hatte viele Jahre gebraucht, um diesen Aspekt der Kultur der !Kung zu verstehen. Wenn ich auf meine momentanen Gefühlen gehört hätte, wäre ich direkt zu Besa ins Dorf gegangen – eine weiße Frau auf dem Kriegspfad – und hätte selbst mit ihm gesprochen. Egal, wie es gelaufen wäre – ich hätte mit Sicherheit auf die Trommel verzichten müssen. Aber ich bat Bo, für mich zu sprechen, denn so regelten die Menschen hier ihre Differenzen, wenn starke Gefühle im Spiel waren. Auch wenn man eine noch so unerwünschte Position vertrat, solange eine weitere Person sich für sie einsetzte – meistens ein naher Verwandter – , konnte man mit Unterstützung rechnen.

«Ich werde versuchen zu helfen», sagte Bo. Er zögerte zwar, aber die Tradition verbot es ihm, den Gefallen rundweg abzulehnen.

Also gingen Bo und ich gingen zusammen zu Besas Dorf. Unterwegs besprachen wir, was er sagen würde, aber wir mussten ziemlich laut schreien, um bei dem tosenden Wind ein Wort zu verstehen. Bos Anwesenheit beruhigte mich, ich hatte jetzt den Mut, Besa gegenüberzutreten. Gemeinsam waren wir stark. Es war fast so, als wären er und Nisa meine Familie, auf die ich zählen konnte.

Besa lag auf einer Decke, weil er immer noch nicht richtig gehen konnte. Als Schutz gegen Wind und Kälte trug er den Pullover, den ich ihm gegeben hatte. Er schaute auf, als wir kamen, und hielt die Hand über die Augen, um sie vor der späten Nachmittagssonne zu schützen.

Nach der Begrüßung sagte Bo: «Wir sind gekommen, um über Marjories Gedanken zu sprechen. Sie hat gehört, dass du Geld für die Benutzung deiner Trommel möchtest. Ihr Herz ist deswegen sehr unglücklich.»

Bo sprach sehr gut, sagte aber nie etwas Direktes. Besa blieb unbeeindruckt, wirkte sogar leise amüsiert. Er beharrte darauf, dass er Anspruch auf eine Bezahlung habe. Sie stritten sich nicht, kamen aber auch zu keinem Ergebnis.

Ich bedankte mich bei Bo und sagte, ich würde jetzt gern selbst etwas sagen. «Ich verstehe, dass du Geld dafür haben möchtest, dass ich deine Trommel benutze», sagte ich zu Besa. «Und wie Bo schon sagte – das tut meinem Herzen weh. Ich dachte, wir sind seit vielen Jahren Freunde, das heißt, Menschen, die einander helfen. Aber dass du Geld für die Trommel verlangst, ist etwas Neues. Heute ist es das erste Mal, dass ich das sehe und höre. Vielleicht wäre es richtig im Umgang mit Fremden. Aber ich bin Hwantla, und wir kennen einander, seit ich das erste Mal hierher gekommen bin, als ich noch eine junge Frau war und du ein Jugendlicher.»

Er gab nicht nach: «Die Tatsache, dass du es noch nie gesehen hast, bedeutet nicht, dass es für heute das Falsche ist.»

«Ach so – jetzt verstehe ich», erwiderte ich. «Vorher habe ich es nicht verstanden. Aber hätte ich dich dann nicht auch bitten sollen, dass du die Fahrten zur Krankenstation bezahlst?»

«Wenn du Geld für die Fahrten wolltest, dann hättest du es

gleich im Voraus sagen müssen. Du kannst mir nicht hinterher sagen, dass ich bezahlen soll.»

«Das stimmt», sagte ich. «Ich will kein Geld von dir. Aber ich hätte nie Geld von dir verlangt, unter keinen Umständen, weder vorher noch nachher, selbst wenn ich schon gewusst hätte, wie die ‹neue› Art aussieht, denn ich habe gedacht, wir sind Menschen, die einander helfen und einander gern haben.»

«Das hat nichts mit ‹gern haben› zu tun. Es geht um Geld.»

«Ich sehe es nicht so», entgegnete ich. «Ich sehe, dass ich dir geholfen habe – ich habe dich zur Krankenstation gebracht, ich habe dir Tabak und andere Geschenke gegeben. Diese Dinge haben auch alle mit Geld zu tun, aber ich habe sie dir gegeben, weil ich dachte, wir verstehen uns. Aber heute sehe ich, dass dein Herz weit entfernt ist. Ich bin für dich nichts anderes als Baitsenke, der Fahrer, der deine Sprache nicht beherrscht und der für niemanden etwas tut. Ich nehme deinen Vorschlag nicht an. Ich werde nicht für die Trommel bezahlen. Wenn der andere Trommelbesitzer auch nicht einverstanden ist, findet der Tanz nicht statt.»

Ich trat einen Schritt zurück und bat Bo mit Tränen in den Augen, er solle die angemessenen Abschiedsworte sagen. Während Bo redete, wirkte Besa immer noch ungerührt. Ich hörte nicht mehr zu, weil ich so froh war, dass ich endlich gesagt hatte, was ich dachte. Das Gesprochene rauschte an mir vorbei, bis Besa rief: «Marjorie …!»

«Ja?» Ich merkte, dass sie mich schon vorher angesprochen hatten.

«Ich habe gesagt: ‹Dann nimm die Trommel, wenn du willst.›»

«Wirklich?»

«Mhm.»

«Danke. Vielleicht helfen wir einander doch.»

Bo und ich machten in noch zwei anderen Dörfern Halt

und erklärten die neuen Regeln. Nein, ich würde nicht für den Tanz bezahlen, weil ich dachte, dass ich mir die Unterstützung auf andere Weise verdient hatte. Ich war zu den Leuten, die mir halfen, nie knauserig gewesen. Würden die Sängerinnen trotzdem kommen? Ja, sagten sie. Und was war mit den beiden Trommlern? Auch sie sagten nicht ab.

Am späten Nachmittag wehte es so heftig, dass alles, was nicht irgendwie festgebunden war, durch die Gegend flog. Baitsenke fuhr los, um Feuerholz zu holen. Die Leute begannen, sich in meinem Lager zu versammeln. Nisa kam mit Chuko, der zweiten Heilerin, und mit den Trommlern. Dann erschienen die Sängerinnen, etwa zehn Frauen und ein paar junge Mädchen, alle dem Anlass entsprechend gekleidet: mit frisch genähten Röcken und Blusen und hübschen Perlenstirnbändern. Wegen der Kälte trugen die meisten eine Kopfbedeckung; alle waren in Decken gewickelt, und in mancher Decke steckte auch noch ein kleines Kind.

Als die Sonne unterging und die Luft noch mehr abkühlte, begann der Tanz. «Wo u oh, uoh u o», sang eine der Frauen. Mühelos bewältigte ihre Stimme die großen Intervalle. «Wo u oh», antworteten die anderen Frauen, ergänzten die Melodie und fügten eigene Variationen hinzu. Im Schein des Feuers schimmerten die klatschenden Hände – die Finger weit gespreizt, um durch das Luftkissen zwischen den Handflächen einen explosiveren Ton entstehen zu lassen. So woben sie den Klangteppich aus vielfältigen Rhythmen, so üppig wie Brokat.

Besas Trommel, geschmückt mit ins Holz gebrannten Bildern von Bergen und Häusern, wurde von einem Mann aus Kxomas Dorf gespielt. Das Instrument meldete sich mit einem einzigen Schlag: «Ich bin hier!» Der zweite Trommler, ein junger Mann unter zwanzig, antwortete entsprechend: «Ich auch!» Und damit war das Startsignal gegeben – das erfahrene

Ensemble setzte ein, und die Klänge schwebten über uns hinweg in die kalte Nacht. Von außen betrachtet wirkte die Gruppe wie ein perfekt funktionierender Organismus, pulsierend vor Lebensenergie. Sie ermöglichte es den Heilerinnen, von innen heraus aus der Welt des Alltags in die Welt der Geister zu reisen.

Nisa schien diese Veränderung sofort zu spüren, ihr Blick richtete sich starr hinaus ins Dunkel. Sie sang und klatschte und wiegte sich im Rhythmus. Schweiß trat ihr auf die Stirn, sie begann zu zittern, ihr Oberkörper schwankte, dann sank sie auf den Boden, mit geschlossenen Augen kauerte sie, zur Seite geneigt, ganz nah am Feuer. Chuko war ebenfalls bereits in Trance und legte Nisa die Hände auf, um sie wieder zu beleben.

Die Musik schwoll an, als die beiden Frauen nun im Kreis herumgingen. Sie blieben bei jedem Einzelnen stehen und legten auch den Babys und kleinen Kindern die Hände auf. Nisa kam immer wieder zu mir, manchmal zusammen mit Chuko. Gemeinsam arbeiteten sie an mir – sie rieben meine Seiten und zogen das Kranke, das sie «sehen» konnten, aus mir heraus. Ich genoss die Berührung und stellte mir vor, wie meine Krankheit aus mir herausflog, während sie mir die Hände auflegten.

Sie machten mehrere Runden und kamen jedes Mal zu mir zurück. Einmal, gegen Ende, versuchte Nisa, mein ganzes Gewicht auf ihren Schultern zu tragen. Ich fühlte mich riesengroß und plump dabei. Doch sie gab es schnell wieder auf, und die beiden Heilerinnen schnippten immer wieder gegen meine Taille, eine Geste, die das *N/um* übertragen sollte, die heilende Kraft. Wenn sie bei mir waren, kostete ich jede Sekunde aus und wünschte mir nur eins: dass sie nie wieder gehen würden. Ich sehnte mich danach, mein in der Wirklichkeit verwurzeltes Ich aufgeben zu können und mich ganz dem Augenblick hinzugeben, mich tragen zu lassen – so wie sie sich von der Trance tragen ließen.

Ich schloss die Augen, während ihre Hände mich berührten, um so die Heilung, die sie mir geben wollten, besser aufnehmen zu können. Wie mochte sie sich anfühlen? Wie ein warmes Licht, eine Reinigung, ein Gefühl von Frieden – oder wie eine Erleuchtung? Von solchen Erfahrungen hatte ich in Berichten über ungewöhnliche Genesungsprozesse gelesen. Oder fühlte es sich vielleicht ganz normal an, ohne dass man etwas Ungewöhnliches spürte? Oder merkte man etwa *gar nichts*?

Was tatsächlich an jenem Abend geschah, werde ich nie erfahren. Aber ich weiß, dass meine Sinne nichts anderes mehr wahrnahmen als die Berührungen, das Drücken und Rütteln und Schütteln. Es gab keine kulturelle Norm der !Kung, die vorschrieb, dass man das Handauflegen als etwas grundsätzlich anderes empfinden sollte. Die Heilung wurde als Werk des Heilers oder der Heilerin betrachtet, die Empfangenden blieben letztlich passiv. Heilungstänze waren ganz alltägliche Ereignisse, und oft unterhielten sich die Leute mit anderen, während sie geheilt wurden.

Nach etwa zwei Stunden verkündeten Nisa und Chuko, sie seien fertig. Es wehte zwar nicht mehr, aber es war trotzdem beißend kalt. Später in der Nacht gefroren überall die Wasservorräte.

«Wir haben eine kleine Krankheit in deiner Brust gesehen», sagte Nisa zu mir. «Wir haben sie herausgenommen – jetzt ist sie weg. Außerdem haben wir dein Inneres mit *N/um* angezündet. Das sollte dafür sorgen, dass es dir gut geht, bis du wiederkommst.»

Dann kehrten alle zur Wärme ihrer eigenen Feuerstellen und Hütten zurück, und in meinem Lager wurde es still.

Wenn das Wetter nicht so schlecht gewesen wäre, hätte der

Tanz sicher länger gedauert. Vielleicht hätte er sich sogar über die ganze Nacht erstreckt, wie viele Tänze «damals», in meiner Erinnerung. Aber ich hatte bekommen, worum ich gebeten hatte. Die Frauen waren aus allen Dörfern gekommen, manche, die ich seit vielen Jahren kannte, andere, die ich gerade erst kennen gelernt hatte. Die Trommler hatten hingebungsvoll getrommelt, mit wenigen Pausen und ohne Klagen. Nisa und Chuko waren einfühlsame Heilerinnen, die auf meine Ängste eingegangen waren und sich große Mühe gegeben hatten, mir zu helfen. Ich, Marjorie-Hwantla, war gesehen worden, die Leiden meiner Seele hatten öffentliche Beachtung gefunden. Anscheinend hatte man in den Dörfern darüber gesprochen, dass ich Unterstützung brauchte.

Dann war ich wieder allein mit dem Mond, dem Feuer, der klaren, kalten Nachtluft und dem leisen Glockengeklimper in der Ferne. Baitsenke und ich hatten verabredet, morgen früh um zehn aufzubrechen. Ich war bereit. Meine Habe hatte ich weggegeben oder verkauft. Geblieben war mir nur ein kleiner Vorrat für die Leute, die sich am Tanz beteiligt hatten. Morgen früh vor der Abreise wollte ich noch einmal kurz mit Nisa unter vier Augen sprechen.

Innerlich hatte ich mich schon von der Schönheit dieses Ortes verabschiedet. Die bittere Kälte erleichterte mir die bevorstehende Trennung.

KAPITEL 14 Der Abschied

Am nächsten Tag fuhren Baitsenke und ich um die Mittagszeit durch das letzte der Buschmännerdörfer an dem trockenen Flussbett, das sich nur in der schlimmsten Regenzeit ein paar Tage lang in einen reißenden Strom verwandelte.

Baitsenke war damit einverstanden gewesen, dass ich das Steuer übernahm, während wir die wasserarme Region durchquerten, diese fünfundsechzig Meilen, die Kangwa und das Dobegebiet von der Außenwelt trennten. An manchen Stellen waren die Reifenspuren gefährlich tief. Selbst die geübtesten Fahrer konnten hier während der Trockenzeit im Sand stecken bleiben, während in der Regenzeit der Matsch alles zum Erliegen brachte. Die Piste war so uneben, dass wir im Durchschnitt höchstens fünfzehn Meilen pro Stunde zurücklegen konnten. Trotz des Schneckentempos wurden wir in unserer Fahrerkabine kräftig durchgeschüttelt, und wir bangten schon um die Federung unseres Geländewagens. Die Sonne stand hoch am Himmel, es gab kaum Schatten, über allem lag ein stumpfes Licht. Die Landschaft, die mich vor einem Monat so stark berührt hatte, schien sehr vertraut – eine Beruhigung für meine angegriffenen Nerven. Der endgültige Abschied von Dobe war mir sehr schwer gefallen.

Die Nacht war kalt und unruhig gewesen. Um halb sechs hatte ich die Zeltklappe geöffnet und war richtig erschrocken, weil mich ein bleicher Lichtstrahl blendete. Es war der Vollmond, der gerade unterging. Da es so kalt war, kroch ich wieder unter meine Decken und wartete noch eine halbe Stunde. Dann musste ich aufstehen und verschiedene Geschenke verteilen – die Geschenke für die Trommler, die Heilerinnen und die Sängerinnen. Es kamen auch noch andere Leute, aber ich hatte kaum noch etwas übrig. Ich lieferte ein paar Sachen im Dorf von Kumsa-dem-Jäger ab und weckte schließlich Nisa zu unserem letzten Interview.

Es fing gar nicht gut an, weil sie schlecht geschlafen hatte, wie sie sagte – sie war immer wieder aufgewacht, denn sie hatte von meinem Abschied geträumt.

«Nisa – würdest du vor dem Interview etwas für Susanna, meine älteste Tochter und deine Namensschwester, in den Kassettenrecorder sagen?»

Ich kann hier nur aus dem Gedächtnis zitieren, aber sie sagte etwa Folgendes: «Ich grüße dich, meine kleine Namensschwester. Schick mir ein paar Decken. Schick mir Geld. Wenn du kommst, bring mir Perlen mit.» Und so weiter und so fort.

Ich erschrak richtig und schaute sie fassungslos an. Wie konnte sie nur! Dann merkte ich, dass der Lautstärkeregler zu niedrig eingestellt war – das Gerät hatte das Gesprochene kaum aufgenommen. Ohne lange zu überlegen, spulte ich das Band an den Anfang zurück. Ich war erleichtert, dass ich eine Ausrede hatte, um diese Grußadresse zu löschen. Ehe ich Nisa bat, noch einmal anzufangen, sagte ich: «Ich glaube, es ist besser, wenn du deine Namensschwester nicht um so viele Dinge bittest. Sie ist noch klein und versteht so etwas nicht.»

Jetzt, im Truck nach Maun, dachte ich noch einmal über dieses Gespräch nach. Ich musste an mein erstes Interview mit Nisa denken. Zwanzig Jahre lag das jetzt zurück … Damals hatte ich es nicht geschafft, die Geschichte von der Geburt ihres Bruders zu akzeptieren. Und jetzt, bei unserem letzten Interview, hatte ich es wieder nicht fertig gebracht, das, was Nisa sagte, einfach hinzunehmen – die Mutter in mir wehrte sich gegen die kühle Distanz der Anthropologin. Es hatte mir noch nie gefallen, wenn Nisa solche Forderungen an mich stellte, und meiner Tochter zuliebe hatte ich sie schlicht zensiert. Ich hatte nicht einmal versucht, großmütig zu rechtfertigen, warum Nisa sich so verhielt, ich hatte mir nicht vorgenommen, mir die Aufnahme später mit etwas kühlerem Kopf noch einmal anzuhören, nein, ich hatte sie ruck, zuck gelöscht.

Dann stellte ich das Gerät richtig ein. Im Hintergrund krähten die Hähne, als ich noch einmal fragte: «Möchtest du etwas zu deiner Namensschwester sagen?»

Diesmal wusste Nisa, wie sie sich verhalten sollte. «Ich grüße dich, Nisa, meine kleine Namensschwester. Bitte, hilf mir und komm hierher. Dafür wäre ich sehr dankbar. Ich schicke dir viele Grüße. Übers Jahr, wenn du kommst, dann sehe ich dich.» Sie sah mich an und sagte in völlig anderem Tonfall: «Ich bin fertig.»

Wir redeten über ihre Träume. Während ich mit Kxoma und seinen Leuten im Busch war, hatte sie geträumt, sie würde den Motor des Trucks hören, und sie hatte im Traum gesagt: «Meine kleine Nichte Hwantla kommt zurück.» Am nächsten Morgen hatte sie sich überlegt, warum sie das geträumt hatte – ich war ja noch nicht zurückgekommen. Bo fragte sie: «Warum träumst du von Hwantla? Sie ist fort!» Und Nisa hatte geantwortet: «Weil ich sie mag. Ich mag Hwantla und deshalb habe ich von ihr geträumt.» Kurz darauf hörte sie den Truck. «Ja, meine Nichte kommt tatsächlich zurück», rief sie. «Andere haben sie genommen und haben draußen im Busch neben ihr geschlafen und haben mir Schmerzen zugefügt.»

Sie erinnerte sich an zwei Träume, die sie in der vergangenen Nacht geträumt hatte. Im ersten Traum ging es um heilende Medizin. Sie träumte, ich sei in *Thada* – einem Trancezustand, bei dem man am ganzen Körper zittert und das Bewusstsein erheblich getrübt ist. «Ich habe geträumt, dass du *Thada* machst. Du hast es gemacht und gemacht und gemacht! Ich habe gedacht: Wenn Hwantla das tut, dann hat die heilende Kraft, die Chuko und ich ihr gestern Abend gegeben haben, vielleicht etwas bewirkt. Meine Kraft ist in ihr! Denn du hast immer weiter gezittert und *Thada* gemacht. Ich habe gebetet: ‹Eh, ich danke dir, ich bin dankbar.›»

In dem anderen Traum hatte sie mich gerufen: «Hwantla … Hey, Hwantla, gehst du weg und lässt mich hier zurück?» Und ich erwiderte in ihrem Traum: «Oh, Tante. Ja, heute gehe ich, damit ich für die kleine Nisa sorgen kann.» Sie sagte: «Du musst die kleine Nisa von mir grüßen.» Und ich sagte: «Natürlich grüße ich sie von dir.» Dann nahm der Traum eine traurige Wendung. «Hwantla weist mich ab», rief Nisa laut, ging in ihre Hütte und weinte. «Meine Nichte geht fort.»

Als Nisa aus diesem Traum erwachte, so erzählte sie mir, sagte sie zu Bo, sie sei unglücklich. «Ich bleibe einfach unter meiner Decke.» Deswegen war sie noch nicht aufgestanden, als ich kam, um sie zu interviewen. Bo, der sich gerade um das Feuer kümmerte, sah mich kommen. «Da, da kommt sie», sagte er zu Nisa. Nisa rief: «Eh-hey, meine Tochter!» und stand auf, um mich zu begrüßen.

Aber nun wechselte Nisa das Thema. Sie wollte nicht mehr über Träume reden, sondern sagte zu mir: «Mutter – es geht dir gut. Dein Körper ist gesund. Er ist sehr gut.»

Ich fragte sie: «Habt ihr etwas gesehen, du und Chuko?»

«Ja, ich habe die Worte gesehen … Ich habe die Worte von weit weg gehört, von dort, woher du kommst. Ich habe gehört, was über deine Krankheit gesagt wird. Das ist es, was man mir gesagt hat: ‹Hwantla hat weit weg gelebt, und sie ist nicht zurückgekommen, weil die Regierung hier es zu schwer gemacht hat. Sie haben ihr nicht erlaubt, dich, ihre Tante, zu sehen. Das ist der Grund, weshalb wir sie töten wollten!›»

Diese Logik spiegelte den Glauben der !Kung wider, dass Menschen, die nicht gut behandelt oder nicht liebevoll versorgt werden, für Krankheit und Tod anfälliger sind. Die Götter nehmen solche Menschen zu sich, weil sie sonst keiner haben will. Die Verbindung zwischen Krankheit, Heilung und dem Verhalten anderer Menschen kommt als Motiv auch in unserer eigenen Kultur vor, beispielsweise in dem Gedanken, dass Kranke, für die gebetet wird, eher gesund werden als Leute, für die niemand betet.

Nisa fuhr fort zu zitieren, was die Götter gesagt hatten, während sie in Trance war. «Aber jetzt ist sie zu dir zurückgekehrt, Nisa, deine junge Nichte ist zurückgekommen, und deshalb gehen wir wieder, wir sind fertig mit ihr. Wir werden sie nicht töten. Sie wird abreisen und in ihrem Land eine Weile leben, und dann wird sie wiederkommen, um dich zu besuchen. So wird es ihr sehr gut gehen. Denn wir wollen, dass ihr zusammen seid und einander seht. Wenn sie geht und lange lebt und wenn sie nicht schnell zurückkommt, um dich zu besuchen – das ist sehr schlecht. Das ist der Grund, weshalb wir vorher gesagt haben, wir wollten sie töten. Aber dein Kind, das werden wir nicht töten. Eh-hey!»

Dann zitierte sie, was sie den Göttern geantwortet hatte:

«Ja, lasst sie sein. Sie lebt dort und arbeitet und gibt mir Dinge. Sie findet eine Kleinigkeit und tut sie beiseite. Sie findet etwas anderes und legt es auch beiseite. Weil ich jetzt alt bin. Sie spart Geld für mich und besorgt mir Dinge. Das ist der Grund, weshalb sie sehr gut für mich sorgt, wenn sie hierher kommt. Das nächste Mal wird sie mir Kleider geben, damit ich schön bin! Ich werde wie eine junge Frau sein. Wenn sie dort lebt, das ist es, was sie tut – sie arbeitet, um mir zu helfen.

Nehmt sie mir nicht weg! Ihr dürft mich nicht täuschen und mir Hwantla wegnehmen. Hwantla gehört mir! Sie hilft mir, und sie unterstützt mich. Ich bitte euch, wenn sie morgen weggeht, dann lasst sie in wunderbarer Gesundheit gehen. Und wenn sie geht und lebt, dann lasst sie leben und lasst sie gut leben. Und lasst sie gut arbeiten.

Danke, danke, danke. Ich bin dankbar.»

Nisa schwieg eine Weile. Dann fuhr sie fort: «Und diejenigen, die dort, wo du lebst, solche schrecklichen Dinge gesagt haben – dass die Krankheit in dich hineingeht und dich tötet –, sie haben dich getäuscht. Sie haben dich reingelegt. Reingelegt! Weil sie dir nichts tun werden.» Sie schwieg wieder. «Das ist der Grund, weshalb ich sage: ‹Bleib gesund›, weil es dir gut gehen wird.»

«Mit wem hast du gesprochen?», fragte ich sie.

«Ich habe mit dem Häuptling gesprochen, mit Gott.»

«Hast du ihn gestern Abend gesehen?»

«Mutter, ja, ich habe ihn gesehen. Und er war zufrieden mit mir. Und er war zufrieden mit dir. Als ich dich genommen und dich getragen habe, da war er sehr zufrieden. Er sagte: ‹Sehr gut, du tust genau das Richtige, wenn du sie jetzt trägst.› Er hat mit mir gesprochen und ich war ihm dankbar. Gott war zufrieden, er war sehr zufrieden. Und er hat gesagt: ‹Sie gehört dir, sie ist dein Kind. Ja. Und ich werde ihr nichts antun. Arbeite gut mit ihr.› Das hat Gott zu mir gesagt.»

«Sehr gut», lobte ich sie.

«Eh, Mutter», sagte Nisa.

«Nisa, wie siehst du unsere Arbeit?», fragte ich sie, in der Hoffnung, sie würde etwas über unsere Beziehung sagen. Aber sie schwieg. «Ich meine – was hältst du von unseren Gesprächen? Waren sie gut? Was denkst du?»

«Unsere Arbeit ist gut.»

«Weil ich dich gut bezahle? Oder ist es auch in anderer Hinsicht gut, wenn wir miteinander sprechen?»

«Für dich ist es vielleicht nicht gut. Aber für mich ist es gut.»

«Nein, für mich ist es auch gut», erwiderte ich. «Aber ich meine, in deinem Herzen. Macht das Sprechen dich glücklich?»

«Das Sprechen macht mich glücklich. Weil ich Geld sehe. Viel Geld. Und durch die Arbeit kann ich die Dinge bekommen, die ich brauche.»

«Ich weiß, das Geld ist gut. Aber lass uns jetzt nicht darüber reden. Was ist mit dem Sprechen selbst – fühlt sich dein Herz dabei gut oder fühlt sich dein Herz manchmal schlecht?»

Mit ihrer Antwort lenkte sie das Interview allerdings in eine andere Richtung, als ich beabsichtigt hatte: «Hör zu», sagte sie. «Wenn ich mich durch das Sprechen schlecht fühlen würde, dann würde ich das tun, was die anderen tun – ich würde diese Dinge vor dir verbergen. Ich würde nicht über die Leute sprechen, die gestorben sind – über meine Tochter, meinen Sohn, meine Tochter –, ich würde nicht über die Leute sprechen, die mir Schmerzen zugefügt haben. Oder über meine Mutter und meinen Vater, deren Tod mir ebenfalls Schmerz bereitet hat. Ich würde sie nicht erwähnen, wenn es mir immer noch weh täte. Ich würde sie verstecken, so wie die anderen Frauen. Aber es tut meinem Herzen nicht mehr weh. Sie sind vor langer Zeit gestorben, sie sind fort. Und deshalb rede ich einfach über sie.»

«Gibt es etwas, was dir Schmerzen bereitet und worüber du nicht mit mir reden willst?», fragte ich sie.

«Nein, nichts.»

Ich schwieg und versuchte, meine Gedanken zu bündeln.

«Was ist?», wollte Nisa wissen. «Sollten diese Dinge mir immer noch Schmerzen bereiten?»

«Nein, darum geht es nicht. Ich habe meine Fragen nicht gut gestellt.»

«Ja. Dann sind es deine Gedanken, worüber du redest, und es ist dein Herz, nicht meines. Mein Herz ist gewaschen und sauber.»

Sie schien verärgert. Ich stimmte ihr zu, weil ich sie nicht kränken wollte. «Ja, dann ist es meines. Das ist gut.»

Aber sie war noch nicht fertig. «Siehst du, es ist das Gleiche wie gestern, als du gesagt hast, wenn du mich bezahlst, dann empfindet dein Herz Schmerzen. Das war dein Herz, nicht meines. Und jetzt gerade habe ich gesagt, dass es mir keine Schmerzen bereitet, wenn ich über die Menschen spreche, die gestorben sind. Das ist mein Herz.»

Ich wusste nicht recht, worauf sie hinauswollte. Also murmelte ich nur vage zustimmend: «Eh.»

«Du hast gestern gesagt, wenn du mich bezahlst, hast du Schmerzen. Stimmt's?»

«Ja», antwortete ich. «Weil ich Angst hatte, meine Tante will nur, dass ich ihr helfe, aber sie hilft mir nicht.»

«Ich?»

«Ja. Ich wollte, dass du mir hilfst. Denn wenn wir arbeiten, bezahle ich dich gut. Aber dieses Mal wollte ich, dass du mir etwas schenkst. Deshalb wollte ich nicht bezahlen.»

«Eh», sagte Nisa.

Ich gab noch nicht auf. «Denn als ich dein Herz gesehen habe, da wusste ich nicht, was du denkst. Als du mich gesehen hast, dachtest du da: ‹Hwantla ist jemand, die Geld gibt›, und das war alles?»

«Habe ich dir nicht von der Heilung erzählt?», fragte sie ungeduldig zurück. «Habe ich dir nicht gesagt, dass es gut ist, auch wenn du mich nicht bezahlst? Dass es mir keinen Schmerz bereitet? Und dass es reicht, wenn du etwas dafür tauschst? Habe ich das nicht gesagt?»

«Eh», sagte ich und gab mich geschlagen.

«Und heute spüre ich keinen Schmerz, obwohl du anderen Leuten Geschenke gegeben hast.»

«Ja», sagte ich, dankbar für das kleinste Angebot von ihrer Seite. «Ich war sehr großzügig dir gegenüber und habe dir viele Dinge gegeben.»

«Eh-hey. Und so, wie ich heute bin, nicht mal einen Pullover ... ich habe keinen, den ich anziehen kann. Aber ich sage nicht: ‹Warum gibt mir mein Kind keinen Pullover?› Ich sage das nicht. Ich klage auch nicht darüber, dass mein Mann keine Hose hat, und warum gibt meine Nichte keine ...»

«Die Hosen, die ich hatte, waren alle sehr klein», verteidigte ich mich. Aber ich gab mir keine Mühe, meine Frustration zu kaschieren. «Und Bo ist viel größer als ich. Ich habe das, was ich hatte, den jungen Männern gegeben.»

Sie wollte wissen, ob ich die andere Heilerin und zwei andere Frauen, auf die sie in ihrem Alltag angewiesen war, bezahlt hatte.

«Ich habe sie nicht bezahlt, aber ich habe ihnen Geschenke gegeben», antwortete ich. Aber Nisa wollte sich nur vergewissern – denn wenn ich diese Frauen übersehen hätte, wäre sie, Nisa, in Schwierigkeiten geraten, weil die Frauen sich geärgert hätten.

Nun redeten wir über die Tage, Wochen und Jahre, die vor uns lagen. Ich hatte ihr inzwischen fest versprochen, dass ich ihr einen Esel geben würde. Mit einem Esel könne sie Nahrung sammeln, auch wenn sie keine Kraft habe, sagte sie. Im Augenblick hatte sie von unserer Fahrt in den Busch noch genug zu essen. «Wenn ich das aufgegessen habe, gehe ich wieder sammeln. Ich liege nicht einfach herum und ruhe mich aus. Als Richard Lee hier war, habe ich ihn gebeten, dir zu sagen, du sollst kommen und mit mir in den Busch gehen. Er hat meine Zunge genommen und sie zu meiner Tochter getragen. Und jetzt bist du hier! Und du hast mich mitgenommen zu den Mongongonüssen und den *Kama ko*-Beeren. Und jetzt bin ich hier und esse diese Dinge. Ich bin sehr dankbar dafür. Denn selbst wenn du wieder fort bist, habe ich immer noch diese Nahrung, die mich am Leben erhält.»

Mit einer gewissen Selbstironie fügte sie hinzu: «Und dann werde ich denken: ‹Eh, Hwantla ... bist du gekommen und hast mit mir Nahrung gesammelt, und dann bist du wieder gegangen?›»

Sie erklärte, wenn andere Weiße kommen würden, wolle sie nicht für sie arbeiten. Wir lachten beide. «Ich sag's dir, Hwantla, ich sag's dir!», rief Nisa. Selbst wenn Richard wiederkäme, würde sie nur zu ihm gehen, wenn ein Bote ihr sagen würde, er habe einen Brief von Marjorie. «Sonst bleibe ich stumm. Wenn du wieder nach Hause gegangen bist, wirst du nicht hören, dass ich mit anderen arbeite.»

Ich lachte. Irgendwie rührte mich ihre Sorge, aber ich versicherte ihr, sie könne mit jedem arbeiten, das sei ganz allein ihre Entscheidung. Nun wurde sie ernst. «Natürlich, wenn ich die Kraft habe, werde ich arbeiten. Aber welche andere weiße Person wird mich so behandeln wie du? Mutter! Niemand behandelt mich so wie du. Das ist der Grund, weshalb ich sage: Wenn eine andere weiße Person kommt, bleibe ich einfach, wo ich bin.»

Ich wollte wissen, wer ihr helfe. Sie nannte wieder die Namen von zwei Frauen, die in ihrer Nähe wohnten – meine Namensschwester Hwantla und die Frau von Kantla, ihrem langjährigen Liebhaber.

«Was ist mit dir und deinem Mann?», fragte ich. «Glaubst du, dass es zwischen euch gut sein wird?»

«Uns beiden geht es gut. Wenn du gehst, werden wir dich zuerst sehr vermissen. Nach einer Weile werden wir versuchen, unsere Herzen aufzuräumen, damit wir nicht so viel Schmerz empfinden.»

«Ich meine auch, wie es mit euch beiden sein wird. Werdet ihr glücklich sein und euch lieben?»

«Eh, wir kommen gut miteinander aus», antwortete Nisa, «und unsere Herzen sind voller Zuneigung.»

Ich fragte nach Bos letztem Termin in der Klinik. «Oh, meine Nichte! Meine Nichte!», rief Nisa. Ihr Gesicht leuchtete richtig vor Freude, als sie mir erzählte, wie gut das neue Medikament anschlug. Es gebe ihm «Kraft», habe er zu ihr gesagt, und die Stiche bereiteten ihm viel weniger Schmerzen.

«Vielleicht hast du jetzt nachts etwas zu essen», meinte ich lachend.

Nisa lachte ebenfalls, aber sie war doch ein bisschen verblüfft über meine doppeldeutige Bemerkung, denn die !Kung verwenden Nahrung und Essen als Metaphern für Sex. Sie zeigte auf mich, nahm meine Hand und sagte, ich sei sehr schlau. «Mein kleiner Name fragt und ich antworte.»

Verschwörerisch flüsternd fügte sie hinzu: «Ja, nachts ... aber er hat noch nichts gemacht. Er ist noch nicht fertig mit den Tabletten. Er möchte sie alle nehmen, und dann, wenn das Medikament zu Ende ist, dann sucht er nach Nahrung.»

«Und ist noch Nahrung da?», fragte ich lachend.

«Was! Ob es noch Nahrung gibt?» Sie lachte ebenfalls. «Yo, meine Tochter! Mutter!»

«Und der andere, Kantla?»

«Ja, der – sein Körper ... er sagt, er hat keine Nahrung mehr. Er sagt, er ist alt. Sein Körper tut ihm das an. Aber mein Körper, der ist immer noch stark.»

Wir mussten uns kurz fassen. Baitsenke wartete schon. «Bevor wir aufhören – gibt es noch etwas, was du mich gern fragen würdest?», sagte ich.

«Mutter, was ich dich gerne fragen würde?»

«Ich meine, hast du Fragen, die mich betreffen – wie zum Beispiel, wie ich lebe oder irgendetwas?»

Nisa überlegte. «Ich möchte dich fragen ... ich werde dich fragen ...»

«Sag es mir.»

«Ich möchte dich etwas fragen – aber vielleicht ärgerst du dich über mich.»

«Was würde mich ärgern?»

«Wirst du mich anschreien, wenn ich dich etwas frage? Wirst du ... was ist es, was ich dich fragen will? Du, du bist ein Kind und ich, ich bin eine ältere Frau. Du hast etwas, und das ist Tashay – Mel –, und ich werde dich jetzt fragen. Hast du dich je von ihm weggestohlen?»

«Ich?»

«Ja.»

«Nein, ich habe immer noch keinen Liebhaber gehabt. In Gedanken vielleicht, aber nicht mit dem Körper.»

Sie fragte weiter – ich war nicht sicher, ob sie mit meiner Antwort unzufrieden war oder ob sie dachte, ich hätte sie nicht richtig verstanden. «Was ich frage, ist Folgendes: Das, was Mel gehört, das, was du da unten aufbewahrst... die Nahrung, die Mel gehört. Hast du sie gut aufbewahrt? Hast du sie einem anderen Mann gegeben?»

«Ob ich sie einem anderen Mann gegeben habe? Ist das deine Frage?»

«Ja, das ist es, was ich dich frage», antwortete sie mit einem flatternden Lachen.

«Ich habe es immer noch nicht getan. Mein Mann und ich sind die beiden Einzigen, die die Nahrung miteinander teilen. Sonst niemand.»

«Eh.»

War Nisa enttäuscht? Ich modifizierte meine Antwort:

«Aber ich denke daran. Wenn ich einen anderen Mann sehe, der attraktiv ist – vielleicht sieht er mich an, und ich sehe ihn an ... ja, manchmal denke ich daran.»

«Bist du eine, die schöne Männer mag?», fragte Nisa.

«Eh, ja.»

«Du magst schöne Männer. Und du weist die ab, die nicht gut aussehen?»

«Eh», antwortete ich, aber ich befürchtete wieder, etwas Falsches gesagt zu haben.

Sie zündete ihre Pfeife an und inhalierte tief. Ich wartete. Schließlich atmete sie den Rauch aus und sagte: «Dann bist du wie ich. So bin ich. Ich weise einen unattraktiven Mann ab. Das, was mir gehört, das gebe ich keinem Mann, der mir nicht gefällt. Ein attraktiver Mann bekommt es. Denn das ist mein eigenes kleines Ding. Also, bewahre deines gut und gib es Mel.»

«Ja.» Wir lachten beide.

«Und Mel wird dir ein kleines Kind geben ... ein Kind namens Bo.» Aus dieser Bemerkung schloss ich, dass sie sich noch nicht damit abgefunden hatte, dass wir unseren Sohn nach Kxoma benannt hatten.

«Nein, ich bekomme kein Baby mehr.»

«Du kannst Medizin trinken, und dann wird Mel dir einen kleinen Bo geben. Du hast eine Nisa, und jetzt brauchst du einen Bo. Warum nicht?»

«Weil ich keine Kinder mehr bekomme», wiederholte ich.

Sie wollte mir nicht glauben und warf mir vor, ich würde mich über sie lustig machen. «Du willst mich reinlegen.»

«Nein, ich will dich nicht reinlegen. Ich kann keine Kinder mehr bekommen. Ich bin zu alt.»

«Meine Tochter. Du bist nicht zu alt. Aber wir beide sind in dieser Hinsicht gleich. Gestern Abend, als ich mit Gott gesprochen habe, da habe ich ihn gebeten, gut für mich zu sorgen und gut für dich zu sorgen. Dann können wir wieder zusammen sein. Mutter, das ist es, was ich gesagt habe. Und er war einverstanden.»

«Das ist sehr gut. Ich möchte auch zurückkommen, damit wir beide wieder zusammen sein können.»

Ich wusste, dass die Zeit drängte, also fragte ich schnell: «Gibt es noch etwas, das du mich fragen möchtest?»

«Sonst gibt es nichts, was ich dich fragen möchte ... außer ... dort, wo du hingehst, in deinem Zuhause, hast du da einen Liebhaber?»

«Ich habe keinen Liebhaber», antwortete ich und lachte. Hatten wir dieses Thema nicht gerade abgeschlossen?

«Du hast keinen Liebhaber?»

«Mm.»

«Ich, hier», sagte sie, «du sagst, du hast keinen Liebhaber. Aber ich, ich habe Liebhaber. Und wenn du ge-e-e-e-hst und wenn du an einem anderen Tag wiederkommst, dann sage ich dir, wie ich gelebt habe und was ich getan habe.»

«Darauf freue ich mich.»

«Wirst du mit Mel und der kleinen Nisa zurückkommen?»

«Das hoffe ich sehr.»

«Wenn du mit Mel kommst, werde ich ihn begrüßen ... und dann nehme ich ihn als Liebhaber.» Sie lachte. «Würdest du mich nicht töten? Du würdest mich töten!»

«Ja, ich würde dich töten.»

«Du würdest mich töten.»

«Natürlich!» Wieder lachten wir beide.

«Den Mann meiner Tochter nehme ich nicht, denn er ist mein Schwiegersohn. Ich werde dir Mel nicht stehlen. Er hat die kleine Nisa geboren, und ich würde ihn meiner Tochter nicht stehlen. Wir reden nur so. Ich mag euch, dich und deinen Mann.»

Es machte uns beiden Spaß, uns zu necken. Die Situation war jetzt ganz locker. Aus dieser Stimmung heraus sagte ich: «Also gut – ich glaube, das war's dann. Ich muss gehen.» Ich stellte den Kassettenrecorder ab. Wir standen auf, Nisa zog mich an sich, legte ihre Wange an meine und umarmte mich kurz.

Wir gingen zurück an die Stelle, wo ich kampiert hatte. Dort erwartete uns Chuko, die andere Heilerin. Sie begrüßte mich freundlich und wiederholte Nisas Versicherung, sie hätten nur eine kleine Krankheit in mir gesehen und diese Krankheit aus mir herausgeholt. «Du bist jetzt wieder gesund. Nisa und ich haben die heilende Energie in dich hineingegeben, damit du gesund bleibst.» Und dann sagte sie noch: «Aber vergiss nicht, Hwantla – iss keinen Fisch aus Dosen.»

Am Abend vorher hatte sie schon etwas Ähnliches gesagt, aber ich hatte keine Ahnung, wovon sie redete. «Was für Fische in Dosen?», fragte ich. «Die Fische, die aussehen wie kleine Fische, die Sardinen und Heringe, oder die, die nur aus Fleisch bestehen, also Thunfisch?»

«Ich kenne den Unterschied nicht», antwortete sie. «Iss einfach keinen Fisch aus Dosen.»

«Ich werde daran denken», antwortete ich. «Und vielen Dank, dass ihr gestern Abend so gut an mir gearbeitet habt und mir eure heilende Energie gegeben habt.»

Unter den Leuten, die noch herumstanden, war auch Bo, und ich verabschiedete mich herzlich von ihm. Nisa flüsterte ich zu, ich hoffte, dass der Esel ihr helfen werde und dass sie und Bo gesund bleiben. Wir umarmten uns noch einmal.

Dann, kurz vor zehn Uhr, fuhren Baitsenke und ich los.

KAPITEL 15 Epilog

Es ist zwei Uhr morgens. Im Kamin vor mir brennt ein Feuer, von dem ein beißender Geruch ausgeht, ganz anders als der süße Rauch in Dobe. Ich bin zu Hause, ich bin in Atlanta, Georgia. Sechs Jahre sind seit meiner Reise zu Nisa vergangen. Mein Mann und meine drei Kinder, die inzwischen siebzehn, vierzehn und neun sind, schlafen friedlich im oberen Stockwerk. Draußen ist es bitterkalt, die Temperaturen liegen weit unter dem Gefrierpunkt, und der Wind lässt es sogar noch eisiger wirken. Vor ein paar Nächten hatten wir Vollmond, und jetzt steht der Mond hoch oben am blauschwarzen Firmament, ist aber an einer Seite schon ein bisschen abgeflacht.

Ich wünsche mir inständig, ich könnte diesem Buch einen Schluss wie im Märchen geben, in dem alle Wünsche in Erfüllung gehen. Wie gern würde ich sagen, dass ich durch meine Reise zu Nisa und nach Afrika körperlich und seelisch gesund wurde und dass die Stimme, die vor meinem Aufbruch so leidenschaftlich «Afrika!» gerufen hatte, mir geholfen hat, die Frage zu beantworten, die mich in den Busch zurückgeschickt hatte: Die Frage nach der Vergänglichkeit.

Ja, es stimmt – die Reise hat mir sehr gut getan. Ich habe mich so wohl gefühlt wie seit der Diagnose nicht mehr. Obwohl die Krankheit im Busch nicht weniger bedrohlich war, konnte ich einen ganzen Monat lang alle Sorgen hinter mir lassen. Ich hatte mir gesagt, dass diese vier Wochen nicht über

Leben und Tod entscheiden würden. Ich hörte auf, dauernd meinen Körper abzutasten, ob mir irgendwo etwas weh tat. Dabei war es natürlich auch hilfreich, dass ich so gut wie nie badete – und auch dann nur mit einem Eimer heißes Wasser – und dass ich im Bett immer mehrere Schichten Kleidung trug.

Und was trat in den Vordergrund, als der Krebs in den Hintergrund gedrängt wurde? Nisa. In den vierzehn Jahren seit unserer letzten Begegnung hatte ich drei Kinder geboren und ein Buch veröffentlicht, das auf ihrer Geschichte basierte. Sie hatte mit dem Geld, das ich ihr schickte, Kühe gekauft und war mit ihrem Mann nach Dobe gezogen. Aber trotz unserer langen Trennung war Nisa für mich immer präsent geblieben. Sie und ich hatten im Lauf der Jahre über alle möglichen Themen miteinander gesprochen – nur in meinen Gedanken, versteht sich.

Das lag nicht nur daran, dass ich sehr viel Zeit damit verbrachte, ihre Interviews immer wieder zu hören und dann zu übersetzen. Auch nicht daran, dass wir Freundinnen geworden waren, ja, fast Familienangehörige. Nein, es war einfach so, dass zwischen ihr und mir eine ganz direkte Verbindung bestand, so wie ich es weder vorher noch nachher erlebt habe. Und nachdem ich mich viele Jahre lang in ihre Kultur vertieft hatte – sowohl vor Ort als auch zu Hause bei meiner Arbeit –, übernahm ich viele der Sitten und Sichtweisen der !Kung, weil sie mir unmittelbar einleuchteten.

Bei meiner ersten Geburt orientierte ich mich ganz an den Erfahrungen der !Kung-Frauen. Trotz der vierundzwanzig Stunden dauernden Wehen sträubte ich mich gegen jede Art von Medikamentierung. Wie sonst hätte ich die Geschichten begreifen können, die mir die !Kung-Frauen erzählt hatten? Wie hätte ich dem elementar Weiblichen in mir begegnen können? Ich war fest entschlossen, einen der wichtigsten Menschen in meinem Leben – mein Kind – ohne die betäubende

Wirkung von Drogen zu begrüßen. Auch danach war vieles in unserem Zusammenleben von den Gebräuchen der !Kung bestimmt: Stillen nach Bedarf, das gemeinsame «Familienbett», der dreieinhalbjährige Abstand zwischen den Geburten. Und die Angewohnheit, das Verhalten der Kinder als «unvernünftig» zu interpretieren. «Sie haben noch keinen Verstand – wenn sie älter werden, verhalten sie sich nicht mehr so», sagte ich immer, genau wie die !Kung.

Was Freundschaft, Ehe, Kindererziehung, die Einstellung zu Sex, zu produktiver Arbeit, Scheidung und Freizeit anging – auch da waren die !Kung mein Maßstab. «Was würden sie dazu sagen?», fragte ich mich oft. Und oft fiel mir eine Redewendung ein, die ich dann lächelnd vor mich hin flüsterte: «Eh-hey, meine Leute!» Oder ich hörte Nisas Stimme und dachte: Eh-hey, meine Tante.

Es kam mir so vor, als hätten die Kultur der !Kung und meine Gespräche mit Nisa etwas in mir berührt, das jenseits aller Vernunft lag. Als wäre ich, im nicht mehr ganz jungen Alter von vierundzwanzig Jahren, von diesen Menschen, von Nisa und ihrer Lebensweise entscheidend geprägt worden. Nicht dass mir alles, was Nisa sagte, gefallen hätte oder dass ich alles an ihr mochte, aber sie hatte mein Herz berührt.

Während ich die Bänder für das erste Buch übersetzte, lachte ich mit Nisa und redete poetisch, wenn sie poetisch redete. Aber wie oft habe ich mir gewünscht, sie wäre nobler, selbstloser, gelassener! Als ich ihre Geschichte niederschrieb, kam ich immer wieder in Versuchung, das Gesagte zu beschönigen und die weniger erfreulichen Passagen wegzulassen. Aber ich widerstand der Verlockung. «Sie soll für sich selbst sprechen», sagte ich mir. «Was für einen Sinn hat das Ganze, wenn sie so klingt wie ich?» Also ließ ich alles drin: die Gewalttätigkeiten der Männer im Busch, Nisas Treulosigkeit, ihre Vertuschungsversuche, den Mord an ihrer Tochter, die Wutausbrüche ihres Vaters und die Unzufriedenheit ihrer Mutter.

Die Veröffentlichung des Buches war für mich eine phantastische Erfahrung. Ich bekam viel Anerkennung, ich begann, am College zu unterrichten, ich hielt Vorträge, ich sprach im Radio und im Fernsehen. Mein Ziel war es dabei immer, den Leuten das Fremde näher zu bringen. Ich berichtete über das traditionelle Leben der !Kung, zeigte Dias, und dann erklärte ich: «So, jetzt hat die Anthropologin genug geredet. Nun wollen wir Nisa zu Wort kommen lassen. Sie wird über das Leben der !Kung berichten.» Meistens las ich natürlich die attraktivsten Passagen vor, weil ich meinen Zuhörern den Zugang zur !Kung-Kultur erleichtern wollte. Die Reaktionen waren ganz unterschiedlich. Manche Leute, die das Buch lasen, sahen sich in ihrer Überzeugung bestätigt, dass die Mitglieder dieser sozioökonomisch so simplen oder «primitiven» Kultur weniger fortschrittlich waren als die Menschen der industrialisierten Welt. Die meisten waren jedoch verblüfft, wie ähnlich menschliche Probleme einander sind, gleichgültig, in welcher Gesellschaft wir leben.

Eine der schönsten Reaktionen kam von Blanca Muratorio, einer Anthropologin, die an der University of British Columbia arbeitete. Sie hatte mehrere Jahre mit einer Frau am Amazonas in Ecuador gearbeitet, einer *Napo Quechua*-Frau namens Francisca, die etwa so alt war wie Nisa. Blanca Muratorio schickte mir einen Auszug aus ihrem Tagebuch, datiert 2. Juli 1990:

Francisca sah ein Exemplar von *Nisa erzählt* auf meinem Arbeitstisch liegen. Sie bemerkte sofort Nisas Perlen und ihre Gesichtsverzierungen und äußerte sich sehr bewundernd. «Wer ist sie? Woher kommt sie?», wollte sie wissen. Ich erklärte ihr, Nisa sei eine Geschichtenerzählerin wie sie selbst, eine Frau, für die Träume sehr, sehr wichtig seien ... Francisca wollte mehr wissen. Ich schlug das Buch auf und versuchte, das Anfangszitat aus *Nisa* zu übersetzen. Darin sagt Nisa: «Ich zerschlage die Schale der Geschichte und ich erzähle dir, was darin ist. Und ich beende sie wie die anderen, die in den Sand gefallen sind, und der Wind wird sie davontragen.» Und währenddessen dachte ich: Wie kann ich die Bedeutung von !Kung vom Englischen ins Spanische und dann in Quechua übertragen? Ich übersetzte Nisas Worte. Ich glaube, Francisca verstand ganz genau, was Nisa meinte. Sie lächelte und sagte: «Sie muss nicht traurig sein. In meinen Träumen kann ich weit reisen. Vom Gipfel der Berge kann ich blicken ... ich werde die Stimme dieser lieben Frau im Wind hören.»

Meine Rückkehr nach Afrika hatte auch viel mit der Landschaft zu tun, mit ihrer Kargheit, mit der Abgeschiedenheit und Unberührtheit, mit einer Umwelt, die noch kaum durch menschliche Manipulation zerstört war. Das Land war immer schon viel zu trocken gewesen, um sich am allgemeinen wirtschaftlichen Konkurrenzkampf zu beteiligen. Wenn es mir nur um eine «schöne Aussicht» gegangen wäre, hätte ich mich sicher nicht für das Dobegebiet entschieden. Die Landschaft war schroff, selten spektakulär, es gab kaum wilde Tiere – man musste schon sehr genau hinschauen, um ihre Schönheit wahrzunehmen.

Auch bei Nisa musste man genau hinschauen. Nisa war kompliziert und schwierig – wahrscheinlich würde sie das Gleiche über mich sagen. Wir hatten bestimmte Erwartungen aneinander, und keine von uns beiden bekam exakt das, was sie sich erhofft hatte. Aber dass wir beide einen Teil dessen bekamen, was wir wollten, machte die Erfahrung extrem wertvoll.

Und die Fragen, die sich um den Tod drehten? Was war mit der Stimme, die «Afrika!» gerufen hatte – so laut, dass ich meine Kinder verließ, um die Antwort zu finden? Tja, ich habe keine kosmischen Antworten gefunden. Genauso wenig wie ich Nisa-die-Mentorin gefunden habe oder Nisa-die-Seelenführerin oder Nisa-die-Erdmutter. Stattdessen fand ich Nisa-den-Menschen.

Die Reise war eine der schönsten Erfahrungen in meinem Leben. Im Dunkel der Nacht – mit meinem Tagebuch vor dem lodernden Feuer, in Wolldecken gehüllt und einen Schal um den Kopf gewickelt, damit mir nicht kalt wird, während die Mäuse die frisch gespülten Blechteller ablecken, und Stimmen, die hin und her wandern und mich an das dörfliche Alltagsleben erinnern, über mir endlose Sternenwelten am Himmel –, im Dunkel der Nacht hörte ich den Rhythmus meines eigenen Herzens.

Seit dieser Reise sehne ich mich danach, wieder nach Afrika zurückkehren zu können. 1993 hatte ich schon alle Vorbereitungen getroffen, ich hatte das Flugticket nach Botswana in der Tasche. Da rief mich mein Onkologe an. Drei Wochen zuvor hatte ich eine routinemäßige Blutuntersuchung machen lassen und er hatte gesagt: «Marjorie, ich gehe davon aus, dass du die Krankheit überwunden hast.» Ich war so glücklich, dass ich diesen Satz sofort aufschrieb.

Aber jetzt rief er an und sagte: «Einer der Tumormarker ist erhöht. Komm doch bitte in meine Praxis, damit wir den Test wiederholen. Ich kann dich nicht guten Gewissens nach Afrika fahren lassen, ohne die Werte noch einmal zu überprüfen.» Das war vor zweieinhalb Jahren. Damals wurde eine Geschwulst an meiner Leber entdeckt. Metastasen – das schrecklichste Wort, das ich je gehört hatte, noch schlimmer als Krebs. Ich sagte meine Reise ab. Ich bin nicht nach Afrika gefahren. Wenn ich gesund wäre, würde ich sofort aufbrechen, jetzt gleich ... Aber die ziehende Sehnsucht hat seit der letzten Reise nachgelassen. Sie taucht nur noch selten auf, obwohl die Realität des Todes für mich eine neue Dimension angenommen hat.

Wenn ich mich jetzt frage, was ich noch tun will, falls ich bald sterben muss, ruft meine innere Stimme nicht mehr: «Afrika!» Nein, sie flüstert: «Schau dich um. Die Antworten sind hier, überall, wo du bist ... Bleib in der Nähe deiner Familie, deiner Freunde ... Schreib deine Geschichte auf.» Wenn mir früher jemand gesagt hätte: «Es gibt zwei Blumen, die dir die Antworten geben können, nach denen du suchst. Die eine wächst im Garten hinter deinem Haus, die andere ist in Afrika», dann hätte ich keinen Augenblick gezögert – nur die Blume in Afrika hätte mich gelockt. Damals war das Suchen nach der Antwort mindestens so wichtig wie die Antwort selbst. Bei der Suche konnte man so viel Aufregendes erleben ...

Jetzt muss ich meine Energien darauf konzentrieren, am Leben zu bleiben, und ich bin dankbar dafür, dass in meinem Garten eine Blume blüht. Ich brauche alle Hilfe, die ich bekommen kann. Mit Metastasen zu leben ist die härteste Prüfung, die ich je bestehen musste. Wie oft packt mich die Angst! Es ist, als würde ich auf einer schwankenden Hängebrücke eine tiefe, tiefe Schlucht überqueren. Überall um mich herum üppiger Tropenwald, und wenn ich nach unten schaue, bin ich gelähmt vor Angst. Aber wenn ich nur dem fernen Ufer entgegenstrebe, das ganz wenige erreichen, dann sehe ich nicht, was ich *habe*: meinen Atem und meine Sinne und das Wunder, am Leben zu sein.

Während ich diese Brücke überquere, bin ich keineswes bereit, mich mit dem Tod abzufinden. Ich bin fest entschlossen, mich mit aller Kraft festzuhalten, damit ich nicht abstürze, ich beobachte die Veränderungen in der Beleuchtung, ich höre die Töne des Waldes, und ich gebe trotz allem die Hoffnung nicht auf, es könnte, während ich einen Schritt nach dem anderen mache, einen technologischen Durchbruch geben, der mir bei meinem Kampf gegen den Krebs hilft. Ein Hubschrauber wird auftauchen und ein Seil herunterlassen und mich vorsichtig wieder auf festem Boden absetzen. Aber bis dahin werde ich nicht lockerlassen. Wie wackelig die Hängebrücke auch sein mag – sie muss nur halten.

Nachruf

Marjorie Shostak starb am 6. Oktober 1996.

Nisa erfuhr im November 1997 von ihrem Tod. Hier ist ihre Reaktion:

> Stark. Hwantla hielt mich ganz stark fest. Wir hielten einander fest, als wären wir eins. Hwantla, ich grüße dich, dort im Sand, wo du jetzt schläfst. Schlaf gut! Ich weiß nicht, warum die Geister dich weggeholt haben. Alle Kühe, die du mir gegeben hast, sind gestorben – jetzt ist mir klar, warum.
> Tashay ist nicht allein in seinem Schmerz.
> Hwantla: Die Geister, die dich weggeholt haben, passen auf, dass du dich unterwegs nicht verirrst. Sie werden dich direkt dorthin bringen, wo du hingehen sollst, damit deine Familie gut leben kann und damit es ihnen allen gut geht.
> Der große Gott hat meine Tochter Hwantla geholt und hat mich blind gemacht. Hwantla war wie meine Augen, und als Gott sie wegholte, bin ich blind geworden. Ich weiß nicht, ob ich je wieder sehen werde, weil meine Tochter mir genommen wurde.

Dank

Man spricht oft vom «Kampf gegen den Krebs», aber kaum je hatte dieser Ausdruck mehr Berechtigung als bei Marjorie Shostak während der letzten acht Jahre ihres Lebens. Sie liebte das Leben über alles, aber stärker noch war ihr Wunsch, bei ihren drei Kindern zu bleiben, sie aufwachsen zu sehen, sie zu begleiten, wenigstens noch einen Tag, eine Stunde … In diesem Buch, das Nisa und die !Kung San so gut beschreibt, wird Marjories Kampf nur angedeutet.

Die Familie war für Marjorie der wichtigste Grund, weiterleben zu wollen, und es gab wenig, was mit ihr konkurrieren konnte, aber Nisa und ihre Geschichte kamen gleich an zweiter Stelle. Kaum hatte Marjorie die erste, sechs Monate dauernde Chemotherapie hinter sich gebracht, begann sie sofort, ihre Reise in die Kalahari-Wüste vorzubereiten. Diese Reise sollte ein Abenteuer werden, großartig, heilsam und stärkend, trotz der Ambivalenzen in der eigenwilligen und wunderschönen transkulturellen Freundschaft zwischen den beiden Frauen.

Ich möchte mir nicht anmaßen, das Band, das Frauen miteinander verbindet, verstehen zu wollen, aber voller Bewunderung konnte ich in den Jahren nach dieser Reise miterleben, wie Marjories Freundinnen ihr zu Hilfe eilten. Und obwohl die lebensbedrohende Krankheit alles überschattete, gab Marjorie die Hoffnung nie auf – sie suchte unermüdlich nach neuen Informationen, nach besseren Behandlungsmöglichkeiten, und immer fand sie Trost in dem Plan, dieses Buch zu schreiben. Das Manuskript, das sie zurückließ, als sie 1996 starb, war – zusammen mit zahlreichen Tagebuchnotizen und Briefen – eine Goldgrube, aber noch kein fertiges Buch. Ich selbst war viel zu sehr damit beschäftigt, Marjories zentralen Lebensinhalt – das Glück und das Wohlergehen unserer drei Kinder – zu schützen und konnte an nichts anderes denken. Daher konnte ich das Buch nicht abschließen, einen Verleger suchen und es der Welt vorstellen. Meine eigenen Gefühle hätten mich daran gehindert, dem Projekt gerecht zu werden.

Aber auch hier zeigte es sich wieder, welch ein Segen Marjories Talent für Freundschaften war.

Die Frauen, die zusammen mit Marjorie und Nisa dieses Buch Wirklichkeit werden ließen, taten dies ohne Umstände und völlig unbeirrbar, als wäre es das Natürlichste auf der Welt. Sie erwarteten zwar keine Anerkennung, aber sie haben dennoch Hochachtung verdient. Marjories beste Freundinnen, Lois Kasper und Sarah Steinhardt, waren bei ihr und bei mir, als sie starb; und ohne Rücksicht auf ihre eigene Trauer begannen sie sofort, Manuskriptseiten zu sichten und Computerdisketten auszuwerten; sie kontaktierten Marjories Agentin Elaine Markson und sprachen mit den Verlegern, die Interesse an dem Vorhaben gezeigt hatten.

Lois, der dieses Buch gewidmet ist, litt damals schon an der gleichen Krankheit, an der Marjorie gestorben war. Ihre Chancen standen nicht gut. Und dennoch machte sie es sich zur Lebensaufgabe, die Lebensaufgabe ihrer Freundin weiterzuführen. Die beiden hatten sich seit der zweiten Klasse gekannt, und bei Marjories Beerdigung entlockte Lois den Trauergästen ein Lächeln, als sie eine Geschichte erzählte, die sie und Marjorie immer gern zum Besten gegeben hatten: Als sie noch in der Grundschule waren, sollten die beiden auf der Bühne ein Duett singen, aber sie mussten dabei Rücken an Rücken stehen, weil sie sonst hemmungslos gekichert hätten. Und auch später hatten sie einander alles anvertraut, fünfundvierzig Jahre lang, während sie sich verliebten, heirateten, mit unsensiblen Ehemännern zurechtkommen mussten und komplexe berufliche Karrieren verfolgten. Sie konnten endlos über Marjories drei Afrikareisen sprechen. Die erste hatte Marjorie 1969 unternommen – das war gerade in der Zeit, in der hier in den USA die Frauenbewegung wieder erwachte. Lois half Marjorie, die Revolution zu Hause aus der Ferne mitzuerleben, während Marjorie Berichte aus Afrika schickte und beschrieb, wie auch dort, unter fast steinzeitlichen Bedingungen, Frauen Beziehungen eingingen, heirateten und mit unsensiblen Ehemännern zurechtkommen mussten; Erfahrungen, die einerseits ungeheuer fremd, aber gleichzeitig auch verblüffend vertraut erschienen. Die beiden lachten viel miteinander, bis zum Schluss. Lois erlebte es noch mit, wie das Buch abgeschlossen wurde und in Druck ging. Wenn Freunde und Verwandte in ihren letzten Wochen und Tagen an ihrem Bett saßen und ihr daraus vorlasen, lag ein glückliches Lächeln auf ihrem Gesicht, und sie starb in dem Wissen, dass sie ihre Mission, das letzte Werk ihrer Freundin zu vollenden, erfüllt hatte. Ich habe das Buch Lois' Andenken gewidmet, weil ich glaube, dass Marjorie es so gewollt hätte.

Die zweite Frau, die dieses Buch fertigstellen half, war Sarah Steinhardt, Marjories wichtigste Atlanta-Freundin und nach dem System der !Kung die Namensschwester unserer jüngsten Tochter. Während Marjories achtjährigem Kampf gegen den Krebs war Sarah fast jeden Tag mit ihr zusammen. Sie und ihr Mann beherbergten unsere Familie wochenlang, als wir von Marjories zweiter Chemotherapiebehandlung heimkamen und unser Haus in Flammen stand. Mit phänomenalem Einfühlungsvermögen nahm sie die Gedanken auf, die Marjorie zu ihrer letzten Begegnung mit Nisa hatte, und verstand genau, welche Art von Buch sie sich vorstellte. Auch Sarah hatte mit Krankheiten zu kämpfen, doch trotz allem, trotz Scheidung und einer anspruchsvollen Karriere als Musikerin und Lehrerin, war sie immer für Marjorie da. Ihr Enthusiasmus und ihr Engagement für dieses Projekt kannten keine Grenzen. Gemeinsam mit Lois führte sie es nach Marjories Tod weiter, Schritt für Schritt. Die beiden überzeugten Agenten, verhandelten mit verschiedenen Verlagen und beharrten darauf, für Marjorie und Nisa die denkbar besten Bedingungen zu bekommen. Und als Lois zu krank war, um die Arbeit fortzusetzen, machte Sarah allein weiter und hielt Lois immer telefonisch und per E-Mail auf dem Laufenden, um sie daran teilnehmen zu lassen, wie ihr gemeinsamer Traum Realität wurde.

Ich wage es kaum, die anderen Beteiligten aufzuzählen, weil es so viele waren und ich bestimmt jemanden vergesse – und ich möchte doch niemanden kränken. Aber es gibt ein paar Leute, die ich nicht unerwähnt lassen kann. Betty Castellani, die Leiterin des Krebszentrums am DeKalb Hospital, ist presbyterianische Pastorin und hat es sich zur Aufgabe gemacht, Krebspatienten und ihren Familien beizustehen. Tag für Tag setzt sie sich mit Problemen auseinander, vor denen die meisten Menschen zurückschrecken, und sie leistete Marjorie in den letzten vier Jahren ihres Lebens immer wieder Beistand. Kathy Mote war während all der Jahre und auch noch danach unser Kindermädchen und für unsere Kinder wie eine zweite Mutter. Durch die stabile Verbindung mit Marjorie gelang es ihr so gut wie nur irgend möglich, den Kindern die Mutter zu ersetzen. Auch die Psychotherapeutin Maureen O'Toole freundete sich mit Marjorie an und wurde für sie eine unentbehrliche Stütze. Marjorie konnte sie sogar mitten in der Nacht anrufen, und innerhalb weniger Minuten war Maureen bei ihr, nahm sie in den Arm, redete ihr gut zu, massierte ihr den Nacken. Shlomit Ritz Finkelstein war über Jahre hinweg eine Quelle der Kraft. Polly Wiesner, eine renommierte !Kung-Ethnographin, begleitete Marjorie, als sie nach Deutschland reiste, um sich einer neuartigen Behandlungsmethode zu unterziehen. Später war Polly diejenige, die Nisa von Marjories Tod erzählte und Nisas Reaktion aufschrieb. Was Millie Broughton, Marjories klinische Psychologin, für sie tat, ging weit über ihre beruflichen Verpflichtungen hinaus. Von den vielen Ärzten, die Marjorie halfen, möchte ich vor allem Boyd Eaton, Julian Lokey, Richard Leff und Sidney Stapleton nennen.

An Marjories letztem Abend war eine ganze Gruppe von Frauen bei mir, voller teilnehmender Trauer: Lois, Sarah, Maureen, Betty und Kathy. Sie trafen die Entscheidungen, die die Stunde des Todes erforderlich macht. Ich wäre dazu nicht mehr fähig gewesen, weil mir die Kraft fehlte. Die Frauen spürten das. In den frühen Morgenstunden, als die Wünsche, die Marjorie nicht mehr aussprechen konnte, das einzige waren, was noch zählte, halfen sie mir, diese Wünsche zu verstehen. Ich glaube, kaum ein Ehemann hat je mehr Unterstützung durch die Freundinnen seiner Frau erfahren.

Unsere drei Kinder, Susanna, Adam und Sarah, sind jetzt, während ich dies schreibe, 21, 18 und 13 Jahre alt. Sie mussten den schwersten Verlust hinnehmen, den es für ein Kind geben kann, und das, nachdem sie im Schatten der Krankheit aufgewachsen waren. Die Liebe, die Kraft und der Humor unserer Kinder – und nicht nur die Tatsache, dass sie gebraucht wurde – gaben Marjorie während ihrer Krankheit immer wieder neuen Mut, genau wie mir. Marjories Eltern, Jerome und Edna Shostak, und auch ihre Schwester Lucy standen mir immer bei, obwohl sie ihren eigenen Schmerz zu tragen hatten. Während der letzten Wochen saßen sie oft an Marjories Bett, und gegen Ende schlief ihre Mutter bei ihr im Krankenhaus.

Das Buchprojekt bekam enormen Auftrieb, als Brenda

Bynum, eine renommierte Bühnenschauspielerin, Regisseurin und Lehrerin in Atlanta, Marjorie den Vorschlag machte, sie könnten doch ein Stück über Marjories letzte Reise zu Nisa auf die Bühne bringen. Das Ergebnis, das Brendas genialer Theaterbegabung sehr viel zu verdanken hatte, war ein eindrucksvolles Zwei-Frauen-Stück mit dem Titel *My Heart is Still Shaking*, dargestellt von Brenda und Carol Mitchell-Leon. Es zeigt in verkürzter Form die Geschichte, die hier in diesem Buch erzählt wird, und die Aufführungen haben dazu beigetragen, das Buch auch während der schwierigsten Phase in Marjories Gedanken wach zu halten.

Es war ein wirklich unglaublicher Glücksfall, dass das Buch schließlich auf dem Schreibtisch von Elizabeth Knoll bei der Harvard University Press landete. Trotz ihres vollgepackten Terminplans widmete sich Elizabeth diesem Projekt mit hingebungsvoller Sorgfalt und führte es mit Liebe und Begeisterung zum Abschluss. Die maßgebliche Rolle bei Harvard University Press fiel allerdings Camille Smith zu, und es ist vor allem ihrem Einsatz zu verdanken, dass die Zusammenarbeit mit dem Verlag für das Buch so fruchtbar war. Camille hatte 1980 und 1981 schon sehr erfolgreich *Nisa erzählt* redigiert. Und auch bei diesem neuen Projekt – einem unvollendeten Manuskript, ergänzt durch Briefe und Tagebucheinträge, die nur mäßig bis mittelmäßig strukturiert waren – hätte außer ihr niemand ein so phantastisches Ergebnis zustande gebracht, davon bin ich überzeugt. Nicht nur, weil sie Marjorie und Nisa schon so lange kannte, war ihre Arbeit ganz entscheidend, sondern auch, weil sie eine hochbegabte Lektorin ist. Sie hatte das Manuskript von *Nisa erzählt* immer wieder mit Marjorie durchgesprochen, hatte jedes Übersetzungsproblem, jede Nuance der kulturellen Interpretation mit ihr diskutiert. Schon deshalb war Camille die Einzige, die dieses Buch so lektorieren konnte, als wäre Marjorie noch am Leben und würde ihr über die Schulter schauen.

Um zu erfahren, wer sonst noch bei der ursprünglichen Veröffentlichung von *Nisa erzählt* eine zentrale Rolle spielte, möchte ich die Leser gern auf die Danksagung verweisen, die Marjorie verfasst hat und in der sie alle aufgezählt sind. Hätten sie damals nicht geholfen, wäre auch dieses Buch hier nicht zustande gekommen. Aber ein paar von ihnen muss ich trotzdem hier erwähnen: Elaine Markson, Marjories Agentin, die als erste Vertreterin des Verlagswesens wirklich an Marjorie glaubte; Eric Wanner, ihr erster Lektor bei der Harvard University Press; Irven DeVore und Richard Lee, ihre anthropologischen Mentoren; sowie all die anderen, die sich mit der Lebensweise der !Kung auseinandersetzten, vor allem Nancy Howell, Megan Biesele, Polly Wiessner, John Yellen, Patricia Draper, Henry Harpending, Richard Katz, Verna St. Denis, Nancy DeVore, Lorna Marshall und John Marshall. Einige dieser Kollegen hatten auch für diesen Text eine bedeutende Funktion. Vor allem aber ist das Buch dem Stamm der !Kung verpflichtet, deren Gastfreundschaft es überhaupt erst möglich machte, und natürlich Nisa selbst. Ihre stolze, unverkennbare Stimme verkündet, durch Marjorie vermittelt und für jeden hörbar, dass die Frauen auf dieser Welt so vieles miteinander verbindet: Sie haben Hoffnungen und Träume, sie kämpfen mit Hindernissen, die diesen Träumen im Weg stehen, sie teilen Freude und Schmerz – sie haben genug Gemeinsamkeiten, um sich tief im Herzen als Schwestern zu empfinden, um miteinander zu lachen, zu klagen und um selbst die schwierigsten kulturellen Barrieren zu überwinden.

Mel Konner, November 2000

Starke Frauen

Liza Dalby
Geisha
(rororo 22732)
Der Erlebnisbericht einer Amerikanerin, die sich in Japan zur Geisha ausbilden ließ, beschert uns einen Einblick in eine faszinierende fremde Welt.

Janice Deaner
Als der Blues begann Roman
(rororo 13707)
«Janice Deaner ist mit ihrem ersten Roman etwas ganz besonderes gelungen: eine spannende, zärtliche Geschichte aus der Sicht eines zehnjährigen Mädchens zu erzählen.»
Münchner Merkur

Joolz Denby
Im Herzen der Dunkelheit
Roman
(rororo 22870)
Ein faszinierender Psychothriller der vom furiosen Anfang bis zum erschütternden Ende niemanden loslässt.

Jane Hamilton
Die kurze Geschichte eines Prinzen *Roman*
(rororo 22903)

Susan Minot
Ein neues Leben *Roman*
(rororo 22905)

Ruth Picardie
Es wird mir fehlen, das Leben
(rororo 22777)
«Ein aufrichtiges, oft komisches und ungeheuer anrührendes Abschiedsbuch, geschrieben mit herzbewegender Leidenschaft und wacher Selbstwahrnehmung, ohne einen falschen Ton."
Der Spiegel

Asta Scheib
Eine Zierde in ihrem Hause *Die Geschichte der Ottilie von Faber-Castell*
(rororo 22744)
Asta Scheibs Romanbiographie erzählt die Geschichte einer ungewöhnlichen Frau, die gegen alle gesellschaftlichen Zwänge schließlich die Freiheit gewinnt, ihr eigenes Leben zu leben.

Grit Poppe
Andere Umstände *Roman*
(rororo 22554)
«*Andere Umstände* ist ein erstaunliches Debüt und taugt zum Bestseller.» *Stern*

Weitere Informationen in der **Rowohlt Revue**, kostenlos im Buchhandel, oder im **Internet:** www.rororo.de

rororo

Lebensläufe

Nancy B. Reich
Clara Schumann *Romantik als Schicksal. Eine Biographie*
(rororo 13304)
«Das bisher wichtigste und einsichtigste Buch über die Frau und die Musikerin Clara Schumann.»
Darmstädter Echo

Serge Bramly
Leonardo da Vinci
Eine Biographie
(rororo 13706)
Serge Bramly erzählt faszinierend das rastlose und extravagante Leben dieses wohl letzten Universalgenies.

Irving Stone
Vincent van Gogh *Ein Leben in Leidenschaft*
(rororo 11099)
Michelangelo
Biographischer Roman
(rororo 22229)
Der Seele dunkle Pfade
Ein Roman um Sigmund Freud
(rororo 23004)

Nicholas Shakespeare
Bruce Chatwin
Eine Biographie
(rororo 2318)

Erika Mann
Mein Vater, der Zauberer
Herausgegeben von Irmela von der Lühe und Uwe Naumann
(rororo 22282)
Die Geschichte dieser außergewöhnlichen Vater-Tochter-Beziehung wird in diesem Band nachgezeichnet. Mit zahlreichen Essays, Interviews und Briefen.

Kenneth S. Lynn
Hemingway
Eine Biographie
(rororo 13032)

Judith Thurman
Tania Blixen
Ihr Leben und Werk
(rororo 13007)

rororo Biographien

Ein Gesamtverzeichnis aller lieferbaren Titel der *Rowohlt Verlage, Rowohlt · Berlin, Wunderlich* und *Wunderlich Taschenbuch* finden Sie in der **Rowohlt Revue**. Vierteljährlich neu. Kostenlos in Ihrer Buchhandlung oder im **Internet: www.rowohlt.de**

Tahar Ben Jelloun

Tahar Ben Jelloun, geboren 1943 in Fes, studierte Philosophie in Rabat und Psychologie in Paris und zählt zu den führenden Schriftstellern der arabischen Literaturwelt. Er lebt seit 1971 in Paris.

Der blinde Engel
Roman der Mafia
(rororo 13412)

Sohn ihres Vaters *Roman*
(rororo 12302)

Harrouda
(rororo 13264)

Die Nacht der Unschuld *Roman*
(rororo 12934)
1987 ausgezeichnet mit dem bedeutendsten französischen Literaturpreis, dem Prix Goncourt.
«Wunderbar, wie in den Fabeln orientalischer Märchenerzähler, die von alters her auf dem Marktplatz im Schatten der Moscheen ihre Zuhörer verzaubern, ist die fremde, magische, mystische Welt des Marokkaners Ben Jelloun.»
Der Spiegel

Die erste Liebe ist immer die letzte *Erzählungen*
(rororo 13798)

Tag der Stille in Tanger *Roman*
(rororo 12823)
Eine Geschichte über das Altern, aber auch über die Macht der Phantasie.

Mit gesenktem Blick *Roman*
(rororo 13511)

Der korrumpierte Mann *Roman*
(rororo 13924)

Der Gedächtnisbaum *Roman*
(rororo 12963)
Der Roman ist «von ungeheuerlicher Sogwirkung und gewaltiger Sprachkraft. Er ist ein leidenschaftliches, hochliterarisches Plädoyer für mehr Menschlichkeit unter den Menschen.»
Abendzeitung München

Zina oder Die Nacht des Irrtums
Roman
Deutsch von
Christiane Kayser
384 Seiten. Gebunden und als rororo 22747

Papa, was ist ein Fremder
Gespräch mit meiner Tochter
Deutsch von
Christiane Kayser.
Mit einem Nachwort von Daniel Cohn-Bendit.
Illustrationen von
Charley Case.
112 Seiten. Pappband
Rowohlt · Berlin Verlag und als rororo 22750

Weitere Informationen in der **Rowohlt Revue**, kostenlos im Buchhandel, oder im **Internet:** www.rowohlt.de

rororo Literatur